中国金融品牌营销创新 I

FINANCIAL BRAND MARKETING INNOVATION IN CHINA

主编：王海忠　夏　日　梅　波　李骅熹

南方日报出版社
NANFANG DAILY PRESS
中国·广州

图书在版编目（CIP）数据

中国金融品牌营销创新Ⅰ / 王海忠，夏日，梅波，李骅熹主编. — 广州：南方日报出版社,2013.3
ISBN 978-7-5491-0784-1

Ⅰ. ①中… Ⅱ. ①理… ②中… Ⅲ. ①金融市场—市场营销学—研究—中国 Ⅳ. ①F832.5

中国版本图书馆CIP数据核字(2013)第033649号

ZHONGGUO JINRONG PINPAI YINGXIAO CHUANGXIN

中国金融品牌营销创新Ⅰ

王海忠 夏日 梅波 李骅熹 主编

出版发行：南方日报出版社
地　　址：广州市广州大道中289号
电　　话：（020）83000502
经　　销：全国新华书店
印　　刷：广州市怡升印刷有限公司
开　　本：889mm×1194mm　1/16
印　　张：18
字　　数：300千字
版　　次：2013年3月第1版
印　　次：2013年3月第1次印刷
定　　价：38.00元

投稿热线：（020）83000503　读者热线：（020）83000502

网址：http://www.nfdailypress.com/

发现印装质量问题，影响阅读，请与承印厂联系调换

目 录

关注中国金融业品牌提升的战略机遇期

自2008年那场具有划时代意义的金融危机后，欧美金融机构的信用体系受到前所未有的考验。中国金融体系面对体制改革、人民币汇率调整压力等关键任务，也在跌宕起伏的经济波动中经历争议与尝试：中国国有或国有控股的全国性银行在完善金融信贷和资金市场上的努力；区域性商业银行雨后春笋般的发展壮大；消费金融逐渐推动中国消费的合理成长；农村信贷系统为中国广大农村经济发展提供的优质服务……凡此种种，表明中国金融机构正处在发展的十字路口。

在这关键节点，中国金融机构的品牌建设尤显重要。品牌，关注的是使自己在顾客心智中的“印象”能与竞争对手区别起来，而不只是在广告宣传和促销活动上将自身“修饰”和“美化”的技巧性问题。由于中国宏观金融环境客观上不允许金融机构像欧美同行那样广泛开发金融衍生产品，这样，营销创新就成为中国金融机构推动业绩成长的重要战略选项。我们更无法忽视，中国金融机构虽然在《财富》500强排行榜中有了非常领先的地位，但在Interbrand全球品牌100强中却迄今尚无一席之地。这种强烈的反差说明，金融机构的超大规模也并没换来市场或顾客对自身的高度满意，更谈不上忠诚或痴迷；而这，才是品牌在未来持续产生吸引力的“权益”（equity）。因此，中国金融机构急需在品牌营销上大胆探索，建立起与市场或顾客之间的强有力的纽带关系。在此，中国品牌管理研究与咨询领域权威机构——中山大学中国品牌研究中心和中国最具影响力的财富管理媒体——《理财周报》，细心留意金融机构在我们身边发生的品牌营销创新案例，通过《中国金融品牌营销创新》提炼这些案例，从而总结出最佳营销实践，以期与更多金融机构及其关注者分享。

本书第一部分对我国金融机构所处的营销环境作简单扫描。中国金融业正处于重要的“战略机遇期”。一方面，中国金融机构无疑首先关注的是实体经济和金融安全。但另一方面，人口结构的变化、金融消费需求的演进和升级、技术的不断更新，都要求金融机构不断升级、转型。中信银行“香卡”案例聚焦目标客户，洞察到时尚女性的金融消费需求，有的放矢。渣打银行的“现贷派，改变生活方程式”的广告传播案例，把银行服务产品“品牌化”，以25—35岁白领人群为核心目标群，从情感层面切入，倡导新的消费方式和生活风格，“现贷派”（品牌名）得以满足消费者对改变生活的心理需求。不过，我们知道，目前中国金融业在细分顾客群和差异化营销方面，还有很大的空间和商业机会。以“方便”为特色的社区金融服务，以及专为收入的金字塔尖群体服务的私人银行，就是中国银行业最应该以创新营销去满足的其中两个领域。

中国金融机构对品牌营销活动的认识如何？品牌是一种重要的无形资产。如同金融知识可以言传身教一样，金融机构的品牌也同样可以在顾客心智中形成可塑造和积累的印象网络。具体而言，金融企业差异化的服务特色，会在顾客心理地图上占据独特位置，最终成为客户信赖与忠诚的重要根据。而品牌元素就是金融机构在顾客心理形成印象的“载体”。本书深入分析了广发银行的更换品牌识别的营销案例。作为中国第一批股份制商业银行，广发银行近年发起了更名换标工程，提出“广纳百川，发展无限”的新口号，新标志构图为正三角形，传达磐石之基、锐意向上之精神。这就避开了传统上中国银行机构的品牌构图总是离不开“钱币”的思维框架，既展现了广发银行坚实稳固、励志进取的企业形象，又真实地反映了银行机构的业务内涵（银行业务的边界不只是简单的货币存取）。本书收集的“方正金融，就在你身边”广告传播案例告诉我们，方正金融通过展示自身与消费者之间时时刻刻的接触点，旨在强化与消费者之间的心理情感（而品牌的本质即在于建立并强化自身与消费者之间的心理纽带）；方正金融还向我们展示了一个多元化集团公司在处理集团品牌（理论上称为“公司品牌”）与事业部品牌（理论上称为“产品品牌”）之间如何享有共同的和差异化的品牌元素的技巧。当然，我们知道，打造品牌重在打造企业鲜明的个性和风格；而中国金融机构的营销和广告活动总体上却是在让自己变得和同行“相似”，即同行之间模仿多于超越。这是应该努力改进的方面。

中国金融品牌的营销表现如何？我们高兴地看到，不少商业银行都已经践行整合营销策略。例如，线下的事件促销，很好地通过在社交媒体上传播，营销手法取得了明显进步。此外，中国金融业迥异于西方的最大特点，在于国家宏观上对金融业的监管更到位，由此，中国金融机构在顺应国家需求、履行社会责任方面，更具有优势。本书收录的招商证券《华尔街》纪录片，深刻剖析了欧美次贷危机的根源，向中国观众揭示出西方金融“恶”（贪婪）的一面，向中国金融同业暗示：彼邦200载的岁月积淀，实在值得弱冠之年的我们认真反思、摸索和探询；如何学习其智慧与胆略、规避其傲慢与贪婪成为中国金融同行思考的问题……这体现了中国金融机构的高度社会责任。我们还看到，类似宁波银行“金色池塘——小企业大讲堂”针对中小企业、小微企业的营销案例，在众多商业银行中都有。中国银行业集体式地扶助实体经济、小微企业，体现了与中央政府高度一致的金融导向。不过，中国金融机构，在构筑核心的、独特的营销模式方面，还处于探索阶段。确实，美国银行机构（如花旗银行）早在20世纪60年代末就率先从消费品行业引入营销观念、高级人才、方法与技术，而近半个世纪之后，中国银行业才开始尝试引入品牌营销，目前尚处于起步阶段也是自然的事。本书率先用年度白皮书的形式，向读者展示中国金融业品牌营销领域的探索与尝试，相信这些早期的探路对于后来者的价值是巨大的。

中国金融机构如何迈向未来？中国金融业目前已经在营收总量和利润规模方面，取得了傲人成绩。但中国金融机构没能进入Interbrand全球品牌100强榜单，其根本原因在于，我们轻视了品牌在顾客心智中的分量和价值——而这，才是品牌的力量源头，也是品牌竞争力持续的保障。近年来，众多行业的公司纷纷“抢滩”金融，其背后驱动多是“利润”。“金融热”、“银行热”在一定程度上说明中国银行业、金融业目前还处于原始积累时期。在此关键时刻，智慧者和前瞻者不会只陶醉于“黄金”时期的丰厚利润，而会趁此时机寻找金融品牌的内功源头并练就好。毕竟，大批进入者到来后，就会迎来“大浪淘沙”的阶段。

金融营销、金融品牌的核心，就在于洞察顾客心理，它的使命就是致力于构筑顾客市场与金融机构之间的情感纽带。《中国金融品牌营销创新》，作为发掘金融业年度营销创新实践的首倡者，我们的目的是让中国金融业的精英们在具有精算风险与收益之理性的同时，重视并践行顾客体验和顾客情感的现代品牌观。打造世界知名的中国金融品牌是我们共同的责任与使命。本书若在此方面，提供些微借鉴和启发，就是我们创作团队最大的回报与欣慰！

王海忠

中山大学管理学院品牌营销教授、博导

中国品牌研究中心主任、首席专家

金融之光

周围的灯光慢慢暗下来，聚光灯在会场中央骤然亮起。这里是北京金融街丽思卡尔顿，参加会议的银行家们正在进行一场关于“未来银行”的讨论。时间坐标显示在2012年11月29日上午9点。

在这被称为“世界末日”的一年，金融危机在全球持续，食品危机在中国肆虐，而过去30年来中国经济赖以强劲增长的“世界工厂”效应迅速递减，中国的银行业——这块多年来的利润净土——也感受到了“末日”的威胁。不断开放的金融市场体系，以及由此产生的竞争，正在改变着传统的利益格局。

这个时候，城商行纷纷登场了。她们是徽商银行、晋商银行、富滇银行，她们是北京银行、江苏银行、宁波银行、南京银行，她们是东莞银行、华兴银行、长沙银行等等。她们来自数百个二三线城市和地区，她们是改制后的行业新物种，她们来自中国经济增长的深处，她们代表着中国最古老和传统金融的力量，她们渴望参与新一轮最深度的利益分配。

在某种意义上，2012年是中国的“城商行年”，越来越多的网点扩张，越来越多的业务创新，无不显示着一股陌生而强劲的力量，已经开始冲击传统国有银行和商业股份制银行构筑的既有商业秩序。改变已经发生。站立在北京、上海、广州或者深圳的街头，不经意的一瞥，你可以看到某个二三级城市商业银行的招牌门脸凸显在眼前。然而，如同一个突然冲到舞台中央的舞者，究竟什么样的舞姿最曼妙迷人，这可能是一种技术性的考量，而从偏安一隅到繁华都市，陌生的登场有时更会让人手足无措。

面临这种状况的当然不仅仅是“城商行们”。在新一轮的金融扩张周期里，这个行业链条上还有更多的证券、基金、信托、保险公司，甚至新兴的财富管理公司都不断改换崭新的面孔登场，逐一接受市场的吹打和考验。

2012年6月，波士顿咨询公司发布的《2012年全球财富报告》显示，中国的百万美元资产家庭数量超过140万，排在世界第三位。很显然，中国经济总量的不断增加、资本市场的扩容以及财富管理人群的爆发式增长，已经为中国的金融从业者们提供了庞大的历史性产业机会。在虚拟经济的发展浪潮中，金融品牌和营销创新管理不仅仅是市场挑战者的机会，更是存量市场品牌的巨大压力。

你也许会同意《第三次工业革命》作者杰里米·里夫金的意见，果真如此，现在人类已经进入第三次工业革命时代，人们正面临一个被互联网和再生资源重构的世界。当我们享受着这个经过超级链接的网络世界带来的充分开放与便利时，我们的确站在未来的一面抛弃过去并参与构筑一个新的替代者。是的，互联网不仅仅改变了我们的阅读方式，也正在改变我们的支付方式和生活方式，我们延续多年的金融和物质基础在发生重要变化。

不过，即使我们还不知道接下来的金融世界将会怎样，但至少在证券市场，股票交易网络化已是大势所趋，行业大佬们说营业部门脸正在不断变小；网络支付领域，阿里巴巴支付宝每天通过互联网进行着天量的资金吞吐，大量传统银行柜台交易已经被替代；在接下来的时间里，信用卡支付和转账交易将变得越来越网络化，在可以预见的将来，信用卡也许会消失，你所需要的很多服务都可以通过“云银行”实现。如同很多小型证券公司面临的新机会一样，今天的城商行没有了大型国有银行“沉重的肉身”，可以更加专注于客户和服务本身。互联网金融打破了区域概念，无论在海角天边，只需要一个账号，就可以通过端口完成所有需要的交易。咫尺天涯，维系客户关系的重要基础，也许唯有品牌。

改变还在发生，世界正在重新定义。非常荣幸，《理财周报》正置身其中。自2007年创刊伊始，《理财周报》一直定位于服务个人金融和机构投资者，以及由此产生的财富管理机会。“全金融，产业链”应该是这份媒体在这个价值链上最精准的定位和期许。创刊5年来，《理财周报》所深度关注的行业主要包括证券、基金、信托、资本市场、上市公司、银行、保险等领域。可谓产业纵深，人物万象，财富经纬，投资组合，林林总总，无所不及。

自2006年起，中国经历了一场由股权分置改革引发的资本市场牛市，山呼海啸，资本沸腾。以钱养钱改变生活，此谓中国“理财元年”，《理财周报》应运而生。然长达5年的熊市却给这份媒体带来严峻考验。当资本狂欢的烟火熄灭，当股票不再赚钱，人们开始思考理财乃至财富管理的本意。长达5年的熊市伴随长达5年的投资者教育，越来越多的人意识到投资的残酷性和理财的迫切性，越来越多的人厘清了银行理财与股票投资的关系，厘清了保险理财与基金投资的关系，最重要的是意识到了资产配置在投资中的重要意义。

需求刚刚产生，竞争早已开始。如果说品牌是所有产品信息的总和，具有虚拟经济性质的金融品牌管理和营销将更为考验管理者的智慧。互联网金融时代，沟通介质的创新与变化，为市场竞争者提供了平等营销的机会。然而，对于每一个金融品牌管理者来说，把可信赖、有价值的产品信息有效地传递给消费者，并提升不同品牌的差异化和附加值，则是业务核心。但就目前的存量市场来说，含金量高的金融品牌并不多见。换句话说，市场已经腾挪出足够的空间任由驰骋。

这正是《理财周报》发起并主办中国金融品牌“金象奖”的缘起。作为一份行业媒体——金融产业链中的一个组成部分，《理财周报》希望为方兴未艾的中国金融行业发展推波助澜，金融品牌锻造无疑是其中的重要一环。我们希望通过每年的评选活动，树立一个好的金融品牌标准，并为行业进步建立更好的范式和共识。我们希望这些好的品牌成为年度的金融之光，我们乐意记录并见证这些光环在每年的某些时候耀眼夺目。当然，我们更希望这些金融之光照耀更多金融品牌，鼓励彼此，互动前行。

感谢每一个参与者，是你的点滴支持让这个时代变得伟大。

梅波

理财周报执行董事总经理

第一章　大象的苏醒：中国金融业的新时代

综观全局，21世纪头20年，对我国来说，是一个必须紧紧抓住并且可以大有作为的重要战略机遇期。

——中国共产党第十六次全国代表大会报告

当今世界正在发生广泛而深刻的变化，当代中国正在发生广泛而深刻的变革。机遇前所未有，挑战也前所未有，机遇大于挑战。

——中国共产党第十七次全国代表大会报告

人们习惯用“大象”来形容庞然大物，对于中国经济这个世界第二大经济体而言，中国金融业就是牵一发而动全身的大象品种，正在焕发大国崛起的青春和激情。

从规模来看，截至2011年底，我国银行业总资产已达111.5万亿元，总负债达104.3万亿元。如果从2003年银监会成立时的27.64万亿元算起，我国银行业总资产在8年时间内增长超过3倍。

从利润看，近10年来我国银行业净利润与A股占比逐年上升，截至2012年一季度达到55.34%，创下历史新高。据英国《银行家》杂志2011年度“全球1000强银行”排名，中国银行包揽利润榜前三名，其中中国工商银行连续两年位居榜首，税前利润达到432亿美元，建设银行和中国银行紧随其后。另外，中国各银行利润总和占到全球银行业利率的29.3%，而这一数字在2007年仅为4%。

从国际影响力看，中国银行业在世界舞台上的地位在持续抬升，在2012年出炉的财富500强排名中，中资银行排位大幅上升，工商银行从2011年的第77位升至第54位，是除了中石油、中石化和国家电网外排名最高的公司。建行从第108位升至第77位，农行从第127位升至84位，中国银行从第132位上升到第93位，交通银行从第398位升至第326位，招商银行也首次进榜，排名第498位。

然而在具有高度不确定性的全球化时代，中国金融业的未来也似乎正处于变革的前夜。世界实体经济的萎缩，发达国家与新兴国家的地位变迁，经济发展模式的转型升级，全球货币和金融监管体系的重构……诸多的不确定因素向中国金融机构提出了严峻的挑战和考验：我们究竟应该提出什么样的价值主张？我们是谁？我们要做什么？我们要到哪里去？

无论如何，可以确定的是，我们已经进入了金融品牌的新时代：从前粗放的以数量和规模取胜的方式再也不是唯一的制胜法宝，运用科学的现代营销理论方法和实践创新，探索出适合我国金融品牌发展壮大的路径和模式是这个时期的要义所在。

本章我们将会重点对影响金融机构的市场环境因素进行全景式的扫描，并借鉴国内外金融品牌营销视野的经验和启示，最后挖掘出在金融营销创新方面有着标杆意义的企业案例。

第一节　扫描营销环境

对于当代致力于金融界的企业管理者和营销者而言，确认和解释市场变化是其最重要的责任之一。而作为中国金融品牌强国未来的缔造者，识别当今金融环境趋势，又是发现战略机会的首要任务。趋势（trend）是已经具有某种动力和持久性的事件的发展方向或顺序，对社会、经济和政治产生重要影响。对于任何一位管理者和营销者来说，最终的挑战就是理解趋势的真正本质，同时确定它将如何影响宏观环境和微观环境——尤其是顾客、行业对手、公司和提供的产品。

金融企业、营销中介机构、顾客和竞争对手都在力量和趋势的宏观环境中运作，这些力量和趋势既创造机遇，也带来威胁。这些力量是不可控的，公司必须加以监督和反应。尽管这些力量将被分别描述，但营销者必须注意它们之间的相互作用，因为是它们带来了新的机遇和威胁。我们可以把这些力量因素归类为经济、政治法律、社会文化、自然环境、人口和技术因素。

一、我国金融业处于重要战略机遇期

“重要战略机遇期”是我国基于国家利益定位，对21世纪前20年世界环境变化和趋势的重要判断，我国金融业的发展将受到这一趋势的深刻影响和刻画。战略机遇期主要是指国际国内各种因素综合作用形成的，能为国家（地区、集团）经济社会发展提供良好机会和境遇，并对其历史命运产生全局性、长远性、决定性影响的某一特定历史时期。具体而言，我国面临的重要战略机遇期正呈现四个方面的特点，如表1所示：

表1　我国重要战略机遇期的主要特点

特点	世界经济结构	世界经济治理机制	创新和产业转型	新兴市场国家力量
阶段	调整期	变革期	孕育期	上升期
方向	培育我国发展新优势	增强我国参与能力	抢占未来发展战略制高点	发展壮大自己

而作为现代经济的核心，金融业对经济社会发展的作用越来越重要，越来越成为关系全局的重大问题。随着经济全球化的深入发展，随着我国经济持续快速发展和工业化、城镇化、市场化、国际化进程的加快，金融业正日益广泛地影响着我国经济社会生活的各个方面，金融也与人民群众切身利益息息相关。因此，我国金融业应该立足于本国发展利益，在重要战略机遇期当中推动经济社会又好又快发展，维护经济安全，促进社会和谐。

金融品牌营销视野1　马蔚华的“品牌观”

顺应市场环境中长期趋势的潮流，作为我国金融机构中品牌意识和创新能力最为突出的代表之一，招商银行行长马蔚华早在2004年就对银行业创建金融品牌的必然性有着独到的理解。在他眼中，有三个重要原因使得我国银行业需要建立自己的金融品牌。

第一个原因，顺应金融发展的规律，顺应潮流。银行业本身存在一个金融发展的规律，概括起来有四个方面，分别是：信息化生存的趋势，金融化经营的趋势，资本化运作的趋势和国际化发展的趋势。银行是经营货币的特殊的企业，同时又是一个高风险的企业，这个特点就决定银行本身的经营活动是有风险性的。作为一个银行业，一个重要的追求就是要在公众中树立自己的形象，就是要坚定公众对自己的信心。银行是信用机构，没有公众对银行的信任，就没有顾客愿意将存款交托给你，更没有顾客愿意将财富交付给你打理。所以维护银行在公众中的信誉度，公众的信心，这是任何一个商业银行得以生存发展的前提条件。

而品牌的作用就在于其可以使商业银行的信誉长期树立起来。从资产、资金和知识密集型看，银行是资金密集型的企业，因此品牌浓缩了金融机构的经营实力，在业务经营中只有做到精耕细作，招商银行的创新才能不断地响应市场的呼应，才能保持特有的魅力。银行企业只有把所有的技术、资金和创新能力集中在品牌上，才能使其更有竞争力和杀伤力。

第二个原因，顺应客户需求变化的现实需要。金融业是服务业，这样的清晰界定十分重要。为什么招商银行把葵花作为品牌象征？这是因为作为服务业，没有服务对象，就没有企业生存的必要，所以招商银行把客户当做太阳，有了太阳的葵花才会生长，没有太阳的葵花就萎缩了。这就是招商银行的定位。作为金融业，企业必须每时每刻关注客户的需求，这里就包括两个层面：一个层面是外在的，即客户需求的层次是不断提升的。不像过去十几年客户需求就是银行的一张笑脸，一个好的服务，因此客户需求是从大众化向个性化演变，单一化向综合化发展，功能化向知识化的迈进。客户都希望金融业能提供更人性化、情感化、个性化全方位的服务。另一个层面是本质的，即社会需求永远不会停止在一个水平上，它不断产生新的更高的需求，这就是商业银行面临的挑战——必须适应需求的不断变化。在这种趋势下，品牌的区别能力就发挥着重要作用。因为银行客户会寻找金融品牌，只要有了品牌就可以解除顾虑，就可以放心使用你的产品。品牌已经成为银行和客户双方沟通和深入交往的亲切而熟悉的公关门票了。银行拿着这个熟悉的门票，客户一下子就接受了，假如别人不熟悉，你费了九牛二虎之力，客户也会将信将疑。因此，品牌是顺应客户需求变化而产生的。

第三个原因，品牌建设是应对金融竞争国际化的迫切需要。因为在当今的国际金融市场上，金融工具异彩纷呈，金融品牌构成了主要群体，没有牌子的产品就像没有标志的树木，将会在竞争中被淹没。比如花旗银行的零售业务，美国运通的支票就享誉全球。随着对加入WTO的承诺兑现，中国银行和外资银行将会在同一个环境中竞争，可以说，如果中国的本土银行业不能在未来迅速打造或者形成自己的金融品牌，在未来的竞争中本土银行业在某些领域就不仅是竞争失利，而且是出局的问题。因此从现实情况看，中国银行必须有一种紧迫感去打造中国的金融品牌。

资料来源：马蔚华. 如何塑造金融品牌形象. 搜狐财经，2004年9月14日.

二、关注实体经济与金融安全

金融业作为我国国家经济命脉的重要组成部分，在发展战略上应该符合国家“顶层设计”的需要。与欧美金融业的发展路径和利益取向有所不同，我国对金融业有着独特的战略选择和定位。

从表2可以看出，“服务国家实体经济”以及“确保国家金融安全”是影响我国金融业发展的两大政治诉求，这直接影响着我国金融企业在发展规划时的战略利益选择。

中国人民银行行长周小川认为，从国际金融角度来看，发展中国家在国际金融体系中的战略利益大致可以分为三种类型：

第一种类型以吸引外资为主。这些国家经济发展的主要瓶颈是资金短缺，且国内储蓄不足，因此努力争取各种形式的外资，成为这些发展中国家的首要目标。

第二种类型以保障金融体系稳定为主。由于自身金融环境、人才、监管薄弱，金融行业案件迭出、损失惊人，甚至不断孕育危机，这时的金融战略利益不是谋求强有力的金融服务，而是少出差错，减少风险为主。一般来说，越是封闭的经济体，越有这种想法。

第三种类型以扶持本国金融业成为强势产业为主。如何全面提高本国金融业的素质

表2 影响我国金融业发展的政治因素

人物	中共中央总书记胡锦涛	国务院总理温家宝
场合	中共中央政治局第四十三次集体学习	第四次全国金融工作会议
时间	2007年8月28日	2012年1月6日
对金融企业的发展要求	金融企业要围绕国家发展战略和目标任务，积极调整服务方向和重点，在努力增加盈利、提高效益的同时，加大对经济社会发展支持力度，积极为调整经济结构、推动自主创新、节约能源资源、保护生态环境、促进区域协调发展、改善人民生活发挥作用。	要坚持金融服务实体经济的本质要求，牢牢把握发展实体经济这一坚实基础，有效解决实体经济融资难、融资贵问题，坚决抑制社会资本脱实向虚、以钱炒钱，防止虚拟经济过度自我循环和膨胀，防止出现产业空心化现象。
对金融市场环境的发展要求	要继续扩大金融对外开放，着力提高对外开放质量和水平，同时要切实加强扩大开放条件下的金融风险防范工作，确保国家金融安全。	坚持市场配置金融资源的改革导向，把防范化解风险作为金融工作生命线，严厉打击金融犯罪，加强金融机构网络信息安全，在确保国家经济金融安全的基础上提高金融对外开放水平。

和能力，提高在国际金融规则中的制定权和在国际金融机构中的话语权，是一国在该阶段的主要战略利益。

从我国金融业的发展轨迹来看，在经历了谋求第一种类型战略利益（改革开放初期）和第二种类型战略利益（加入WTO）后，现在正踏进第三种类型的战略利益追求期（后金融危机时代）。

因此，我国金融企业在未来的战略定位和利益选择中，将会逐渐从封闭的被动“防御”状态，转向开放的主动“进攻”阶段。显然，这也同时意味着在我国提高金融对外开放水平的同时，我国金融机构面临着更为激烈的竞争。如何构建金融企业的核心竞争力，争取在国际金融版图规则上的制定权和机构中的话语权，成为了金融界管理者和营销者的巨大挑战。

三、我国金融业的升级与转型

对于中国的金融业而言，后危机时代的来临加速推进了行业转型期的深化发展。从审视市场环境的角度出发，中国经济未来有三大因素将会深刻改造金融机构的升级转型。

工业化和城镇化

世界经济史上一国经济的高速增长时期，往往都与工业化、城镇化或全球化相伴随。我国的重化工业过程尚未最终完成，服务业等第三产业发展空间更是甚大；城镇化率仍低于东南亚平均水平，仅相当于日本20世纪60年代初期的水平。我国工业化和城镇化的持续高速发展，是金融机构存贷款业务平稳发展的基础。同时，我国区域经济的协调发展，也为金融机构培育新的增长创造了条件。

经济结构转型

结构问题，有影响总量增长的出口与消费结构问题，有产业结构、地区结构等投资结构问题，也有收入分配结构等问题。不同层次的结构问题都对我国金融机构的战略定位转型和目标市场的重新锚定提出挑战以及带来机遇，比如从产业结构升级与调整来看，新的产业基础将为商业银行优化信贷结构创造条件，碳金融市场的发展，推动商业银行在绿色金融产品开发与业务拓展方面大有可为；而收入分配结构的改变也将推动私人财富市场的快速成长。

金融品牌营销视野2　我国商业银行的转型

作为中国最具活力的商业银行群体——股份制银行，率先体会到了阵痛和长期转型压力，已经走在了“二次改革”的路上。2010年，招商银行行长马蔚华抛出了“二次转型”战略，目标直指“低成本高回报率”。民生银行董事长董文标直言“需要二次改革”，核心是改变银行的资产收入结构，进行大的业务结构重组。招行和民生不约而同地主动选择了中小企业业务作为新的业务和利润方向。

民生银行董事长董文标提出，2010年民生银行将全面进入“二次腾飞”阶段，核心是从传统的粗放型、外延式的增长模式向集约型、内涵式的增长模式转变。调整和转型从公司业务事业部改革、零售银行能力提升和新一代核心银行系统建设等多个方面展开。从2009年开始，民生银行提出了“做民营企业的银行、小微企业的银行、高端客户的银行”的市场定位。

招商银行行长马蔚华旗帜鲜明地提出了“二次转型”的战略要求，目标很清晰，就是希望实现“用最小的资本消耗，实现盈利最大化”的转型。2004年招商银行“一次转型”非常成功，当时招行的目标有三个，就是业务结构和收入结构的转型，即扩大零售业务的收入占比、扩大中小企业占比、扩大中间业务收入占比。

而“二次转型”就是要低消耗，追求贷款定价水平的提升、追求成本控制、投入产出的增加，增加高价值客户数量和扩大交叉销售收入的来源。具体到公司业务，下一步的重点就是继续提高中小企业的占比，提高贷款的定价水平，同时使产品具备较强的竞争能力。

因此，招商银行的“二次转型”对于大客户，更多的是要通过产品的创新和交叉销售创造更多的综合收益；对于中小企业通过有效的风险识别和风险管理提高贷款定价能力。批发业务作为利润的主要贡献单元是招行“二次转型”

中的重点。

资料来源：周静雅，徐以升，李彬. 银行业“二次改革”：中型银行同向差异化转型上路. 第一财经日报，2010年4月26日.

利率市场化

我国利率市场化的趋势将会推动银行业的洗牌和创新。1962年，德国（前联邦德国）开启利率市场化改革，5年之后全面放松利率管制，此后德国的市场利率更贴近实际利率，金融创新更加活跃，同时银行业机构盈利减少，倒闭、合并和兼并现象有所增加。美国自1986年实行利率市场化以后，许多超大型银行和混合投资银行不断涌现，而中小银行的数量从14000多家减少到了8000多家。由于利率市场化使得中国银行业传统的依靠存贷利差盈利的模式渐渐失去了生命力，因此市场竞争的加剧将会迫使金融企业寻求更具有独特性的竞争优势和多元化的业务发展。

金融品牌营销视野3　香港银行二次腾飞的启示

作为最为核心的金融业态，历史悠久的香港银行业已在过去十年间成功地实施了转型。转型至今仍在持续，其背后更为庞大的内地银行体系，如今正在汲取香港银行业嬗变的经验和养分。在某种意义上而言，香港金融的昨天，就是内地金融业的今天。

回溯十年前，由于利率管制，息差宽余，众多银行尽可分散竞争，各有生存空间，弹丸之地的香港，银行多过米铺。持牌、有限制牌照和接受存款公司等各类银行机构接近400家，分行多达千余户。历经先前20年的经济发展，香港银行业的规模扩张达到巅峰。

至2007年，香港经济繁荣已非昔日堪比，而官方认可银行机构却不足300家，其中持牌银行约130间，比1997年高峰时减少近1/3。今日的香港是“新瓶新酒”，其银行体系的盈利模式、营运结构、竞争态势等实质性内容，更与十年前天差地别。

几度经济衰退导致香港企业投资和消费信贷需求持续疲弱，楼宇按揭、贸易融资、银团贷款等银行传统支柱业务基础萎缩，再加上息差的持续缩窄，以利息收入为主的传统盈利模式面临空前挑战。

从简单的存贷款业务，到全方位的资金融通和理财业务，这是香港银行业必须面对的转型过程。香港银行业由此转入了多元化和国际化的转轨时期。十年间，正是1997年金融危机爆发、2003—2004年CEPA与人民币业务启航、

2006—2007年内地银行业全面开放，共同促成了这一历史性转轨。

金融危机于香港银行业的最大影响之一便是息差缩窄，导致银行从传统存贷款业务，转向零售业务、资产管理、收费服务等中间业务领域。

2003年年中CEPA政策颁布，以及年底人民币业务对香港持牌银行的放开，令香港走出了1997年以来持续5年余的经济低迷，香港银行业由此复苏。

资料来源：卢彦铮，徐可，季敏华，郭琼. 香港新舞步：银行的多元化加快国际化转型. 财经，2007年6月25日.

四、人口结构变化与需求进化

人口老龄化

过去30年经济奇迹的取得，与我国的人口结构相对较年轻有相当大的关系。目前该优势正出现消退势头，未来会构成增长的约束与潜在的负担。而且中国人口结构变化之快，跳过了西方国家曾经历的建立庞大中产阶层的漫长过程，带来了西方不曾遇到过的挑战。

高储蓄率

纵观人类历史，大国的经济崛起，往往是与高储蓄率相联系的。尽管中国的人口在老龄化，但从人口平均年龄看，我国正从20世纪80年代的28岁逐步提高到2050年的46岁左右，该年龄段正处于收入和储蓄较高的时期。因此中国整体储蓄率仍处于相对高峰阶段，这就为金融机构的财富管理业务提供了巨大的市场空间。

快速增长的财富管理需求

中国是一个相对年轻但快速发展的财富市场。从需求方面来看，在国家经济蓬勃发展的大潮中，迅速涌现了第一代企业家。这些客户在私人银行业务方面经验不足，很少拥有家庭办公室，但他们却掌控着相当可观的个人资产。企业家们希望持有境内资产，传统上喜欢投资房地产业。他们通常喜欢自己独立作出投资决策，关注那些回报高但风险也可能较高的短期投资，或直接持有巨额现金。在全球宏观经济不确定性增强，国内房地产调控持续不断的背景下，随着客户开始探索境内外市场上更长期的、规范的资产配置和多元化渠道，未来市场对金融机构提供境内外产品服务的优质财富管理咨询服务的需求很可能会持续增加。

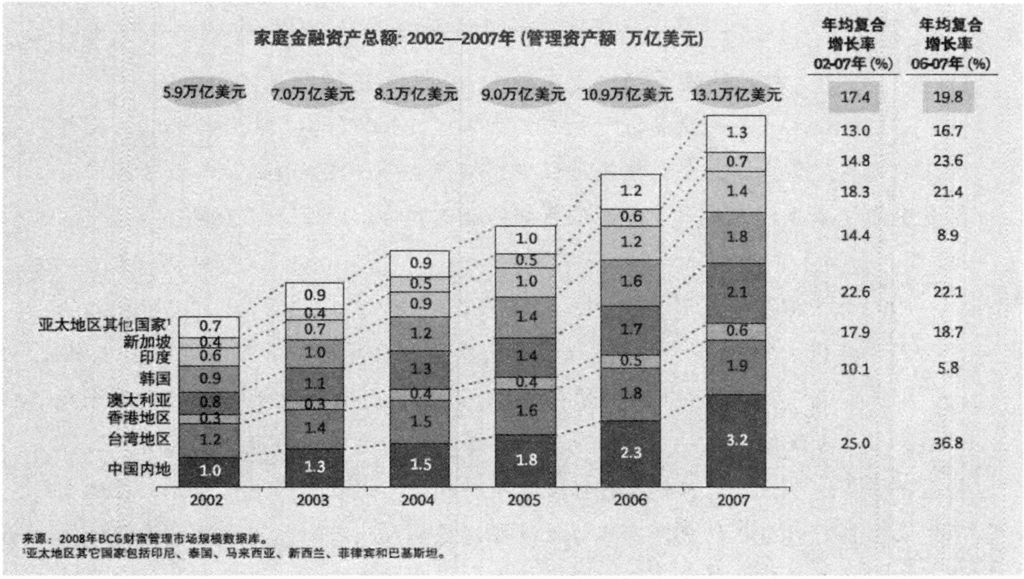

图1　中国拥有亚太地区（除日本外）最大的财富市场机会　数据来源：波士顿咨询

五、技术金融

以互联网为代表的网络信息技术，在重塑人类生活方式和行为习惯的同时，也对金融业的发展产生了重大的变革作用。美联储前任主席格林斯潘在1999年5月新加坡召开的讨论会上就曾表示：“今天金融市场高度的竞争化、创新化和全球化，银行与非银行，国内和国外以及反映在资产负债表内和表外的企业竞争，这种变革更多的是由计算技术、电子通讯和理论金融学来推进。”

金融业本身独有的信息特质，使得信息技术在国际金融业的现代变革过程中能够发挥重要作用。信息技术改变了过去资本取胜、规模取胜、地域取胜的金融竞争的规则。利用互联网的全程性、开放性程度的提高，信息技术提供了在全球范围内实行自主交换信息的巨大平台，这不仅赋予了金融业全新的营销方式和全球性的金融市场，提升了银行金融的国际化程度，而且重新构建了银行的IT系统。

无论是历史悠久的老字号，还是处于成长时期的新生代，在这种新的网络信息化市场竞争规则下，新的银行与历史久远的大银行在企业的发展方向上是一致的，中小银行如果能把握信息技术带来的新机遇，就有机会与大银行并驾齐驱。因此可以说，随着金融的信息化、网络化，网点的虚拟化，业务的网络化以及媒体的多元化，将来谁能成为市场的主角，关键在于金融机构信息技术利用水平的高低。

金融品牌营销视野4 “一卡通”的创新革命

“打造技术领先的精品银行”是招商银行行长马蔚华在上任开始就为招行定下的发展定位。在25年的发展历程中，招行坚持科技兴行的战略，依托强大而先进的技术手段，其中最为人们熟知的就是其打出的业务“王牌”：“一卡通”。

1993年，招行以深圳为试点，实现了储蓄联网。1995年7月，招行成立储蓄信用卡部，主推借记卡“一卡通”，最初为金色背景，熊猫图案。1996年6月，“一卡通”实现了全国联网通存通兑。此时招商银行只有9家分行，虽然规模小，但是系统规划统一，“一卡通”在普通分行可以通存通兑。而有的大银行是一个省一个机型，虽然投入很多很早，但是不能在全国通存通兑，在这个问题上，招行对自己的优势和劣势看得很清楚。人们获取信用卡这种需要较高“成本”的产品的时候会选择全国性的大行，招行没有优势。但是招行自身的架构却非常适于开发借记卡这类同样非常讲究网络和信息共享的产品。招商银行根据其优势，大力开发以电子技术为依托的安全高效的结算网络、电子货币产品，完善硬件设施，并在业务竞争中实现赶超的技术手段，做到柜台业务电子化、资金结算电子化。

1998年，招商银行根据国内信用机制不健全，而国外在短短几年内没有透支功能的借记卡发行已经超过了信用卡几十倍的情况，认为借记卡很有可能在中国会更有前途。恰好“一卡通”这个载体有足够的空间和能力来完成借记卡的任务。于是，招商银行在信用卡上主动示弱，而把自己全部的精力放到了独辟蹊径去建立借记卡网络之上。

储蓄存款是银行开展各项业务的重要基础，而“一卡通”是对存折的一场革命。凭借其申请、使用方便快捷，“一卡通”上的金融葵花很快开遍了全国。一卡通功能成为了所有银行卡的通用标准。

“一卡通”最早实现了全国通存通兑，集购物消费、电话银行、证券电话自助转账、自助缴费、网上支付等十余种功能，集定活期、多储种、多币种、多功能于一卡，具有“安全、快捷、方便、灵活”的特点。招行也树立起服务方便、技术先进、灵活新锐的市场形象。

资料来源：张力升. 中国需要好银行：马蔚华与招商银行. 中央编译出版社，2009年.

第二节　市场细分和目标市场选择

在对市场环境中的趋势和力量进行深刻的洞察之后，金融机构需要将其中蕴含的市场机会划分成有着独特的需求和需要的消费者群或细分，然后确定哪些市场是它们能有效服务并能取得竞争优势的。这一决策要求金融企业对消费者行为的敏锐理解和仔细的战略思考。

然而，目前我国金融机构进行市场细分的过程中，仅仅是一种简单的人群划分，从而造成品牌定位相似雷同、产品开发重复低效以及经营战略转型困难的局面。其中较为典型的就是我国商业银行的理财业务。尽管近年国内各银行纷纷推出了自己的理财产品，并且投入了大量的人力物力，都期望在现有的市场中独树一帜，但各银行在经过所谓的市场细分之后，都不约而同地将目标客户锁定在“高端客户”、“高级白领”身上，不仅在产品内容上没有实质的区别，甚至连形式也只是简单的复制。在这种高重复、高密度的相互对抗之下，一些银行的竞争手段开始走形，不合规的现象时有发生，而另一些银行的投入成本居高不下，自身效益受到了极大的威胁。很显然，这种相似雷同的品牌竞争并不能体现商业银行的相对优势，也不利于这些创新业务的健康成长与发展，增加了商业银行经营战略转型的难度。

因此，我们有必要清晰地梳理市场细分的层次和机理，为我国金融机构的市场选择和定位提供有价值的决策指引。一般而言，市场细分的层次可以分为四类：细分营销、补缺营销、本地化营销和顾客定制。

一、细分营销

一个细分市场包含一组具有相似需求的顾客，例如，寻求方便快捷的大众消费者或者追求财富安全和增值的高端客户。但是，一个细分不是一个部分。“年轻而刚进入职场的信用卡消费者”是一个部分，而不是一个细分，因为这些消费者对于信用卡的具体需求是不同的。营销者不创造细分市场，而是识别细分市场并决定针对哪个细分市场展开营销活动。

金融品牌营销视野5　中国高净值人群

基于高净值客户财富的来源，波士顿咨询公司把中国的高净值人士划分为四个主要类型：企业家、管理人员及专业人士、专业投资者和独立型富人。

企业家：中国的大多数高净值人士是企业家，大部分是第一代的财富创造者。这一客户群的需求差异较大，并受到各个方面因素的影响。有些企业家需要灵活的资金进行业务运作，因此偏好简单的高流动性产品，比如货币市场基金或非常灵活的定期存款；而更成熟的企业家，或其业务处在成熟阶段，则可能开始考虑投资组合规划。

管理人员及专业人士：该客户群在中国规模相对较小，通常受过较好的教育。由于工作繁忙，他们需要银行提供优质的投资建议或财务规划。其中许多人需要银行提供更优质和更专业的咨询服务，并帮助了解不同财富管理产品。

专业投资者：中国的一些高净值人士通过投资股票、房地产和其他投资机会积累财富。他们坚持不懈地跟踪市场动向，并相信自己的判断。不依赖银行家的意见，但会重视其提供的市场信息。通常，专业投资者精通各种投资工具，因此他们只是把银行作为分散投资风险的渠道之一。

独立型富人：一些高净值人士的财富源于父母资产继承或家庭成员赠予（比如富裕个人的子嗣或企业家的妻子）。其背景多样，需求也不尽相同。总体而言，他们有更多的时间来管理财产，并对咨询服务有更高的需求。

资料来源：BCG银行业智库. 为中国高端客户度身打造最佳价值定位. 波士顿咨询，2009年.

二、补缺营销

补缺市场是更小范围的消费者群体，它寻求与众不同的利益组合。营销者通常通过把细分市场再细分来确认补缺市场。一个有吸引力的补缺市场具有如下特征：顾客会有一些独特的需求；他们愿为那些最好地满足他们需求的公司付出额外的费用；补缺市场不太可能吸引其他竞争对手；补缺者通过专业化取得一定的经济效益；补缺市场有一定的规模、利润和增长潜力。

中信银行为部分女性专门开发的“香卡”系列，就是补缺营销的一个成功典型。中信银行香卡是专门针对年轻时尚女性这一特定银行卡消费全体及其特有的理财观念和消费心理推出的专属借记卡。香卡凭借其美观的设计，女性保险、美容纤体、休闲、亲子系列等丰富的增值服务，香卡微博、网站和彩信等全新营销平台的充分运用以及形式多样的特色主题营销互动而深受客户的喜爱。

三、本地化营销

目标营销正导致专为本地顾客群体的需求和需要量身定做营销方案的出现。例如花旗银行根据各街区的人口统计情况对每个分支机构的银行服务进行调整。本地化营销反映了一种日益向草根营销发展的趋势，即致力于尽可能地接近单个消费者并与其建立私人关系。这种草根营销的主要组成部分是体验营销，即把将要推广的产品或服务与独特而有趣的体验联系在一起。

金融品牌营销视野6　富国银行的“社区银行”

富国银行（Wells Fargo & Company）1852年诞生于加利福利亚州，发展至今已有160年历史。至2012年一季度末发展成为美国总市值第一，资产规模第四的大型银行。

富国银行经营的业务分为三块，分别是社区银行业务（零售业务）、批发银行业务和财富管理业务（包括理财、经纪和养老业务）。其中社区银行业务是富国银行最有特色并且极具竞争力的主营业务，该项业务占营业收入的比重保持在60%左右，2011年该销售收入占总比56%。

富国银行的社区银行业务为消费者和小微企业提供储蓄、投资、保险、信托等一系列金融产品和服务。由于社区银行存款是公司低成本核心存款的主要来源，因此富国银行拥有美国银行业最好的资金来源结构之一。公司在保持着较高存款增长率的同时，较低的负债成本为公司较高盈利能力提供了重要支撑。

富国银行社区业务的成功，得益于其拥有较强的交叉销售能力，比如一个客户在富国银行同时拥有较多金融产品（比如支票账户、按揭贷款、信用卡等），那么这一客户就可以获得一些更优惠的贷款利率。因此客户黏性较高，更易持续地获得存款成本资源。

另外，富国银行社区业务主要向两类客户提供服务，即零售客户和小微企业客户。其中富国银行小微企业业务发展独具特色，收益率处于较高水平。富国小微企业贷款业务发展于20世纪90年代初，发展初期该项业务并不盈利。此后，富国银行积极研究小微企业客户潜在需求和风险状况，开发出信用评分卡，同时在电话申请、免抵押等流程方面进行创新，小微企业信贷逐渐成为高盈利和高增长的业务。

富国银行小微企业业务有两个特点。一是放贷方式灵活多样，主要通过柜台、网络、直接邮寄、电话等方式向小微企业客户放贷，较少需要专职客户经理，因此开发成本较低；二是为客户提供的金融产品和服务多样，包括：应收占款和存货融资、设备租赁、风险投资、房地产融资等十种以上金融服务，服务类别处于同行业较高水平。

资料来源：励雅敏. 富国银行商业模式对中国银行业的启示. 瑞银证券，2012年6月.

四、顾客定制

市场细分的最后一个层次是“个人细分市场”、“定制营销”或“一对一营销”。

对于金融机构而言，私人银行就是对于高净值客户群体的定制化服务形式之一。私人银行的发展背景，是由于随着资本市场的发展，银行在资产、负债领域均遇到了强有力的竞争者，出现了金融脱媒化现象。这迫使银行减少对利息收入的依赖，转而发展中间业务。由于中间业务是私人银行的主要服务手段，因此私人银行越来越受到金融界的重视。

在我国，由于体制和历史的原因，长期以来我国商业银行大多是重视批发业务而轻视零售业务，有些银行的收益几乎完全依赖公司客户。发展私人银行业务是改变我国商业银行以存贷利差为主要盈利模式的一个较为理想的选择。对中资银行而言，完善私人银行业务体系也有利于推动零售银行战略实施，建立和完善低、中、高端客户相结合的零售银行服务体系。

金融品牌营销视野7　家庭办公室：私人银行的定制化服务

私人银行业务最早起源于16世纪的瑞士，最初这只是为少数欧洲皇室、贵族提供财富管理和财产传承的私密金融服务。经过三四百年的发展，私人银行业已经发展成为世界各国高端富裕客户提供包括财富管理、投资咨询等综合金融服务的现代私人银行。

从国际商业银行私人银行业务发展的实践来看，私人银行业务并不是一般财富管理体系的简单升级。与一般财富管理体系相比，私人银行业务不仅在产品和服务方面设置了较高的门槛，还具有客户信息的私密性、私人银行家的职业化、私人银行服务和产品的个性化、私人银行客户管理的系统化等特点。标准的私人银行服务不仅要为客户提供财富管理和财富增值服务，还要能在医疗教育、税收法律、遗产继承等增值服务方面为客户提供支持。

其中，家庭办公室是一种顶级的私人银行服务。家庭办公室起源于欧洲，他们具有贴身、专业和私密的特点。其中最具代表性的恐怕要算英国著名的私人银行Grosvenor Estate，它为西敏寺公爵家族服务了300多年。

现如今，家庭办公室在美国大行其道。在私人银行业务的顶端，形成了为富人们提供财富管理的家庭办公室，它们正形成一股巨大的财富力量。现在所谓的家庭办公室，是由一组业内顶级水平的财富管理团队专门服务于一个或几个富人家族，为其提供全面的家族资产管理综合服务，包括全球资产的配置、技术的咨询、整合的报表以及家庭的慈善事业等，它已远远超出了传统的理财概念。根据欧美金融服务的分类，私人银行大多数要求客户交付管理的资产在100万美元以上，而要获得家庭办公室的顶级服务，个人金融资产最少不能低于1.5亿美元。

从国外状况来看，面向超高净值客户的“家庭办公室”模式旨在满足个人、家族与企业三合一需求的同时降低成本；另外，降低家庭办公室门槛，针对不同的规模提供不同的服务也是一种解决办法。与此同时，针对3000万美元到1.4亿美元的富豪们，一些私人银行开始搭建“虚拟服务网络”，将原来物理上一起办公的家庭办公室移植到以IT系统为基础的虚拟工作平台，这也属于向下开放家庭办公室服务的一种。

虽然目前家庭办公室在我国还处于启蒙阶段，但这些超级富豪的存在，作为潜在目标客户，为我国家庭办公室的出现创造了条件。私人银行可效仿国外做法，开设多客户家庭办公室，或是直接开设分层次的家庭办公室，根据客户财富规模提供不同层次和内容的服务，抑或是搭建虚拟服务平台，允许分布在世界各国的会计师、律师、遗产顾问、投资顾问等通过此平台协同工作，共同提供服务。

资料来源：中信银行私人银行中心与中央财经大学中国银行研究中心联合课题组. 中国私人银行客户特征与发展趋势研究报告. 2011年10月.

附录：中国金融品牌“金象奖”获奖案例

2011中国金融品牌十大年度营销事件
博时基金：“博时抗通胀增强回报基金”营销事件

中国财富管理的市场机会[①]

在市场地位方面，中国财富市场总值为16.5万亿美元，排名世界第三，按财富人口（个人资产高于10万美元）数量则是第七市场。得益于中国巨大的人口基数，中国市场财富总量已居于全球第三，并以25%的年均复合增长率快速增长。但是从财富人口结构的角度衡量，中国财富市场的结构与全球水平相比，财富人口比重过小。

中国人口占全球约20%，人均占有财富仅为世界平均水平的40%；拥有10万美元以上的财富人口数为1731万人，占成人的比重1.80%，世界该指标为9.85%；80.5万的高净值成人人口（拥有100万美元以上），仅占到成人总数的0.08%，世界该指标为0.55%。

在区域格局上，根据福布斯私人财富分布模型测算，中国11个省份（直辖市）的高净值人群大致覆盖了全国高净值人口总数的75%，成为财富管理机构竞逐的主战场，它们依次为广东、浙江、上海、北京、江苏、福建、辽宁、河北、四川、山东、湖南。考虑到直辖市和省份人口基数的差异，财富人口的集聚与人均GDP即地区经济发达程度具有紧密的联系。

而人群特征方面，中国的财富人群表现出四个显著特征。第一是更年轻，胡润研究院2011年的调查结果显示，超过百万美元资产的高净值人士平均年龄为39岁，处于财富第一代或第一、第二代交替的阶段；而美国同口径的数字是54岁，欧洲和日本均超过60岁。第二是更激进，更年轻的年龄结构显示了中国财富人群尚处于创富的阶段，因而对待财富的态度也更倾向于增值，体现为激进的资产组合，持有风险资产比重较高。第三是更集中，2010年占人口总数不及1%的中国高净值人群掌握着全国可投资资产总量的22.4%。第四是更自信，中国财富人群主要来自于自主创业（55%）、房地产市场（20%）和证券市场（15%），通过自主经营实现财富积累的成功经验使得这个群体对财富管理要求更多的自主权。

面对庞大的市场，中国的财富管理业者包括商业银行、证券公司、信托公司、保险公司、第三方理财机构等机构，其中商业银行和证券公司是财富人群选择的主要财富管理机构，分别占到60%、20%的份额。资产管理业务已成为证券公司财富管理的重要突破口。

---

①林采宜，吴齐华，段丽媛. 中国财富管理市场的现状与发展趋势. 上海证券报，2012年6月11日.

捕捉通胀环境下的财富管理机遇

1．2011年CPI指数进一步走高的可能性较大

2010年，大蒜、绿豆、生姜、白糖等价格纷纷上涨，通胀已经影响到老百姓的日常生活。进入2011年，居民消费价格指数（CPI）进一步走高的可能性大增。自2010年我国CPI指数上涨3.3%的数据公布以后，各研究机构纷纷调高2011年的CPI预测值（资料来源：《财经》2011年第2期），2011年1月CPI同比涨幅达到了4.9%。近期央行行长周小川在接受采访时则表示，虽然2010年12月中国CPI增速放缓，但其实际还是比很多人的预测要高，而且未来还有进一步走高的空间，对此需要保持警惕。可见，2011年CPI指数涨幅可能比2010年要高出不少。

2．通胀在偷偷影响您的"钱包"

有这样一个例子，30年前，王女士将400元以一年定期存款的方式存入了银行，每次到期后均将本金与利息再次以一年定存的方式进行储蓄。如今，连本带息拿出来约为2200元。我们根据20世纪80年代的物价水平帮王女士算了一下账，当年的400元钱可以买到小城镇的一间砖房。但按现在的物价来计算，2200多元仅可买500多公斤的面粉。照此下去，若干年后，这些钱可能只够买一笼包子了。（本举例中，定存利率取自1980—2010年人民币一年定期存款实际利率，并不计算利息税。）

图2

钱在银行存个一两年，可能不会感觉到通胀的影响，但大家看看王女士的例子，只要通胀的效应一累积，对财富的影响就很大。

3．认识通胀和CPI

通胀到底是什么呢？在经济学上，通货膨胀指整体物价水平持续性上升。物价上涨是为通胀。那么，通胀是怎么来的呢？对于通货膨胀最广为人知也最直接的理论是：通货膨胀的根源是货币供给率高于经济规模增长。所以，物价上涨，对应的就是货币贬值或购买力下降。

谈及通胀，必会说到消费者物价指数，也就是CPI，它计算的是居民日常消费的生活用品和劳务的平均价格水平，是一个与基期100相比较的数值。计算期的价格指数若超过100，则表明该期价格水平与基期相比上升了，小于100则表明下降了。

CPI是目前用于观测通货膨胀最主流的经济指标，但世界各国的CPI权重各不相同，因此进行国际比较和投资理财时需要特别注意。如中国的CPI权重就和美国有很大的差异。美国CPI中住房权重占到四成，而中国占比较低；中国CPI中食品的权重占到

31.39%，于是CPI对于食品价格的变动比较敏感。

表3 数据来源：Wind资讯

指标名称	2006年	2011年（1月调整后的权重）
CPI权重：食品	33.60%	31.39%
CPI权重：烟酒及用品	14.40%	13.89%
CPI权重：衣着	9.00%	8.51%
CPI权重：家庭设备用品及其维修服务	6.20%	5.84%
CPI权重：医疗保健及个人用品	9.40%	9.04%
CPI权重：交通和通讯	9.30%	9.25%
CPI权重：娱乐教育文化用品及服务	4.50%	4.25%
CPI权重：居住	13.60%	17.82%

以上传播内容，就是在博时抗通胀增强回报证券投资基金宣传材料中的一部分，引人注目，直达投资者的内心深处。然而，如何从一个社会和经济现象，过渡到大众真实的投资需求呢？博时基金显然在这一点上下足了功夫。

抓住通胀根源，抗击通胀

通胀来了，怎么办？通胀无情，胜之有道，关键是认清本质，对症下药。我国CPI升高有3个主要原因：货币泛滥、食品价格上涨以及能源成本上升。

货币泛滥导致的通货膨胀是一个广为人知的通胀理论。“通货膨胀是一定会到处发生的货币现象”，货币主义学派代表人物弗里德曼如是说，意指通货膨胀的最根本原因是货币供给量多于需求量。

我国CPI权重中31.39%是食品，而农产品价格上涨成为近年来的一个突出现象。近期的主要原因有异常气候导致全球农产品欠产和价格暴涨，而食品价格长期上涨的原因来自未来收入和人口的增长带来食品需求的增加，但供给方受到很多因素限制，如农业科技已经难有新的技术大幅增加产量、全球粮食存量增加放缓、城镇化导致耕地越来越少、化肥的使用使土地越来越贫瘠等，结果就是农产品价格面临长期的上涨趋势。

能源价格变化是站在总供给的角度看通胀。能源价格具有周期性波动的特点，而由于现代社会对能源的高度依赖，一旦其价格上涨则会传导到经济生活的方方面面，推动很多商品价格水平上升，这种价格上升就是成本推动的通货膨胀。

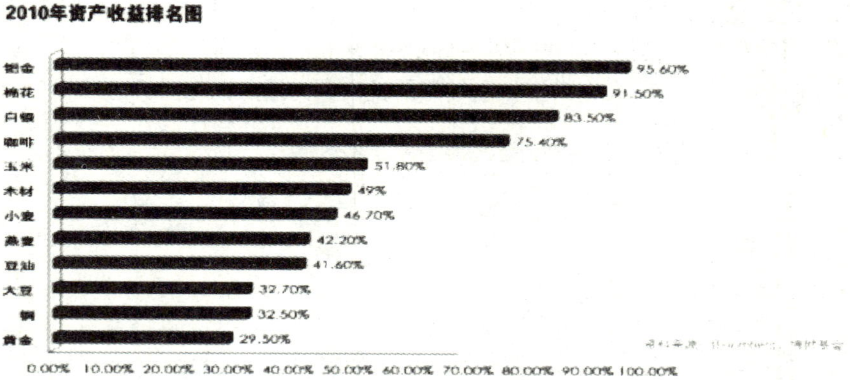

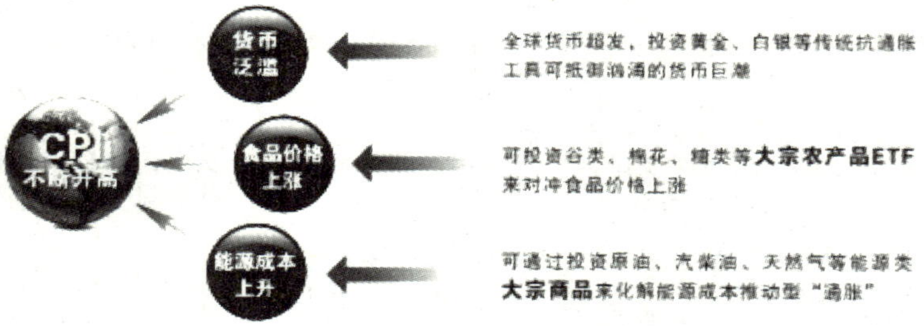

图3　　数据来源：博时基金

从通胀到投资品种的筛选，层层深入，循循善诱，丝丝入扣，这就是博时基金与投资者心灵沟通的巧妙之处。通胀背景下增值保值的投资需求确确实实被激发了，那么如何才能做好“临门一脚”的工作，真正让投资者作出选择博时的理性决策呢？

挂钩一篮子抗通胀资产，努力为您实现通胀保护

博时抗通胀增强回报基金抓住国内通胀根源，不仅仅是投资黄金，而是精选一篮子实际资产，如黄金、白银、铂金等贵金属，玉米、大豆、小麦、棉花、白糖等农产品，石油、天然气等能源，以及铜、铝等工业金属……通过主要投资于跟踪这些大宗商品指数的ETF及主要投资于通胀保护债券的ETF等抗通胀资产，实现在有效控制风险的前提下，力争为投资者资产提供通胀（通缩）保护，并力争获取较高的超额收益。

本基金选取的农产品类、贵金属类和能源类资产与国内和国际通胀相关性较高，同时ETF选择较多。此外，本基金还将重点投资抗通胀债券，在降低复合指数的整体波动率风险的同时，提高了指数的夏普比率。

在跟踪这些资产的指数中，本基金选择标准普尔公司编制发布的标准大宗商品分类指数和巴克莱美国通胀保护债券指数作为业绩比较基准，主要基于这些指数的代表性和透明性。该业绩比较基准简称“通胀综合跟踪指标”。

通胀综合跟踪指标过去10年年化收益率10.5%，超出过去10年CPI年化涨幅8.2%；

过去两年年化收益率达到20.9%，超出过去两年CPI年涨幅18.1%。从历史数据来看（2001—2010年），通胀综合跟踪指标过去10年大幅跑赢国内CPI，获得了超越国内CPI+3%的收益，为投资人提供了一个较好的抗击国内通胀的工具。

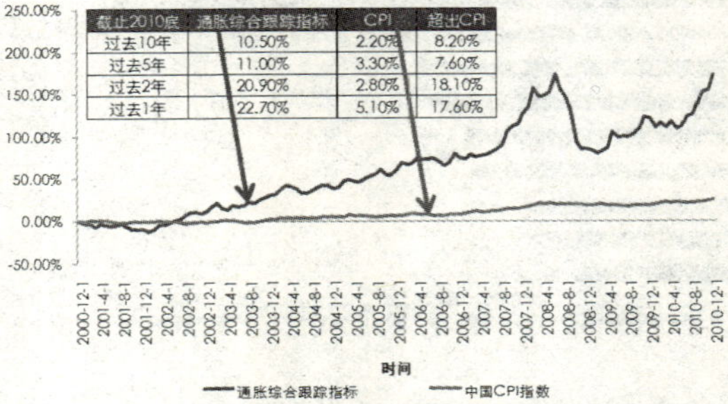

图4　通胀综合跟踪指标图　　数据来源：标普指数、Wind资讯

CPI为国家统计局公布的中国CPI数据。博时抗通胀增强回报基金选取业绩比较基准为：标普高盛贵金属类总收益指数收益率×20%+标普高盛农产品总收益指数收益率×30%+标普高盛能源类总收益指数收益率×20%+巴克莱美国通胀保护债券指数收益率×30%，简称“通胀综合跟踪指标”，该指标的历史收益不代表业绩比较基准的未来收益，也不代表基金未来表现。投资有风险，请谨慎选择。

博时基金——根深叶茂，唯精唯专

博时基金管理有限公司（以下简称“博时”）成立于1998年，是我国最早成立的基金管理公司之一。截至2010年12月31日，博时共管理20只开放式基金和3只封闭式基金，公募基金资产规模超过1162亿元人民币，位列行业第四，累计分红超过532亿元。博时同时还管理部分社保基金及多个企业年金账户、特定资产管理账户，管理规模在同业中名列前茅。

博时是国内基金业国际化进程的实践者，从2005年开始，博时就开始为境外机构提供中国市场的投资咨询顾问服务，积累了丰富的境外投资经验。

对于追求理性收益的投资者而言，花言巧语是没有用的。真正奏效的是让人听得明白的专业性，博时基金在这一点上显得驾轻就熟。不过无论投资逻辑如何完整全面，如何令人印象深刻，作为专业的财富管理机构，投资产品背后的“人”才是成熟的投资者最为关注的地方。

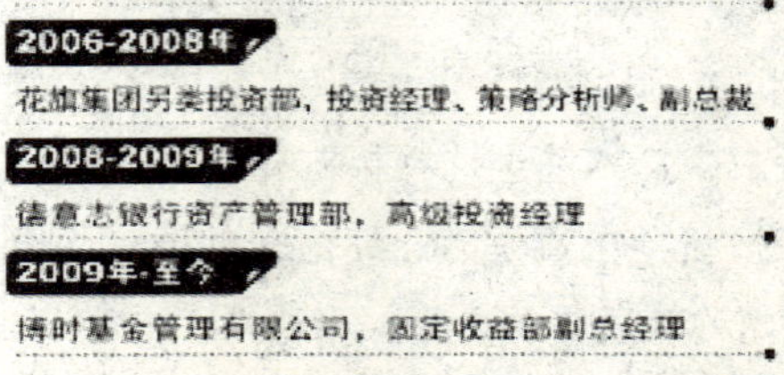

图5

拟任基金经理　章强

章强先生于2009年加入博时公司，现负责境外投资业务。章强先生曾先后在太平洋投资管理公司（PIMCO）、花旗集团另类投资部、德意志银行资产管理部任职，从事过全球债券、外汇、大宗商品、股指期货等的研究和投资管理工作，具有丰富的境外资产管理经验。本基金的投研团队具有平均9年以上的境外资产管理经验，多年实际管理大宗商品绝对收益投资的经验。

到此为止，博时抗通胀基金的营销刺激已经较好地激发了投资者需求以及促进购买决策。作为基金行业优秀的一员，博时抗通胀基金可以说是为广大从业机构和人员提供了基金营销创新的范本。

博时抗通胀增强回报基金的市场及产品

博时基金公司的投资理念是“做投资价值的发现者”，“为国民创造财富”是博时的使命。面对国内外通胀的迅速升温，经过一年半的精心准备，博时基金打造的抗击国内通胀的全新产品——博时抗通胀的增强回报证券投资基金于2011年3月21日起发售。该基金选择了挂钩抗通胀效果较好的几类真实资产（Real Assets）的证券作为投资对象：贵金属、农产品、原油、通胀保护债券等证券。针对国内CPI的构成和通胀的动因，配置了一篮子真实资产的组合作为基准，结合主动投资和多元分散风险的理念，力争为投资者提供一个有效的抗通胀投资工具。

外部环境	● 国内外CPI均不断走高，通胀迅速升温 ● 投资者避免货币购买力下降，抵御通胀的需求日渐强烈
行业环境	● 基金公司和基金产品数量增多，QDII基金首发规模缩减 ● 以对抗通胀为主题、以大宗商品为投资目标的产品不多

图6　博时抗通胀增强回报基金的市场环境

基金抗通胀的目标市场

本基金的目标客户定位于：持有人民币资产、追求中高风险下资产稳定增值的个人或机构投资者。

产品概要

基金名称：博时抗通胀增强回报证券投资基金

基金代码：050020

基金类型：基金中基金

运作方式：契约型、开放式

投资范围：本基金主要投资于具有良好流动性的境外相关金融工具

投资比例：本基金的基金投资（含ETF）比例不低于基金资产的60%，其中不低于80%投资于抗通胀相关主题的基金。除基金投资外的其他投资包括股票等权益类资产，债券等固定收益类资产，现金、货币市场工具、权证、期权、期货、远期、互换等金融衍生产品以及相关法律法规或中国证监会允许投资的其他金融工具投资比例合计不高于基金资产的40%，其中现金或者到期日在一年以内的政府债券不低于基金资产净值的5%。

抗通胀相关主题的基金主要包括大宗商品类ETF，可细分为跟踪大宗商品综合指数，跟踪分类大宗商品指数如贵金属类、农产品类、能源类和工业金属类等或单个商品的ETF；业绩比较基准90%以上是商品指数的共同基金；主要投资于通货膨胀保护债券的ETF或债券型基金；以及主要投资于自然资源类公司股票的ETF和共同基金。

投资目标：本基金通过进行全球大类资产配置，投资于通胀（通缩）相关的各类资产，在有效控制风险的前提下，力争为投资者资产提供通胀（通缩）保护，同时力争获取较高的超额收益。

风险收益特征：本基金为基金中基金，主要投资范围为抗通胀相关主题的资产。本基金的收益和风险低于股票型基金，高于债券型基金和货币市场基金，属于中高风险/收益特征的开放式基金。

收益分配原则：在符合基金收益分配条件的情况下，本基金每年收益分配次数最多为4次，每次分配比例不低于收益分配基准日可供分配利润的20%。

博时抗通胀的营销活动

近来随着基金公司和基金产品数量的增多，新基金的发行情况大不如前，基金的首发规模也呈下降趋势，为了更好地向广大投资者传播抗通胀的投资理念，并促进新基金的销售，提升公司品牌形象，博时基金围绕“抗通胀投资”策划了一系列营销活动，以线上线下相结合的模式，打了一场漂亮的“抗通胀”战役。

营销关键词

主广告词：2011，博时与您一起抗通胀

项目时间：

预热期：2011年2月—2011年3月

发行期：2011年3月—2011年4月

持续营销期：2011年4月—2011年12月

项目范围：全国

营销策略

1．围绕投资者的生活焦点，进行通俗易懂的话题传播和营销。

2．打造抗通胀专家形象，直接表达跑赢CPI的营销诉求。

博时基金在本次营销活动中采用线上线下相结合的模式。线下活动方面，以历次重点不同的活动来贯穿整个发行期，营造出起承转合之势：首先以“2011中国抗通胀投资论坛”为起点，全面拉开抗通胀投资的大幕，在基金发行初期就营造出热烈的气氛，突出“抗通胀投资”这个关键词；接下来趁着抗通胀投资的热潮在各地陆续召开产品说明会，更详细地说明产品的细节，使得各地对基金产品本身的关注度不断上升；同时在最具投资影响力的城市之一的上海召开媒体专场产品恳谈会，进一步掀起对抗通胀投资和基金产品的关注热潮。

线上活动方面，以财经网站和微博活动相结合的模式，在东方财富网举办“票选2011年抗通胀武器”活动，在博时官方微博举办“博时抗通胀，转发赢礼品”活动，两个活动互相结合，主要从抗通胀的投资标的方面来加深投资者的印象。

同时，产品募集期结束后，博时基金继续推进抗通胀的投资理念，从产品线上来看，后续推出的博时裕祥分级债券基金等都打上了“抗通胀”的烙印，从宣传策略上，博时也注意打造自己“抗通胀投资专家”的形象。

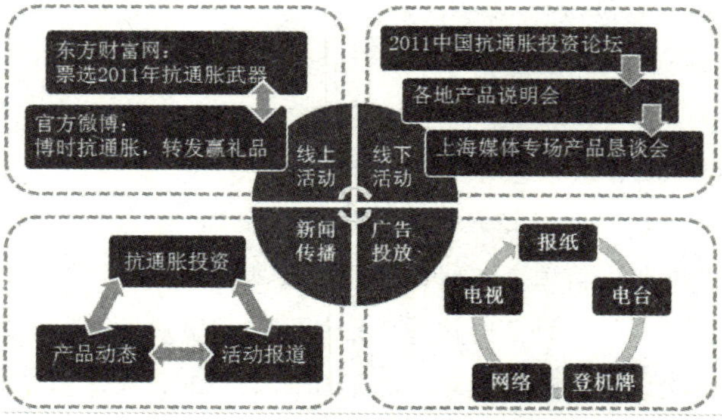

图7　博时“抗通胀”营销整合传播

博时基金2011中国抗通胀投资论坛

为了更好地传播抗通胀投资理念，并对产品进行预热，博时基金于3月5日、3月6日分别在北京和上海举办了一场大规模、高规格的抗通胀投资论坛。该论坛主要在以下3个方面具有行业标杆意义：

重量级嘉宾云集。论坛邀请到了全球抗通胀投资的顶级专家、全球宏观对冲基金Armored Wolf首席投资官John Brynjolfsson作为演讲嘉宾，并与国内在抗通胀投资方面的权威专家展开对话。国内的嘉宾有国家统计局总经济师兼新闻发言人姚景源、经济学家马光远、国泰君安总经济师兼首席经济学家李迅雷等。

论坛反响强烈。每场论坛规模超过500人，且现场观众爆满，论坛结束后共有近50次媒体报道，有近一半是深度的专题稿件。

论坛请到了国内有影响力的门户和财经类网站共4家媒体来做直播，北京论坛还同时进行博时基金官方微博和中国经营报官方微博的直播和互动。

图8　博时“2011中国抗通胀投资论坛”现场

东方财富网“票选2011年抗通胀武器”活动

博时基金和东方财富网合作，发起“票选2011年抗通胀武器”活动，主要是介绍了目前市场上比较流行的集中抗通胀投资工具，并对投资者的选择进行调查，此次活动既有利于投资者对抗通胀投资品种的深入了解，又有利于公司把握投资者心理。从票选的结果上来看，前期的一系列抗通胀基金的预热取得了如期的效果，有42.9%的网友选择了抗通胀主题的基金作为有效的抗通胀武器。

微博活动：博时抗通胀　转发赢礼品

对于普通投资人而言，也许对黄金、白银耳熟能详，但未必了解钯金、铂金等贵金属，更不了解其潜在的投资价值。博时抗通胀转发赢礼品活动，通过新浪微博平台，每天以通俗生动的语言，介绍一种博时抗通胀增长回报基金的投资标的，吸引了数以千计的粉丝热情转发和评论。许多粉丝表示，在活动期间，每天都学到了一些有趣的新知识（如美元纸币中75%的成分取材于棉花），从中也确实体会到投资这一篮子大宗商品确实可以抗通胀。

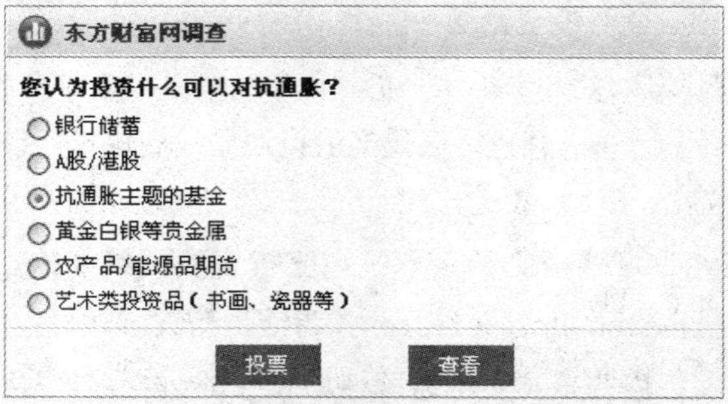

图9　博时“抗通胀”主题网上调查

微博转发抗通胀投资常识
依靠趣味奖品——
10万亿面值津巴布韦币
极大增加活动人气

转发超过3000次
粉丝增长4000人

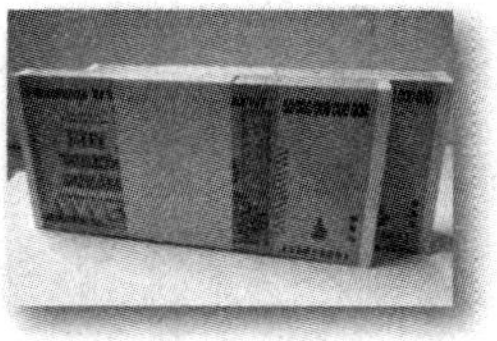

图10　博时“抗通胀”网上活动

广告传播策略

本次营销项目采用多种广告模式相结合的广告战略，来辅助推广博时抗通胀增强回报基金，主要的广告形式有报纸广告、网络广告。

区域产品说明会

由于此产品在市场上比较稀有，具有一定的创新性，抗通胀的投资理念及投资品种并不被所有投资者熟悉。在抗通胀增强回报基金发行期，博时基金在各主要发行区域举办了近12场产品说明会，各产品说明会全面贴近各地的投资者，规模在100—300人左右，由博时基金的投研和市场人士近距离和投资者交流，并通过当地的银行和媒体扩大了后续的影响力。

媒体专场产品恳谈会

2011年4月9日，随着抗通胀增强回报基金的发行进入白热化阶段，博时基金趁热打铁，在上海举行了媒体专场产品恳谈会，由基金经理章强先生和上海的主流媒体直接交流，深入探讨了媒体和投资者关心的一些问题，并更好地传播了抗通胀投资的理念和基金产品本身的特色。从现场的媒体反馈来看，该产品得到了充分的认可，恳谈会后再次掀起了一股媒体报道的热潮。

营销成果

博时抗通胀增强回报基金受到了市场的大力关注和高度认可，2011年4月25日博时抗通胀增强回报基金成立，首募规模19.41亿元。博时抗通胀增强回报基金以贴近投资者需求、创新的产品设计、高效的营销组合一举打破了近3年来QDII新基金发行5亿元以下的困局。个人投资者占比超过90%，为基金运作打下了良好的基础。

此外，博时倡导的抗通胀投资理念也更为深入人心，此次营销项目也推动了后续产品的热销，此后发行的博时裕祥分级债券基金再次引起了各方的瞩目，裕祥A和裕祥B两类份额均受到了投资者的热捧，裕祥A发行仅一日，裕祥B发行仅两日，认购金额就均超过了募集规模上限，两类份额均提前结束募集。

博时抗通胀增强回报基金客户经理营销热点问答①

1. 我记得以前的QDII业绩都很不好，为什么要买博时抗通胀QDII？

答：QDII业绩不好是一个不全面的说法，甚至可以说是一个假象。2011年前成立运作的28只QDII基金中，13只收益为正，15只为负，表现最好的QDII累计收益已达71%，表现最差的损失为-35.6%。

之所以大家会有QDII业绩不好这样一个印象，主要还是因为目前业绩最差的三只QDII，均成立于2007年牛市顶点，受益于牛市狂热，规模均达到了300亿元，结果熊市一来，伤及基民无数；再加上是首批出海的QDII，备受媒体关注，这样它们的亏损被进一步放大；相反，之后成立的QDII规模普遍在几亿元到几十亿元不等，业绩再好，影响也有限。两相作用下，也就给人们灌输了QDII业绩不好这样一个错觉。

可见，不能简单地说QDII业绩好还是坏，关键还是取决于投资管理人的实力，以及产品本身的设计。博时基金作为国内首批成立的五家基金公司之一，规模始终居于行业前五，连续3年获得金牛基金公司的称号，旗下多只基金获得五星基金的殊荣，是国内最有实力的基金公司之一。最新推出的博时抗通胀基金作为一款以抗通胀为主题的基金，紧贴当前国内通胀高企的情况，通过对国际大宗商品及抗通胀债券的配置，力求为投资者提供通胀保护，这是投资者高通胀环境下实现资产保值增值的较好选择。

2. 国内有那么多投资品种，为什么要投QDII？

答：高通胀环境下，投资大宗商品，可有效跟踪物价上涨，获得投资收益。但单纯做国内投资，却并不现实。一方面国内商品ETF不够发达，很多品种根本就没有，想买也买不到；另一方面，国内很多商品价格受到政府管制，不一定会跟着国际价格变化，所以买到了也不一定上涨。所以，为了更好地反映物价走势，让投资者实现资产保值增值，博时抗通胀基金选择海外市场进行投资。

3. 抗通胀，买黄金就行啊，干吗买一个设计这么复杂的抗通胀基金？

答：黄金确实是抗通胀的一个不错的品种，过去一年收益也达到了29%，但单纯投资黄金来实现抗通胀，却并不见得正确。首先，在大宗商品上涨中，许多品种的表现都大幅超越了黄金。比如钯金和棉花，2010年涨幅均超过了90%，远超黄金收益；其次，黄金并非无风险资产，单纯投资黄金，风险太过集中。1986年黄金达到阶段性顶部，之

①博时抗通胀增强回报基金客户经理营销材料.

后开始了漫漫熊途，直到2006年才回到前期高点。试想，单纯投资黄金，又如何弥补这逝去的20年？

博时抗通胀基金，投资品种包括贵金属、能源、农产品和抗通胀债券，且各投资品种没有比例限制，灵活性高。看似复杂的设计，实际上就是为了能够在商品牛市中为投资者挑选上涨潜力更大的商品，争取超额收益；在熊市中重点配置债券，实现风险规避。因而，较之单独投资黄金，优势明显。

4. 抗通胀债券是什么东西？与普通债券有什么区别？为什么要投资这个品种？

答：投资普通债券，我们获得的收益只是名义收益，并不与通胀挂钩。在高通胀情况下，有可能出现名义收益为正，但实际资产却是在贬值的情况。抗通胀债券则不同，它的本金或利息会根据通胀水平而浮动，简而言之，就是在正常收入的基础上，还能获得一个补贴，补贴的多少与通胀水平的大小挂钩。

因此，投资抗通胀债券，获得的收益可以说是真实收益，而且表现稳健，能起到收益稳定器的作用。国内目前还没有该债券品种，这也是博时抗通胀基金选择海外投资的一个重要原因。

5. 大宗商品投资我也很认同，但目前涨幅这么大了，以后还能涨吗？

答：您的担心是可以理解的，但以过去的涨幅来判断商品贵了还是便宜，并不见得正确。很多股票，过去涨了几十倍，上百倍，但它还在涨，为什么？因为它有支持上涨的理由。所以关键要看商品背后的环境，支持它价格的理由。

首先，当前情况下，发达国家实行量化宽松政策，简单地说就是拼命印钱，钱多了自然就不值钱，具有保值功能、存量有限的大宗商品价格就会上涨。例如，2010年10月，美国酝酿二次量化宽松政策，大宗商品迅速展开了一波上涨行情。其次，新兴市场发展强劲，“金砖四国”表现抢眼。其中中国2010年GDP增长高达10.3%，强劲的增长带来了旺盛的需求，从实体经济层面支撑了物价的上涨。再次，全球人口持续增长，消费升级，粮食需求增加。而全球气候却持续异常，拉尼娜气候导致农产品大范围歉收。其中，农产品主要出口国澳大利亚遭受严重洪灾，而中国北方地区则遭受大旱，南方地区遇到冻雨，粮食生产局面非常严峻，供需缺口不断拉大，这进一步推高了全球粮价。最后，近期愈演愈烈的中东危机，也对石油生产造成严重打击，并力推黄金、石油价格创下近年新高。

正是如此之多的原因，造成了当前通胀高企的局面。只要这些因素没有根本改变，那么大宗商品前景就继续看好，未来价格就会继续上涨。

6. 大宗商品长期看好，但短期会不会波动，风险会不会很高？

答：任何投资品种，都不可能永不回调，短期波动是不可避免的。这就要求基金经理要有比较好的主动管理能力，及时规避风险。

博时抗通胀基金，投资品种包括贵金属、能源、农产品和抗通胀债券。各投资品种比例没有限制，灵活性高。因而基金经理能够通过对未来各种商品走势的比较判断，调整各品种投资比重，从而达到分散风险的目的。而基金经理章强先生，毕业于美国加州伯克利大学，有8年海外工作经历，曾工作于世界最大的债券投资管理公司，大宗商品、绝对收益投资经验丰富，可以说是海外大宗商品投资的不二人选。

7. 市场上同类抗通胀产品有吗？产品的表现如何？

答：当前市场上已有3只带有抗通胀概念主题的QDII基金产品，它们分别是：诺安全球黄金基金、银华抗通胀基金和招商全球资源主题基金。具体业绩表现如下：

表4　市场上3只抗通胀概念的QDII基金产品对比

QDII基金	成立时间	类型	特点	2010年收益	截至2011年3月累计收益	投资范围
诺安全球黄金	2011-01-13	股票型	提黄金	—	2.80%	投资于有实物黄金支持的黄金ETF不低于80%
银华抗通胀	2010-12-06	股票型	抗通胀	0.60%	1.70%	不低于60%资产投资于基金，其中不低于80%投资于抗通胀主题基金
招商全球资源	2010-03-25	股票型	资源	21.90%	21.90%	股票等权益类投资不低于60%，其中至少80%投资于全球资源相关上市公司（能源、材料、新能源、公用事业、农产品）

综上可见，目前市场上的3只同类基金产品相对A股都有不俗的表现，给投资人带来了预期的收益回报。相比较这些产品，博时抗通胀基金在投资范围及基准设计上具有独特的优势。其投资品种包括贵金属、能源、农产品、抗通胀债券，且各种商品投资没有比例限制，灵活性高，从而能更好地反映国内真实通胀水平，全面有效抗通胀；同时能起到分散投资的效果，更好地规避风险，稳健收益。

博时基金品牌简介

博时基金管理有限公司成立于1998年7月13日，是我国首批成立的基金管理公司之一，也是首批全国社保基金投资管理人和首批企业年金基金投资管理人之一，同时具备特定客户资产管理业务资格（以下简称特定资产专户）和QDII（合格境内机构投资者）资格，总部设在深圳，在北京、上海、郑州、沈阳、成都设有分公司。

为进驻全球资产管理行业，博时基金香港子公司——博时基金（国际）有限公司[Bosera Asset Management（International）Co.，Ltd.]于2010年11月正式运营，成为公司朝着“综合型、全能型和国际化的资产管理机构”的发展目标迈进的又一个里程碑。

截至2011年6月30日，共管理30只开放式基金和2只封闭式基金，部分全国社保基金、企业年金基金和特定资产专户，公募基金资产规模逾1194亿元人民币，公募基金累计分红超过570亿元人民币，养老金资产管理规模在同业中名列前茅。

博时基金的理念是“客户导向、专精卓越、合作兼容、责任担当”。博时一向追求建立学习型、知识型组织，崇尚标准化、流程化和制度化，强调团队合作和知识共享，激励员工成为正直、诚实、有责任感的专业人士和职业经理人。博时一直坚定地认为，只有通过运用自身的专业能力对社会有所贡献，博时才能成为一个合格的企业公民，才能在现代社会中体现自身的存在价值，实现企业自身长期的可持续发展。

做“投资价值的发现者”是博时坚定贯彻的投资哲学。我们的投资强调以内部研究为主，关注基本面分析，持续挖掘业绩稳定增长、有核心竞争力、有成长潜力的上市公司，坚信只有对企业深入把握，才能获取收益、规避风险。博时采用风险预算管理下的多层次复合投资策略，严格筛选高质量的价值型公司和高质量的成长型公司作为投资对象，以期实现“分享中国经济和资本市场的高速成长”的投资目标。秉承这一投资哲学，博时取得了有目共睹的投资业绩，为广大持有人带来了良好的回报。

在社会责任方面，经过多年的实践探索，博时已经逐步形成较为清晰的社会责任理念和思路：首先，社会责任是企业战略的重要组成部分，企业践行社会责任与发展自身业务二者是和谐统一的。其次，企业履行社会责任既要有公众特点，同时也要体现博时特色；围绕企业的品牌内涵，博时系统规划了企业公民形象；博时通过一贯对事物敏锐的洞察力，更进一步把握受助对象的本质需求来提供协助，制订出了系列公益活动计划。

为了在制度层面上保障慈善公益活动的长期执行，2009年9月1日深圳市博时慈善基金会正式成立。自2006年开始，博时分别从培养价值观、关爱助学、安心助医等角度着手，举办系列慈善公益活动，如：面向中学生的北京大学—博时基金国学夏令营，面向大一新生的百万关爱助学，面向新生儿的安心医疗救助等。在未来的日子里，博时将继续秉承“为国民创造财富”的企业使命，投身于社会公益事业，争取做一个合格的企业公民。

2011中国金融品牌十大年度营销事件

申万菱信："基金投资风向标"营销事件

从投资者困惑中挖掘营销机会

经过20多年的发展，证券市场逐步走向规范；基金行业作为证券市场中有着13年"工龄"的一分子，正在以稳步、快速发展之势，为投资者提供丰富的理财产品，但也面临亟待解决的问题：

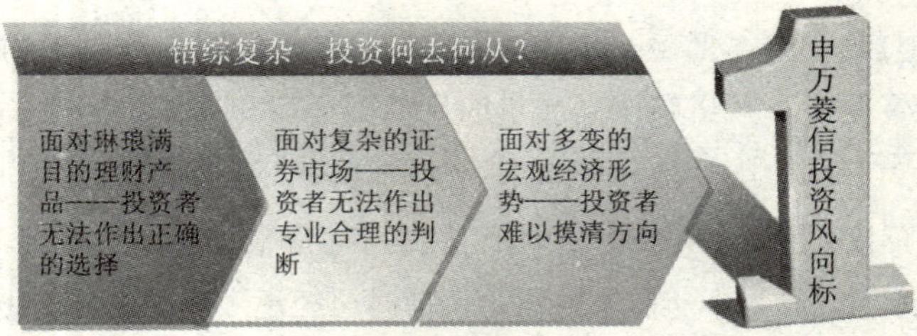

图11 申万菱信投资调研风向标活动背景

一是理财产品品种繁多，使投资者无法作出正确的选择。在金融类理财产品中有银行人民币理财产品、外汇理财产品、贷款产品、银行卡产品、基金产品、QDII产品、债券产品、保险产品、信托产品、阳光私募产品、券商集合理财产品等。在申万菱信开展"投资调研风向标活动"之前，根据第一理财网的统计，2009年1月1日至12月31日，全国共有将近8169个（款）各类理财产品面世，理财产品几乎以日均25只新品的速度问世，而在2011年，共有100家银行发行理财产品23413款，同比增长94.51%，发行量再创历史新高。理财产品种类和数量的迅猛增加在给个人投资者提供广阔的市场选择的同时，也加大了其进行投资决策的难度。

二是证券市场复杂多变，投资者无法作出专业合理的判断。证券市场波动的捉摸不定和复杂多变毋庸置疑，而国内普通的个人投资者在面对证券市场进行投资决策的时候，来自其他渠道的信息往往会起重要作用。深圳证券交易所2010年个人投资者状况调查报告显示，91%的投资者平时会通过互联网渠道获取投资信息，其中财经垂直网站、门户网站的财经频道成为投资者浏览网站的两大首选。尽管如此，由于他人的意见和推荐常常左右投资者情绪，因此其决策仍然难以达到专业合理。报告显示，对于最近一次的买卖股票决策，过半数的受访投资者（52%）表示是在他人推荐后，结合自己的调查研究后作出，另有8%的受访投资者表示单纯因他人推荐后直接作出投资决策。

三是宏观经济捉摸不定，投资者难以摸清方向。2010年以来中国经济波动飘忽无常，宏观方面的下行和上行力量同时存在，相互交替。流动性过剩、人民币升值、人民币储蓄加息和大宗商品价格波动剧烈，房地产市场调控持续高压，国内通胀与国际经济环境的不确定性，让宏观政策在抑制通胀与保持增长之间举步维艰。受宏观环境影响，公众理财投资的趋势与需求也呈现出新的特点。洞察大众投资者的变化，及时调整市场策略，对金融行业把握市场脉动和科学决策有着重要的参考价值。

在产品繁多和决策困难的理财市场上，投资者日益突出的需求就是金融机构营销创新的机遇所在。既然理财市场给客户带来的“不确定性”是最为突出的矛盾，那么作为基金机构，又应该如何挖掘出客户的真实需求从而进行营销创新呢？

寻找客户在不确定市场中的投资需求

从产品和服务的提供内容看，基金行业具备了与众不同的特点。“为投资者管理财富”作为核心诉求被大众所认识，然而，财富市场的波动同时带来了机会和风险。基金不能像银行一样给予顾客确定的服务承诺，甚至还可以预见其必然会在某个阶段让投资者感受到账面损失的痛苦。如果基金的营销管理者不能全面认识投资者的真实需求，那么就难免作茧自缚，使营销创新难以展开。

一个确定的市场不需要很多的营销人员，就像2007年牛市疯狂的时候，由于有着诱人的超高预期收益，基金可谓“皇帝女不愁嫁”，等着客户上门排队。不过，市场的不确定性是长期的，因此基金投资者需要的不是基金营销人员对市场波动的准确预测，而是需要营销人员在不确定的市场中理解和改善客户感受。基金不仅要“为投资者管理财富”，更要“为投资者管理情绪和感受”。因为在投资的过程中，由孤独感引发的一连串心理连锁反应是对投资者最大的煎熬。

具体而言，改善投资者的心理感受包括控制心理失调，减少痛苦和焦虑。这是因为投资者的需求是多层次的，包括投机需求、长期保值增值需求、社交需求等等。而在所有需求中最重要的是满足客户心理需求，基金营销人员应在不确定的市场波动中改善客户感受，控制心理失调带来的痛苦和焦虑。最为明显的一点是，投资者心理倾向于在犯错的时候寻找替罪羊，喜欢将错就错，只吸收使自己感到舒服的信息。从投资者的角度来看，这是一种非理性的状态，因此基金营销人员应该努力降低这种心理失调，帮助客户在不确定的市场中更好地调整自己。

从营销理论的角度看，要改善投资者的心理感受，基金营销人员就是要帮助投资者找到合适的归因。归因理论是关于判断和解释他人或自己的行为结果的原因的一种动机理论。美国心理学家伯纳德·韦纳（B. Weiner）认为，人们对行为成败原因的分析可归纳为以下六个原因（见表5）。

根据韦纳的观点，假如人们把成功的原因归结为自己的能力、努力和工作难度这种内源的、稳定的和可控的因素，那么他们就会对下一次的成功更加有信心，因为他们相信只要继续努力，就能获得成功。而在失败的时候，如果人们把原因归结为外生的、不稳定和不可控的因素，那么他们也不会感到太过痛苦。因此，当基金营销人员把归因理论应用到与投资者的实际服务和沟通中时，就能够发现当投资收益喜人的时候，如果能够进一步提高投资者对自身或者机构专业水准和独到眼光的认可，往往能事半功倍。而当市场表现不佳的时候，如果能够让投资者认知到，其实这更多的是市场情绪波动的不确定性所带来的阶段性风险，那么也能对投资者有安抚和鼓励的支持作用。

表5　美国心理学家韦纳总结的人们对行为成败的归因

能力	根据自己评估个人对该项工作是否胜任
努力	个人反省检讨在工作过程中曾否尽力而为
工作难度	凭个人经验判定该项工作的困难程度
运气	个人自认为此次各种成败是否与运气有关
身心状况	工作过程中个人当时身体及心情状况是否影响工作成效
其他	个人自觉此次成败因素中，除上述五项外，尚有何其他事关人与事的影响因素（如别人帮助或评分不公等）

聚焦到投资者最为重要的心理需求——痛苦和焦虑的缓解问题，客户在发生亏损之后会有不确定和紧张的情绪，在舒缓这些情绪时，有三个方面与基金营销人员相关。一是贬损，客户在亏损之后会有非常多的负面情绪和言论，他们通过贬低相关方达到焦虑舒缓的目标，虽然对解决本质问题没有帮助，但心理感受却能获得较大的舒适感，因此贬损只是客户表达焦虑的方式，基金营销人员此时更多是充当“出气筒”；二是投射，基金营销人员可以把客户的焦虑情绪引向不相关的第三方，寻找合适的投射对象，既不影响与客户的关系，又不影响行业发展；三是解决参照点偏移的问题，因为参照点偏移是构成投资痛苦的重要部分，假如投资人在整个投资过程中的痛苦大于快乐，显然这对行业的发展没有好处。

申万菱信在2010年开创业内首个投资风向标的营销创新，就是我国基金业精准捕捉投资者需求的经典案例。

“一举多得”的投资者情绪

在不确定的市场中，基金营销者要想管理好投资者的需求预期，就必须找到较好的相关者或者参照物。当投资者一味向营销者寻求类似“明天是涨还是跌”的答案时，实际上他们真正的内心需求并不是透过预知未来涨跌来获得投资或投机收益，而是明知道市场并不可预测却又难以抑制内心深处的焦虑和恐惧，投资者需要寻求的是一个值得信赖和依靠的财富管理者。这个财富管理者不仅要守护投资者的财富，更要守护投资者在追求财富过程中那颗敏感而脆弱的心灵和神经。基金营销者们如何才能把握到投资者的心理预期和感受？其中投资者情绪就值得大做文章。

投资者情绪是个难以度量的概念，它反映了市场参与者的投资意愿或者预期。投资者能感觉到它的客观存在，但是要问它到底有多高、近期发生了何种变化，每个个体的投资者因为持仓、风格、财富、地位等因素的不同，都会有不同的答案。不过所有人都难以否认的是，投资者情绪是在经济活动中不确定而又重要的因素，它影响到投资者对预期收益的主观判断，进而影响到其投资行为，形成合力后，对市场会形成更大的影响。投资者情绪对未来市场波动的影响逻辑在于对积极消息和消极消息的逐级正反馈放大。

对于投资者情绪，比较通俗的观点是投资者对股票的总体乐观判断或者悲观判断。传统的金融理论认为股价是上市公司预期利润的贴现，但在实际交易过程当中，股票价格的形成在很大程度上依赖于投资者的情绪心理。由于股价的决定因素不仅取决于上市公司的经营情况，还有市场的投资情绪。投资者情绪可以从两方面来定义，一方面是投资者的投机性情绪，主要反映投资者对市场波动，资金流向和政策信号的乐观、悲观程度；另一方面是投资者对上市公司盈利前景的情绪，主要反映投资者对实体经济和上市公司经营情况的乐观、悲观程度。

当投资者的关注点从个体的投资情绪转向大众的投资情绪关注点时，他们不仅能够从中获得判断行情冷热的依据，更重要的是投资情绪本身能够成为投资者和基金营销人员之间的第三方，成为新的参照物。当投资者根据投资情绪信号作出投资决策而盈利时，他们自然会高兴，而万一出现失败而亏损时，由于大众的情绪如同市场波动一般难以捉摸，因此其就会归因到“大众”身上，心理的痛苦和焦虑从而获得较大的缓解。正是洞察到投资者情绪潜在的营销创新价值，申万菱信围绕投资者情绪进行了一系列的营销活动。

精确选择目标市场

2010年2月申万菱信基金开展的“申万菱信投资调研风向标活动”，是基于投资者情绪的调研，其中包括投资者对海内外宏观经济环境、政策取向、行业热点和大盘走向等内容的看法与判断，并通过量化统计方法进行计算，最终以数值形式展示投资者情绪的强弱。

通过投资者情绪变化反映市场的投资趋势和热点投资机会，形成对市场判断的重要补充。

新产品定位

申万菱信基金充分利用媒体资源和客户资源等优势，通过多种调研方式获取一线数据。

由客观数据分析调研对象在产品投资以及家庭理财规划中存在的偏向度、经济环境等主客观条件因素，编制成“投资风向标”和“季度投资主题风向标”，综合反映产品投资和理财市场的现状和趋势，为投资者、投资机构以及研究者提供权威的数据依据和参考标准。

月度调研

每月一个调研主题，全年共12个主题，每个主题每周出调研成果，连续四周发布。

每周通过网络并结合实地调研获取200份有效样本。每个主题由问卷设计、数据收集、数据处理、数据分析、报告撰写、成果发布等六个阶段组成。

调研分类

季度调研

每季一个调研主题，全年共4个主题，每个主题每季度出调研结果，全年共发布4份报告。

每季度通过实地调研获取500份有效样本，并通过第一财经和申万菱信基金网站获取一定数量的一手数据，每次调研由问卷设计、实地调研、网上调研、数据处理、数据分析、报告撰写、成果发布等七个阶段组成。

图12 申万菱信投资调研风向标调研分类

以市场研究为主，广泛选取不同年龄层次的股民或者基民作为调研主体，客观反映产品投资市场，通过对北京、上海、广州等几个一线城市投资者对于市场的观点进行调研，有效地提升申万菱信基金产品的市场认知度和品牌影响力，对中国投资市场起到持续、动态的监测，给投资机构和投资者提供参考的客观依据与标准。

月度调研主题

2010年1月：年度行情展望投资风向标	2010年1月：春节行情投资风向标
2010年2月：春节行情投资风向标	2010年2月：年度行情展望投资风向标
2010年3月：年报行情投资风向标	2010年3月：新兴产业行情投资风向标
2010年4月：世博行情投资风向标	2010年4月：大消费行业行情投资风向标
2010年5月：大小盘博弈行情投资风向标	2010年5月：估值修复行情投资风向标
2010年6月：政策与估值博弈行情投资风向标	2010年6月：抗通胀风力行情投资风向标
2010年7月：中报行情投资风向标	2010年7月：中期行情投资风向标
2010年8月：估值修复持续行情投资风向标	2010年8月：中小盘股成长性行情投资风向标
2010年9月：结构性行情投资风向标	2010年9月：后通胀行情投资风向标
2010年10月：三季报行情投资风向标	2010年10月：三季报行情投资风向标
2010年11月：通胀行情投资风向标	2010年11月：超跌反弹投资风向标
2010年12月：跨年度行情投资风向标	2010年12月：跨年度行情投资风向标

图13 申万菱信投资风向标月度调研主题

营销绩效

申万菱信投资风向标从2010年1月开始执行，截至目前，实际执行样本9677个。在所有受访者中，男性为5432人，占比约56%；女性为4245人，占比约44%。

根据每期的数据分析，可以总结出投资风向标数值（即投资者情绪）。根据2010年的上证指数和投资风向标数值的对比，可以反映出：投资者情绪与大盘的涨跌走势相对吻合。

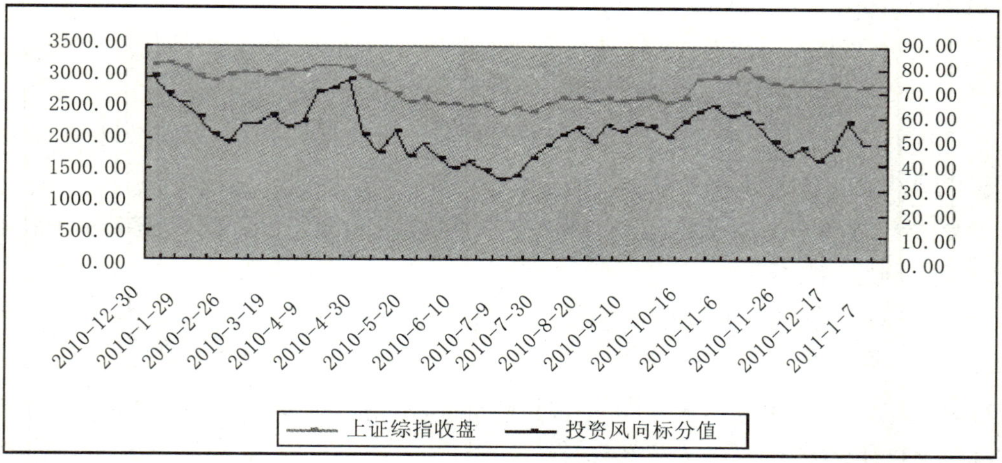

图14　申万菱信投资风向标与上证综合指数走势对比

自2010年2月首份报告出炉后，申万菱信投资风向标调研结果通过电视、平面媒体、广播、网站等各平台展出，收效显著。其中，投资风向标被国内近30个地区的80余家主流平面媒体，以新闻稿件的形式予以刊登。

据不完全统计，申万菱信投资风向标在不到两年的时间内，共刊登了超过150篇的新闻稿件。同时，申万菱信基金的品牌效应通过近两年的活动发酵开始逐步显现。

附录：申万菱信基金投资风向标调查问卷及报告示例

CBN申万菱信投资风向标：中小盘股成长性行情风力（第二期）[①]

1. 受多重利空因素影响，上证综指创下本轮新低，您认为未来一周A股将如何运行？

○触底反弹　○横盘整理　○继续创新低

2. 近期中小盘股受到资金关注，盘面较为活跃，可见中小盘股的成长性仍不错，您觉得中小盘股的活跃度能否持续？

○能，成长性有望超预期　○不能，成长性低于预期　○仍需观察

3. 近两周央行公开市场操作效果不佳，无法有效对冲到期资金，加重了市场上调存准率预期，您如何看待货币政策？

○央行会上调存准率或存贷利率　○不会，在海外纷纷实行量化宽松的时候，我国

①一财网. http://www.yicai.com/1cbn/bljj/201188124045.html.

有可能提前结束货币紧缩　◎仍需视通胀水平而定

4．统计局数据显示，上半年全国规模以上工业企业实现利润同比增加28.7%，说明市场不必担心经济增速回落？

◎是的，经济发展处于正常轨迹　◎不是，第三季度增速会有明显回落，有硬着陆风险　◎不确定

5．近期IPO的新股增多，接下来市场即将迎来一家大型央企——中国水利的巨额融资。您认为这会对A股市场造成

◎利好，吸引场外资金进入　◎利空，在增量资金有限的背景下，快节奏的新股融资不利于A股　◎不确定

6．近日，创业板、中小板表现抢眼，一些板块个股也轮番上涨，您会参与哪类题材的投资？

◎较易反弹的中小盘个股　◎中报高增长高送转题材　◎高科技、新能源、军工题材　◎均不看好

7．今年市场形成了“政策顶、估值底”格局。在中小盘成长性的支持下和大盘市盈率偏低的现状能否支持大盘反弹？

◎能，银行、地产等蓝筹股估值已处于历史低位　◎否，剔除银行、石化板块后的估值其实还很高　◎不好说，中小盘会出现分化，个股可能比大盘更有反弹机会

8．您如何看待资本市场研究中国版401K相关课题，推动养老金和企业年金入市的消息？

◎利好股市，有助于股指走出近期底部　◎利好股市长期发展，但对短期市场影响有限　◎影响有限，股市更多取决于宏观经济面

9．8月份限售股解禁市值为2140亿元，是下半年单月解禁市值最高的月份。您将如何看待这一情况？

◎影响不大，目前市场处于相对底部，大幅减持意愿不大　◎利空，在资金紧张情况下会给投资者心理带来较大影响　◎不确定

10．为应对通货膨胀趋势，央行货币政策持续紧缩。不少机构认为下半年仍是投资货币基金的不错时机，您如何看待？

◎同意，会投资一些货币基金　◎同意，但仍嫌收益率低而不投资　◎不同意，下半年货币紧张局面会趋缓，收益率将下跌　◎不清楚

CBN申万菱信投资风向标：大盘蓝筹估值修复风力（第三期）[①]

1．4月CPI同比上涨5.3%，PPI同比上涨6.8%，通胀高于市场预期，央行年内第五

①一财网．http：//www.yicai.com/1cbn/bljj/2011513155612.html．

次上调存款准备金率，受此影响，您认为未来一周股指走势如何？

○2950点以上　○企稳反弹，2900—2950点之间　○2850—2900点震荡　○回落到2850点以下

2．《“十二五”交通运输体系规划征求意见稿》日前出台，未来5年基建领域增长率将超40%，您觉得交通运输板块能否有所表现？

○能　○不能　○无法判断

3．上周不仅区域经济概念、有色、煤炭等板块个股轮番活跃，前期表现一直较弱的小盘股也有所表现，未来一周您最看好哪类个股的反弹？

○低估值蓝筹股　○中小盘个股　○业绩预增股　○不看好

4．虽然今年小盘股表现差于大盘股，但从其历史业绩来看，小盘股长期业绩表现良好。小盘股近期开始有止跌企稳的现象，您是否看好其未来的投资机会？

○看好　○不看好　○不确定

5．证监会日前宣布，将对钢铁、水泥、平板玻璃、煤化工、多晶硅、风电设备、电解铝、造船、大型锻造件九大受限行业的再融资进行部分“松绑”，您认为该政策能否利好相关板块？

○能　○否　○不确定

6．五一过后两个交易日，A股市场便有十多家公司发布了涉及再融资的公告，其中包括民生银行290亿元增资计划，您认为这轮再融资大潮将对A股产生什么影响？

○正面，提升个股竞争力　○负面，影响股指反弹的定时炸弹　○不确定

7．近期市场连续下挫，新增资金入市意愿骤降，上周日均开户数创出近14周的新低，基金开户数也是最近12周的最低水平，您未来一周将如何操作？

○趁回落进行低吸加仓　○减仓回避风险　○坚定持有　○空仓等待进一步回调

8．经历了连续下跌后，A股近期有所企稳，热点轮番活跃，您认为A股企稳反弹的关键因素是什么？

○流动性紧张趋缓　○二季度宏观政策缓和　○良好的业绩成长性　○不清楚

9．自今年4月19日市场调整以来，大盘累计下挫5.46%，创业板累计下跌幅度更是达到了7.1%，但仍有62只个股在此段时间内创下历史新高，主要集中于机械设备、医药生物、化工等三大行业，您认为接下来哪个板块还会逆势逞强？

○大消费板块　○资源股　○电力　○基建　○其他

10．在激烈的市场竞争之下，基金公司积极挖掘新角度、新标的，申万菱信量化小盘基金也将于5月16日起发行，如果您接下来投资基金的话，比较偏爱哪类投资主题或策略？

○投资海外市场的QDII　○大消费主题　○抗通胀主题　○政策导向主题

○量化基金　○传统基金

CBN申万菱信投资风向标：战略新兴产业风力（第五期）[①]

1. 股指在权重板块的带领下出现反弹，您觉得后市股指会如何运行？

○突破3000点，并能有效站稳　○2950—3000点间震荡　○反弹结束，回调到2900点左右　○下探2850点左右

2. 民生问题是此次“两会”最大的焦点，您认为哪个板块最能受益“十二五”的民生规划？

○受惠农政策利好的种子、水利等板块　○受个税上调利好的商业零售板块

○受保障房建设利好的工程机械、建材板块　○受新兴产业政策利好的节能环保、新能源汽车、高端设备板块　○受区域政策利好的西藏、新疆等地个股　○其他

3. “两会”结束，水利、农业等“两会”受益板块的走势渐渐乏力，您是否考虑调仓换股？

○是，重新布局　○微调仓位和持股　○否，保持原有仓位和持股，等待上涨

○不确定

4. 日本大地震后，投资者避险情绪升温，您会加大哪个方面的投资？

○股市　○基金　○债券　○房地产　○黄金

5. 近期低估值的周期类板块受到资金关注，并出现一定反弹，如银行、地产，您认为这些板块的反弹持续性如何？

○底部会在反弹中不断抬高　○阶段性反弹，空间有限　○反弹随时可能夭折

6. 日本震后核泄漏事件稍缓，市场越来越多的声音认为，中国相关行业将从日本灾后重建中受益，您最看好哪个受益板块？

○钢铁、水泥等建材板块　○地震中产能受损的电子板块　○机械板块

○有色金属板块　○其他

7. 日本大地震后，有分析认为震后重建是扭转中日贸易逆差的好机会，也有分析认为中国进出口将严重受阻，您如何看待日本大地震对中国市场的总体影响？

○冲击大于机遇　○机遇大于冲击　○不确定

8. 2010年年报披露已有超过20%的公司在公布年报的同时，宣布了再融资计划，您如何看待有再融资计划的个股？

○利好　○利空　○不清楚

9. 多个城市出台调控目标，国家也派出工作组检查政策落实情况，您觉得未来房价与房企上市公司的投资机会是何种关系？

○房价下跌，成交量增加，上市公司现投资机会　○房价坚挺，成交量不足，上市公司缺乏投资机会　○不清楚

---

①一财网. http: //www.yicai.com/1cbn/bljj/201132811540.html.

10．近期市场在3000点关口反复震荡，市场分歧加大，有机构认为今年市场会出现前高后低走势，有部分私募看高至4000点；而债券基金近期受存款准备金率影响下跌，货币基金收益勇超5年期定存利息。针对目前市场状况，您接下来将如何配置您的基金投资？

○继续逢低加码偏股型基金　○逢高减磅偏股型基金，仅选择债券型基金

○逢高减磅偏股型基金，仅选择投资货币型基金　○定投偏股型基金，其余资金选择债券或货币型基金　○其他

CBN申万巴黎基金投资风向标2010年2月第4周：春节行情风力中等[①]

本周春节行情风力中等，风值：57.00

数据显示，39.08%的投资者认为，这轮美元上升是反弹还是反转将视今后美国经济基本面而定，而认为是反弹的投资者与持反转观点的投资者数量基本持平。由于近期美国公布的2月份消费者信心指数意外大幅下降，使得因投资者的避险情绪而推动美元上涨。此外，希腊债务危机的担忧也使大量投资者加入到抛欧元买美元的行列，进一步推动美元上升。但由于美国经济复苏非常不平衡，部分数据依然疲软，美联储仍将维持低利率政策以进一步夯实经济复苏基础，这也制约了美元上涨空间。所以今后美元的走势还需关注经济基本面，与调研数据得出的结论基本相符。

有47.06%的投资者认为近期海外市场的走势会对A股市场产生短期利空，但不影响中期走势；另外有20.59%的投资者认为A股会坚持自身的独立走势，显示超过六成的投资者认为决定A股市场走势的是国内经济基本面和A股自身市场规律和特点。针对人民币升值问题的调查显示，人民币升值对A股市场产生的利好和中性的投资者人数基本相当，比赞成利空的投资者人数约高7个百分点，这三者比例相差并不大，今后人民币升值所产生的影响还有待市场的进一步观察。

由于春节因素，节前央行在公开市场维持较为宽松的货币局面，节后央行会逐步回收部分流动性。数据显示，有31.93%的投资者认为央行会加强货币收紧力度，35.29%的投资者认为央行会循序渐进加强货币收紧力度。在2月19日，美国宣布上调贴现率25个基点，有51.26%的投资者认为此举将对A股带来一定负面影响，加剧股指的区间震荡。对于央行何时加息的问题，有39.50%的投资者认为在一季度，另有36.55%的投资者认为在二季度。另外，央行再次宣布上调存款准备金率，有44.96%的投资者赞同A股仍将维持目前区间震荡，而23.79%的投资者认为股指将有所反弹。这反映了投资者普遍已对政策出台有所预期，政策对市场的影响力有所弱化。

此外，针对2009年年报业绩情况调查显示，只有35.71%投资者认为随着年报业绩逐渐披露，A股市场可以止跌回升；有28.99%的投资者认为A股不能出现止跌回升。与此

---

①申万菱信和第一财经．http://www.swsmu.com/news/shownews.do?method=showNews&id=100003422.

同时，有44.54%的投资者会建仓股票基金，34.87%的投资者会加大债券基金的配置比例。从这两个方面也反映了目前投资者情绪仍偏谨慎，投资者对后市看法的分歧有所加大，股指区间震荡可能会有所加剧。

综上所述，根据第一财经申万巴黎春节行情投资风向标2月第4周问卷调查结果显示，投资风向标风值为57.00，对应春节行情投资风向为“中等”。

2011 CBN申万巴黎投资风向标春节行情风力第1周①

股指仍处筑底中，43.33%的投资者表示会采取加仓策略

股指在年前已消化了加息和地产控制等不利预期后，本周初呈现跳空高开高走态势，之后受上方技术指标压制有所回调。在中国平安澄清再融资传闻后，市场有所企稳，并在金融和地产带领下，股指一度强势向上，但因盘面跟风意愿不足，尾盘股指有所回调。据调研显示，本周有22.00%的投资者认为股指会重返2900点上方；39.33%的投资者认为股指会在2008—2900点之间区间震荡；还有25.33%的投资者认为股指会向下考验2670点；仅有13.33%的投资者认为股指会在2600点以下震荡筑底，显示目前阶段多方稍占优势。

对于春节行情板块调研显示，28.00%的投资者认为战略新兴产业会有尚佳表现；25.33%的投资者仍看好有色煤炭等资源板块；19.33%的投资者表示大消费板块会有较好表现；与此同时，还有16.67%的投资者认为金融和地产等大盘蓝筹会引领春节行情，仅有7.33%的投资者表示仍会看好高科小盘股。

现阶段，股指仍处于筑底过程中，其中三成的投资者认为资金面改善即货币供应量增加才能启动多方反攻；而26.00%的投资者表示目前投资者情绪反应过度，如投资者情绪改善会成为多方反攻的催化剂；还有20.67%的投资者寄希望房地产调控政策趋缓以及16.67%的投资者认为通胀趋弱均能引领多方展开反攻。与此同时，33.33%的投资者表示会采取减仓策略；43.33%的投资者表示会采取加仓策略，其中25.33%的投资者会采取逐步建仓手段；另有18.00%的投资者则更加激进些，认为每次下跌均是买入机会。此外，23.33%的投资者处于观望状态，保持空仓。

对于2011年行情展望调研方面，42.67%的投资者认为股市流动性会处于正常水平；32.00%的投资者比较乐观，随着储蓄搬家和热钱流入，流动性会比较充裕；还有25.33%的投资者相对悲观。受地产调控政策影响，47.33%的投资者认为地产板块在下半年会有所表现；32.67%的投资者认为全年缺乏趋势性机会，仅存在阶段性反弹可能；另有两成投资者表示地产股年报业绩不错，年报行情值得期待。

整体看，市场风险释放已较为充分，大盘的修复性反弹尚未结束。随着宏观数据的

---

①申万菱信和第一财经. http: //www.swsmu.com/news/shownews.do? method=showNews&id=100004899.

披露，尤其是通胀预期得到有效控制，能够为市场反弹提供更多动力。根据第一财经申万巴黎投资风向标春节行情风力第一周调查显示，投资风向标数值为“57.03”，对应风力等级“中等”。

CBN申万菱信投资风向标：可转债基金调研报告①

近一年数据统计显示，中信标普可转债指数的收益率为0.75%，跑赢上证综指，同期上证综指的收益率仅为-2.01%。另外，从波动性角度看，中信标普可转债指数的日波动率仅为0.03%，明显小于上证综指的0.77%。因此，中信标普可转债指数具有一定投资价值。随着可转债市场规模的逐渐扩大，越来越多的基金公司意识到可转债市场的投资机会，近半年以来可转债基金数量亦不断增加。

为此，就可转债基金一系列问题，第一财经·申万菱信基金季度投资风向标对年龄在20—55岁间，且大部分具有大专或本科学历的被访者，以及收入在3000—8000元之间的投资者进行专题调研。

目前，国内可转债基金整体规模较小，总计不到十只存量可转债基金，并且市场对其认识较低。据调研显示，仅有20.44%的投资者对可转债基金比较了解；52.77%的投资者认为不大了解；还有26.78%的投资者认为自己完全不了解何为可转债基金。而造成目前可转债基金发展迟缓的因素中既有主观因素也有客观环境因素，38.51%的投资者认为缺乏对可转债基金的了解是一个重要因素，由于投资者的认识不足，导致其投资热情不高，这在一定程度上会制约这类基金发展。因此，基金公司有必要强化对投资者的投资再教育，提高投资者对基金的认识程度，特别是创新类基金。另外，认为国内转债市场规模偏小和缺乏相应专业研究人员使可转债基金发展缓慢的投资者比例分别为29.00%和32.49%。

虽然目前可转债基金数量较少，但随着2010年以来可转债市场开始大扩容，截至2011年4月，市场合计规模达到2100亿元，可转债基金的投资标的选择范围大幅增加，近七成的投资者表示可转债基金将迎来黄金发展时机。今年以来，股票市场疲软，债券市场走势要明显强于股票市场，而今年转债市场也取得不错的业绩表现。这种现象也逐渐吸引了投资者的目光，44.06%的投资者看好可转债基金的投资前景；仅有17.27%的投资者不看好其投资前景；另有38.67%的投资者表示了不确定观点。可转债兼具股票增长潜力和债券安全收益特性，当股价上涨时，它会随之上涨；反之，当股价下跌时，持有人可选择持有到期，获取本息。正是基于这种特性，有55.63%的投资者明确表示了投资兴趣；只有13.95%的投资者表示没有投资兴趣；另有30.43%的投资者尚未明确看法。

与一般债券基金相比，可转债基金更具吸引力，55.47%的投资者表示会优先考虑可

①第一财经日报（上海），2011年8月22日.

转债基金；仅约一成的投资者给予否定看法；还有33.12%的投资者表示不会受可转债特性影响而决定是否投资。假设目前有一只可转债基金在发售，30.74%的投资者表示愿意花1万元以下认购；53.57%的投资者表示愿意花1万至5万元投资；而愿意花5万至10万元的投资者比例下降至13.95%；愿意花10万元以上认购可转债基金的比例仅为1.74%。

与此同时，在选择可转债基金的时候，投资者最看重公司的投研实力，占比高达40.41%；而28.05%的投资者看重公司的历史投资经验；另外，投资者对拟任基金经理、客户经理推荐、可转债投资比例和相关费率的认可度均不到一成。另外，对于不同可转债基金产品，投资者不存在明显的不同偏好，基本上均有三成左右投资者选择相应产品，如可转债投资比例在80%以上的纯转债基金或低于64%的混合型转债基金，以及专注于一级市场投资可转债的转债基金。

今年以来，市场投资收益普遍不佳，所以投资者对可转债基金的预期收益率也较为客观。其中26.15%的投资者要求年收益率为5%—10%；44.06%的投资者要求收益率为10%—20%；另有21.24%的投资者要求年收益率在20%以上；还有少数投资者的预期收益率较低，只要求与沪深300指数同步即可。

在投资者购买可转债基金方面，有36.13%的投资者想知道哪种基金产品符合自身需求；22.82%的投资者想了解基金与其他投资资产如何组合比较合适；22.66%的投资者最希望了解选择具体基金产品方法；另有18.07%的投资者不清楚自己需要投资多少资金购买基金比较合适。同时，投资者了解有关基金信息渠道的偏好也有所差异，首先，投资者最希望去基金公司网站及客户热线获取相关资讯占比最高，为40.41%；其次，30.27%的投资者最希望能够从银行渠道理财讲座了解基金信息；最后，26.78%的投资者最希望从各大网站基金频道获取相关资讯。

从总体来看，投资者对可转债基金发展前景比较认可，愿意对其进行投资。但目前国内可转债基金市场认知度仍不高，相关投资理念或方法不够了解。基金公司有必要通过多种渠道和不同形式对投资者进行宣传和再教育，让投资者清楚了解此类产品的特性与优缺点，以达到投资者的资产合理配置需求。

申万菱信基金品牌简介

申万菱信基金管理有限公司（SWS MU Fund Management Co.，Ltd.）是由国内大型综合类券商申银万国证券股份有限公司（Shenyin & Wanguo Securities Co.，Ltd.）和三菱UFJ信托银行株式会社（Mitsubishi UFJ Trust and Banking Corporation）共同发起设立的一家中外合资基金管理公司。公司成立于2004年1月15日，注册地在中国上海，注册资本金为1.5亿元人民币。其中，申银万国证券股份有限公司持有67%的股份，三菱UFJ信托银行株式会社持有33%的股份。

作为中外合资金融领域合作的结晶，申万菱信立足于“以客为先，创新求变，专业管理，业绩至上”的经营理念，以负责的态度、高效的管理、专业的服务，全力为投资者提供丰厚的投资回报。成立以来，公司业务增长迅速，在北京、广州先后建立了分公司，目前旗下管理12只开放式基金，资产管理规模约126.69亿元（截至2010年12月31日，数据来源于WIND），客户数超过180万户。

通过自身努力，公司逐渐形成了规范、诚信、专业、稳健的运作风格。展望未来，申万菱信将继续依靠强大的股东背景，不断丰富和完善产品线，凭借先进的管理技术，依托丰富的全球和本土运作经验，采用成熟的投资及风险管理技术，借助完善高效的客户服务体系，重视所托，通过海内外资深专业人士组成的精英团队为投资者提供优质的理财服务，努力实现客户资产的保值增值。

2011中国金融品牌十大年度营销事件
中信银行：中信银行香卡营销事件

聚焦女性消费者

随着经济的发展和社会心理的自然孕育，女性作为消费主体的重要性正在不断提高；相应地，女性市场作为商家营销针对主体的地位也越来越突出。在客户细分的过程中，许多银行发现，女性尤其是年轻女性不仅喜欢消费，而且总是希望自己的生活变得多样化一些，同时也希望能尝试不同的生活方式、经历各种体验。

22—26岁：初涉职场的“月光族”[①]

◎理财特征：这一阶段的女性大多还处于单身或准备成立新家阶段，相当一部分的女性没有太多的储蓄观念，“拼命地赚钱，潇洒地花钱”是其“座右铭”，因此，经常听到有很多年轻女孩振振有词地说，钱是赚出来的，不是省出来的。

◎首要目标：提高“财商”。当前国内处于这个阶段的女性，知识水平相对比较高。女性消费意识比较强，而没有太强的投资意识，更缺乏有序的投资规划，所以需要提高“财商”。

26—30岁：初为人妇的“巧妇人”

◎理财特征：刚刚步入二人世界的女性，为爱筑巢，随着家庭收入及成员的增加，开始思考生活的规划。因此，大多数女性开始在消费习惯上发生巨变，“月光族”习惯开始被摒弃，投资策略也由激进变为攻守兼备。

◎首要目标：学会整合。这个阶段的女性已经开始有一定的理财意识，并且家庭收入比较稳定。建议这阶段女性应尽早进行理财规划，多花些心思商讨两人组成家庭后的理财大计，要善于整合整个家庭资源，合理分配。

30—35岁：初为人母的“半边天”

◎理财特征：这时女性都较为忙碌，兼顾工作和照顾孩子、老人、丈夫的多重责任，承受着较重的经济压力和精神压力。她们在收支控制上已经比较能够收放自如，善于持家，但还缺乏一些综合的理财经验。

◎首要目标：制订计划。这一阶段的女性都较为忙碌，兼顾工作和照顾孩子、老人、丈夫的多重责任，承受着较重的经济压力和精神压力。大多数女性，在收支控制上已经比较能够收放自如，善于持家，但还缺乏一些综合的理财经验。

---

①理财：20、30、40女人应如何花钱. http: //women.sohu.com/20080312/n255648139.shtml，搜狐女人，2008年3月12日.

40—50岁：为退休后准备“养老金”

◎理财特征：由忙转闲、准备退休阶段。这一阶段的女性，理财手段以精打细算、稳中求胜、开源节流为主。

◎首要目标：注重稳妥。这一阶段的女性，子女已独立，忙碌了一辈子，投资策略转为保守，为退休养老筹措资金。

中信银行正是看中了女性消费的这种趋势，适时推出了女性区隔的银行卡品牌——中信银行香卡，专门针对女性这一特定银行卡消费群体及其特有的理财观念和消费心理推出专属借记卡。

中信银行香卡简介

作为中信银行专为女性客户度身设计的借记卡明星产品，中信香卡2008年一经推出，就以其显著的女性关怀概念广受市场欢迎。在普通借记卡的功能之外，香卡具有更完备的金融功能。香卡的办理门槛较低，储蓄或理财总值达到1万元即可申请办理。另外这款香卡还具有强大的服务功能，除了传统的理财套餐、消费取现、代理缴费等功能，还可以帮助持卡人实现投资理财、第三方存管、外汇买卖等各项需求，并可以提供方便直观的网上综合对账单。除此之外，此张借记卡提供的专属保险、优惠商户、金融短信通等增值服务也是吸引众多女性客户的一大特色。通过一张银行卡，即可满足女性客户消费便利与理财需求。

2010年10月，中信银行对香卡卡面及功能进行了全面升级。升级后的香卡，根据女性一生必经的四个重要阶段——活力青春、浪漫新婚、幸福妈妈、魅力风姿，进行了四款唯美卡面设计。在原有服务内容基础上增设了休闲娱乐、美容养生、购物消费及子女教育等女性客户专属增值服务和积分功能，让女性轻松理财的同时，享受高品质的家居生活与自我实现。2011年9月，配合客户经营提升规划，中信银行针对管理资产达到50万元以上（含50万元）的中高端女性客户推出了香卡白金卡，不但囊括香卡普卡和理财宝白金卡服务功能，还设计了独特的专属定制服务及特色主题活动，为高端女性客户打造全方位高品质服务！

中信香卡的适时推出大大丰富和完善了中信银行女性卡产品线，把对女性客户的服务从单纯的消费便利，扩展至提供全方位的金融理财服务。香卡不仅仅是一种金融理财工具，更是营造温馨生活、实现魅力人生的载体。香卡一经推出，便受到广大女性客户的普遍欢迎，发行至2011年底，香卡客户量已近300万，并先后获得了“中国金融营销奖”评选的“金融产品十佳奖”、《银行家》杂志颁发的“最佳金融品牌营销活动奖”、“2011—2012年度中国杰出营销奖最高奖项”等赞誉，在取得良好市场影响力的同时，香卡品牌的女性专属概念及针对女性客户的精致化、全方位金融服务亦得到不断强化和认同。

目标客户定位及分析

香卡的目标客户主要为都市白领女性，其管理资产通常在1万元以上，目标客户的优选年龄段为35—45岁，其次为23—34岁及46—55岁。这类女性或已成为中信银行的理财客户、基金客户、优质代发工资客户、魔力卡客户，或是需要开拓的新客户——都市白领。作为被称为“黄金商群”的消费群体，女性客户有着怎样的心理特征和理财需求呢？

英国《经济学人》杂志（*The Economist*）两度以“W经济”（Womenomics）为题，这不仅反映了当代女性在教育、工作、家庭不容忽视的地位，更反映了她们对于经济发展的贡献值。当代女性消费潜力巨大，有一定的经济实力，有独立的见解，有精致的审美观和优雅的生活态度，在家庭和社会中占有越来越重要的地位。调查发现，高达79.9%的中国内地女性认为自己掌握着家庭财政大权，30—60岁的女性在家中负责日常支出管理的比例较高。大多数女人，既是家里的贤内助，也有自己独立的事业。她们在家庭财务管理、美容健身、理财、消费、休闲娱乐等方面均有着强烈的需求与自我主张。

香卡不断强化女性专属概念，从服务方面致力于为女性提供优雅的物质基础，包括金融理财、购物优惠、休闲娱乐、美体健身、亲子服务等；在精神层面，香卡还通过恰到好处的品牌概念植入，倡导并引导女性树立优雅的生活态度。作为一张银行借记卡，香卡通过金融理财、消费便利以及客户经营等市场营销活动，力求迎合并引导当代女性金融需求与生活态度等方方面面。

香卡卡面设计

在香卡卡样设计方面，中信银行采取了一卡四款的特点，收集了近50套卡样方案，并征求了制卡公司专业人士和部门内部女性员工的建议，最终选择了四种鲜花作为主画面，分别以醉粉黛、紫罗兰、香薰花与银铃香为主画面，配以四种花的花香，分别展现女性热情妩媚、温柔浪漫、含蓄自信、从容淡定四种特定气质。

2010年全新升级的中信香卡按照女性一生重要的四个阶段——活力青春、浪漫新婚、幸福妈妈、魅力风姿，进行了四款卡面设计。卡片风格采用流畅的速写与浪漫的水彩相结合的方式，描绘出每一阶段女性的典型气质，又具有独特的艺术女性气质。

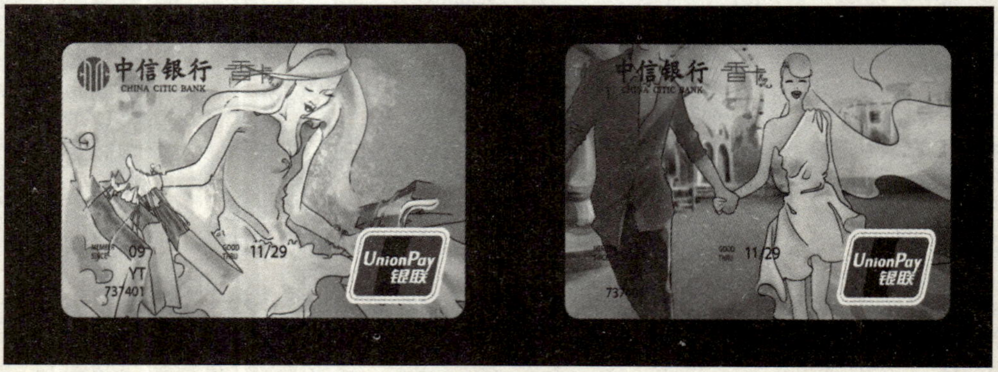

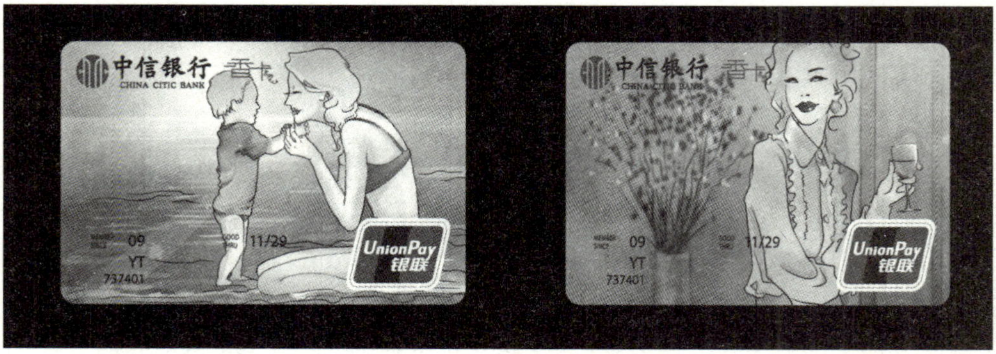

图15　中信银行香卡设计

热情活力——邻家有女初理财[①]

带着对未来的期许，年轻的女孩们走入了社会。她们有着热情与活力，同时更期待穿上最亮眼的颜色，用时尚的方式去体验不同的生活，使自己的人生更加丰盈。在朋友面前秀出自己，让自己在消费、理财时也能秀出品位是许多女孩的期待。靓丽的外形、香卡的综合对账功能、现金储蓄功能、理财产品购买功能，令初入社会的女性更直观地感受到“会理财的女人最美丽”。

浪漫甜蜜——浪漫温馨秀出来

办一张中信银行女士香卡，让正享受着爱情与新婚甜蜜的女人用卡片秀出你们的幸福，爱她所以给她中信银行香卡，香卡提供的旅游增值服务令你和爱人一起行走天涯，让相爱的人们一起见证女人一生中最美丽的时刻。

幸福喜悦——漫漫关心满满爱

一声“妈妈”让更多的女人由此走入了通向成熟与稳重的生活，孩子的轻声呼唤，让女人充满幸福之感，也对未来平添更多期待。此时的女人更要学会在事业和家庭中寻找平衡点。拿着中信银行为年轻母亲所特别设计的“幸福喜悦”新卡，规划着自己小家的同时为孩子规划一个更加光明的未来。

魅力风姿——蕙心兰质晚来香

成熟女人的别样风情，有着岁月沉淀之后的出世之美。此时的女人已经不是简简单单为亮色以及炫目的灯光所包围。品味人生，享受生活，是成熟女人在世事尘埃落定之后的感悟。此刻，中信女士香卡的女子高尔夫俱乐部和女性专属保险替自己宠爱自己。

①中信银行香卡全新登场．慈溪新闻网，2011年3月29日．http：//www.cxnews.cn.

图16　中信银行香卡白金卡设计

2011年推出的中信香卡白金卡，一如其品牌定位，采用银灰墨彩风格设计，既低调又不失魅力与精致的品牌底蕴，成功诠释出一种魅力尊宠境界。客户无论身为何种角色：公司的骨干、称职的母亲、体贴的妻子、孝顺的女儿……中信香卡白金卡就像一位知心闺蜜，助其实现成功的事业、幸福的家庭、自我的实现三个角色完美切换，演绎精彩人生，尊享品质生活。

专属增值服务

中信香卡坚持“以客户为中心”原则，围绕“中信香卡，为您提供魅力增值方案”的品牌概念，不断完善产品特色客户权益及增值服务体系，以增强香卡产品差异化优势和女性专属概念。

中信香卡客户专属权益包括双倍积分、专属保险、彩信月刊、香赢计划、香卡周边产品、白金卡开卡礼包等；增值服务类包括女子高尔夫训练营，定期女性特惠活动（亲子、旅游、美容美妆、休闲健身、文化票务、读书、时尚等），优惠商户网络，包括中信旅游、知名少儿英语培训品牌瑞思英语、全球早教领导品牌美吉姆（MyGym）、专业代理国际知名儿童品牌贸易公司（Kidsland）、中国知名女性时尚购物网站乐蜂网（Lafaso）、玛花纤体等众多实力品牌，白金定制服务等。

结合香卡“魅力增值”的品牌概念，中信银行还推出了“中信香卡魅力金丝带计划”作为香卡增值服务体系代名词，并创作独立Logo以便于传播。标志主体为蝴蝶结造型，意指该计划不仅是香卡专注客户的专享权益体系，更是一份香赢天下魅力女人的特殊礼物，通过“金丝带”这一具有亲和力和公益气质的代名词，不断拉近与客户的距离。通过“魅力金丝带”符号化的传播手法，不仅实现了增值服务体系差异化建设，而且强化了客户对香卡产品本身及品牌概念的认知度，更成为吸引客户、促进客户提升的完美驱动与利益保障，亦为中信银行塑造了关怀女性客户、为女性客户提供魅力增值各种资源支持与细心服务的形象。

图17　中信香卡“魅力金丝带计划”Logo

目前，中信银行针对“金丝带计划”中“专属保险”、“双倍积分”两项客户权益启动了重点宣传和推广，推出了系列主题海报和互动活动，并尝试运用二维码这一新型信息沟通技术加强与客户的交流与互动，通过银行终端、香卡官网、香卡官方微博、平面纸媒、电台广播、网络新媒体等多重营销平台实现了信息的广泛深入传递。同时，为增加信息渗透机会、激励广大客户了解计划详情，在香卡开展的各类线上活动互动环节中亦持续对“金丝带计划”进行巧妙植入，如正确回答有关“金丝带计划”问题即可参与抽奖，正确回答有关“金丝带计划”问题即可免费申领中信银行快捷支付电子红包等，均取得了良好成效，客户首次正确回答“金丝带计划”问题的成功率超过了92%。通过一系列互动植入，香卡“魅力增值”的品牌概念及增值服务体系已渐深入人心。

构建全渠道的营销服务体系

为了推广香卡女性专属的服务项目和品牌概念，中信银行实施了多重并举的营销策略。以“特色营销+节日营销”、“传统媒体营销+新媒体营销”、“总行联动式营销+分行属地化营销”等全方位、立体化营销模式，构建全渠道品牌营销服务体系。

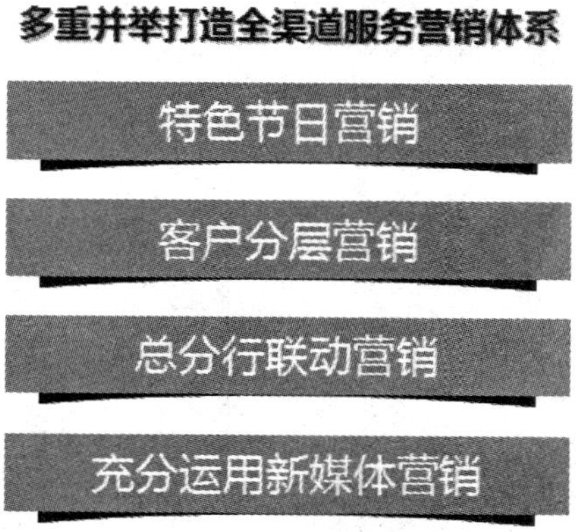

图18

针对老客户，中信银行采用数据库营销的形式，筛选出目标客户进行重点推介。针对女性刷卡频次、购买消费品的种类等进行分类统计，进而通过分析客户的消费行为，评估和预测客户需求倾向的改变；借助广泛的市场调查，深入分析潜在的目标市场。将这些分析成果及时反馈至客户经理，便于客户经理制定下一步行销方案，有效实施最具针对性的“一对一”客户服务。为使营销更加有效，中信银行还通过电话外呼及短信群发等方式，宣传香卡促销活动，并邀请客户到中信银行网点办理香卡。建立在强大后台系统的数据库营销在香卡销售中起到了至关重要的作用，事实证明，这一营销方式成绩十分显著。

针对新客户，中信银行采用多种形式的推广手段，如电视广告、平面广告等，重点以女性偏爱的媒体为主。同时，借助网络、电视、广播等载体进行了立体传播，达到受众范围广，传播覆盖面大的效果。

中信香卡普卡宣传海报

中信香卡白金卡宣传海报

图19

在新闻传播引导等方面，中信银行瞄准具有一定经济实力、有精致审美观的都市白领女性，以此选择传播对象和载体。在传播过程中，从这一特定银行卡消费群体特有的理财观念和消费心理出发，从卡样设计、理财功能、增值服务等方面，突出女性专属概念，掀起了女性专属卡风潮。

女性对品牌的忠诚度较高，因此在营销过程中，中信银行还以建立香卡品牌、提升客户经营为目的，举办丰富的特色主题营销活动，如美容、保健、养生、观影、亲子等等主题活动，全方位满足女性客户在消费便利、生活品质提升与自我成就等方面的需求，让香卡成为女性客户不可或缺的闺中密友。

（一）围绕特色节日持续开展客户回馈活动

2011年以来，中信银行以刷卡消费促进、增值服务推送、生活品质提升为核心，重点围绕三八节、母亲节、儿童节、春节等特色节日和消费旺季，持续开展了系列香卡线上（网络）线下（网点落地—客户活动）营销活动，实现刷卡消费促进，培养客户使用借记卡消费的习惯，提升消费性沉淀。

香卡2011年度特色营销活动		
上半年 重点节日营销	春 节	刷香卡 迎新春 兑好礼
	妇女节	香飘三月 礼意浓浓
	母亲节	芬芳五月 母爱香聚
	儿童节	童趣无限 分香快乐
下半年 香悦生活季	7-8月	夏日香行季
	9-10月	香溢金秋季
	11-12月	缤纷节日季

图20　2011年度中信银行香卡特色营销活动

在各阶段的推广中，中信银行充分运用了外呼、短信彩信、邮件、网站等多渠道客户营销服务平台，与客户形成了直接营销互动，取得了良好的客户参与度。如2011年正式运行的香卡网站目前浏览量已超过两百万次，香卡微博粉丝量超过12万人，为香卡品牌宣传和系列活动介绍、问题解答及意见搜集提供了一个极具时效性的专属传播平台。在2011年的营销宣传中，每次活动均发送短信，共发送520万条；邮件共发送55.2万人次；香卡彩信杂志（每月一次）共发送11.8万条，平均成功率约80%。

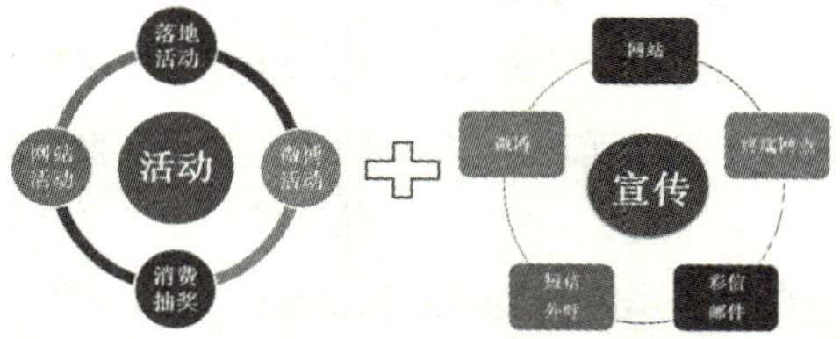

图21　2011年度中信银行香卡整合营销传播模式

香卡特色主题营销活动中，按月推出的刷卡消费抽奖活动属于传统保留板块，此板块自推行以来深受广大客户好评与青睐。活动自2011年开展以来，整体客户参与情况呈现稳步上扬趋势，反响积极热烈。

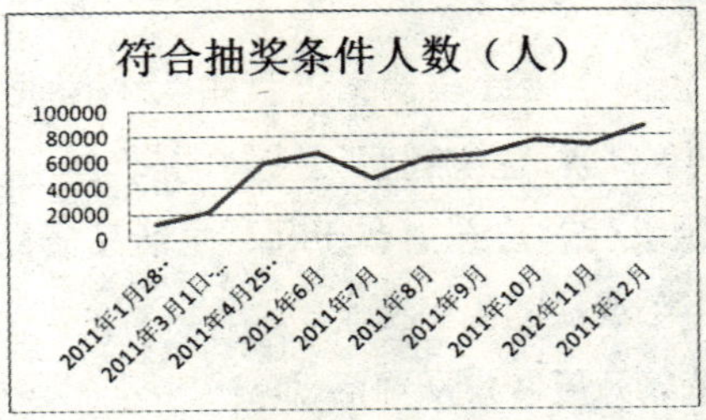

图22　2011年度中信香卡刷卡消费抽奖活动客户参与情况

（二）香卡白金卡专享特色活动

充分考虑中高端女性客户的特点及需求，香卡白金卡以“定制”为理念，整合中信出版社、中信旅游、中信地产以及Max Mara等优势品牌资源，持续推出特色专享增值服务活动，如：全国持续落地“香卡女子高尔夫训练营”、“白金学院—女性专场讲座”、“中信白金百国游”等，强化客户关于品牌“魅力增值”尊贵体验，强化香卡白金卡口碑建设，通过圈层营销提升品牌影响力和客户经营效益。

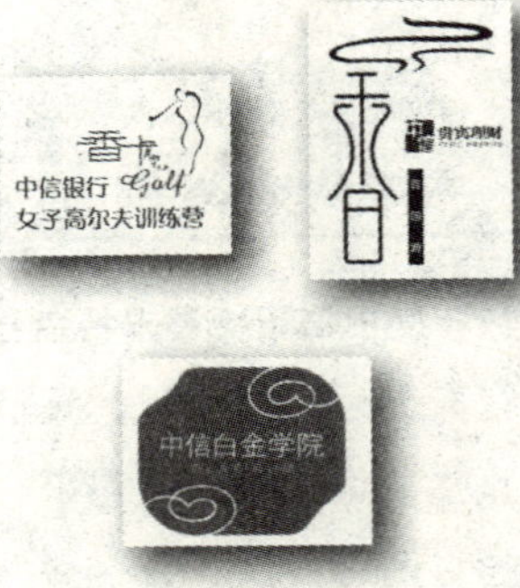

图23

（三）香卡客户沟通与经营平台的强化与拓展

中信银行突破传统营销服务模式，不断强化香卡集中推广渠道的建设工作，在各阶段推广中，集合运用各种渠道资源，打造立体的香卡（女性）客户关系管理平台，包括香卡网站、香卡微博（新浪、腾讯）、彩信月刊、短信、电子邮件、95558客座外呼及分行网点等，与客户形成了直接营销互动，取得了良好的客户参与度与归属感。

1. 香卡官网

中信香卡官网http：//bank.ecitic.com/xcard/.于2011年正式运行，在香卡品牌宣传和系列活动介绍、展示、业务查询等方面，为客户提供了及时有效的服务，目前网站浏览量已超过200万人次，主题活动网页浏览量亦达200万人次。

图24　中信香卡官网

香卡网站创新开通应用的抽奖系统、投票系统、申领系统、征集系统已成为香卡重要且极具特色的营销活动形式与手段：完全公开公正的前台性抽奖活动得到了广大香卡客户的青睐与好评；特色丰富的免费申领活动，如免费领电子观影票、免费领优惠券或电子红包等，实现了与客户多重情感互动与沟通可能，既有效传递了香卡品牌概念、强化了香卡增值服务内容，亦为香卡广泛搜集了具有有效价值的客户数据，为更好地推进业务、实现客户经营与提升提供了数据库支持。

2. 香卡官方微博

2011年2月，中信银行香卡微博正式开通运营并认证，截止到目前，听众数已超过12万人。香卡官方微博已经成为香卡品牌与活动宣传的重要阵地，通过微博平台的应用，中信香卡正式走进了一个新的社会化媒体，在当今最火爆的营销推广平台占有一席之地，又一次营造了一个现代化的自有媒体。

在微博上，我们通过话题互动、有奖转播、抢楼加粉、发起专题活动、晒生活照、发表寄语留言等等方式，与香卡微博粉丝充分互动。除此之外，我们还将微博作为第一时间提供服务的平台，在微博上介绍香卡相关增值服务和专属功能，在微博对香卡用户询问进行答疑解惑，极大拉近了与客户的距离，将香卡微博建成了银行与用户、潜在用户交流、提供服务并集参与娱乐于一体的多方位平台。

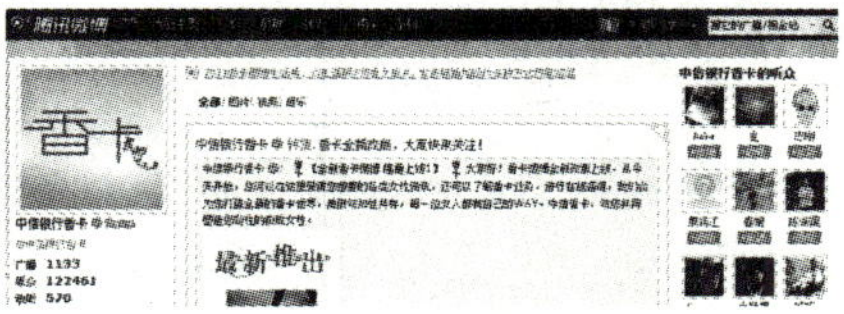

中信香卡（腾讯）微博

图25　中信香卡（新浪）微博

（四）中信香卡营销成果总结

经过近4年的经营和努力，中信香卡市场影响力包括客户的认同及业界的美誉度都在逐年提升，已逐步成为中信银行零售银行产品及服务的一张名片。

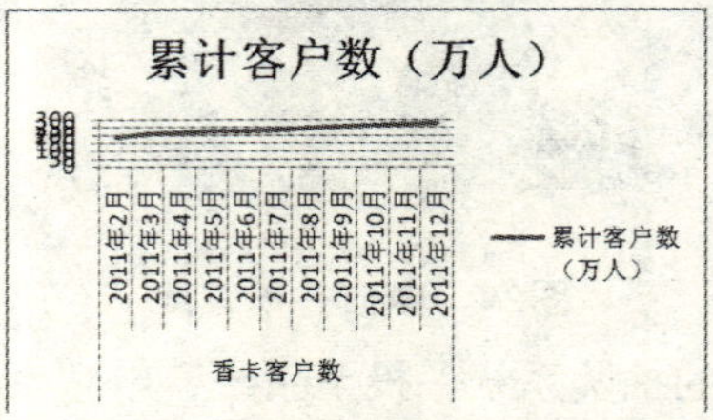

图26　截至2011年底中信香卡累计客户数已近300万

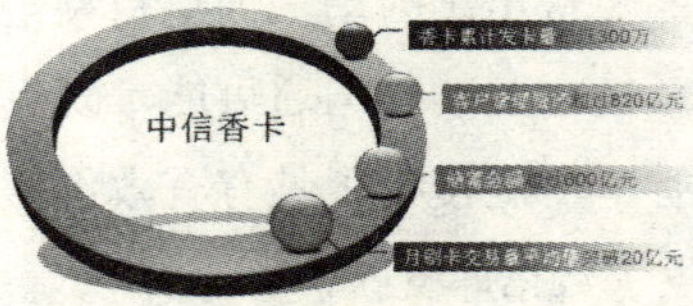

图27　截至2011年底中信香卡各项业务营销成果

中信银行品牌简介①

中信银行（601998.SH、0998.HK）成立于1987年，原名中信实业银行，是中国改革开放后最早成立的新兴商业银行之一，是中国最早参与国内外金融市场融资的商业银行，并以屡创中国现代金融史上多个第一而蜚声海内外。伴随中国经济的快速发展，中信实业银行在中国金融市场改革的大潮中逐渐成长壮大，于2005年8月正式更名“中信银行”。2006年12月，以中国中信集团和中信国际金融控股有限公司为股东，正式成立中信银行股份有限公司。同年，成功引进战略投资者，与欧洲领先的西班牙对外银行（BBVA）建立了优势互补的战略合作关系。2007年4月27日，中信银行在上海交易所和香港联合交易所成功同步上市。2009年，中信银行成功收购中信国际金融控股有限公司（简称：中信国金）70.32%股权。经过20多年的发展，中信银行已成为国内资本实力最雄厚的商业银行之一，是一家快速增长并具有强大综合竞争力的全国性商业银行。

中信银行拥有一支业绩卓越、经验丰富的管理团队，他们在金融领域平均拥有超过20年的从业及管理经验，均为业内知名专家，具有创新的管理理念及全面的操作经验。近年来，在这支优秀管理团队的带领下，中信银行秉承“坚持效益、质量、规模协调发展”、“追求滤掉风险的利润”、“追求稳定增长的市值”和“努力走在中外银行竞争前列的”经营管理理念，积极发展公司银行业务、零售银行业务、国际业务、资金资本市场业务、投资银行业务、汽车金融业务、托管业务、信用卡业务和私人银行业务等，

①中信银行公开介绍资料.

并拥有一流的对公客户服务能力，领先同业的国际贸易结算业务、物流融资业务和资金资本市场业务，极具创新能力的投资银行业务以及特色鲜明的零售银行发展战略享誉业界。

中信银行的业务辐射全球近130个国家和地区，在全国设有78家分行和622家支行，主要分布在东部沿海地区以及中西部经济发达城市。全行拥有33000余名员工，其中有26000多名业务人员以优质的服务向企业客户提供公司银行业务、国际业务、资金资本市场业务、投资银行业务等综合金融解决方案，同时向个人客户提供个人理财、信用卡、消费信贷、私人银行、出国金融等全方位金融产品。

中信银行已经建立了独立、全面、垂直、专业的风险管理体系，追求滤掉风险的效益，不断提升量化风险的技术能力，按照《巴塞尔协议》和风险管理要求，加强资本约束管理，不断提升资产管理和内部管理水平。近几年来，中信银行信贷资产不良率大大低于上市银行的平均水平，资产质量显著提高。

凭借业务的快速发展、优秀的管理能力、出色的财务表现和审慎的风险控制，中信银行近年来的成就广获业界认同，并深受国内外权威机构的肯定。在英国《金融时报》公布的“2010年全球市值500强企业”排行榜中，中信银行排名第185位。在英国《银行家》杂志“2010年全球1000家银行”排名中，中信银行一级资本和总资产排名分别位居第67位和第72位。在英国品牌顾问公司Brand Finance 2010年的评测中，中信银行品牌跻身全球最具价值品牌500强，位列第480位，品牌价值23.42亿美元。在中国《金融时报》和中国社会科学院2008—2010年度中国金融机构金牌榜“金龙奖”评选活动中，中信银行连续两年荣膺“最佳股份制商业银行”称号。

2011中国金融品牌十大年度广告
渣打银行："现贷派　改变生活方程式"系列广告

营销关键词

• 现贷派：2007年投入市场，是业内首个无担保个人贷款产品。2011年，以"改变生活方程式"为主题成功加强其差异化定位，巩固品牌的市场领导地位。

• 现贷派营销推广策略：渣打银行一贯关注创新与实效，通过线上广告的投放，配合移动网络与触动传媒等创新渠道的媒体组合，促进客户电话咨询或网上注册，为销售团队带来Warm leads，以此推动业务的开展。

营销挑战

• 竞争对手相继推出无担保个人贷款产品，如何让"现贷派"品牌具有独特性并与其他品牌的产品区隔开来。

• 如何保持现贷派产品在市场上的领先地位。

• 投入市场4年，如何让品牌焕发新的活力并延续其内涵。

渣打银行"现贷派"

"现贷派"是渣打银行在2007年投放市场的业内首个无担保个人贷款产品。这款产品自投放市场以来，一直关注传播实效，通过线上广告的投放，促进客户电话咨询或网上注册，为销售团队带来信息，以推动业务开展。

渣打银行"现贷派"无担保个人贷款业务共有5大主要产品特色：

• 无须担保：渣打银行现贷派个贷业务无须任何房产抵押、无须任何他人担保。

• 最快一天放款：贷款申请程序简单快捷，自贷款申请资料完备之日起，最快1个工作日贷款即可发放，可以让客户体验前所未有的快捷服务。

• 最高50万元：贷款额度最高可以达到50万元，足以让其消费者体验焕然一新的生活。

• 最长5年：还款期限自由选择，贷款年限最长可至5年。可以每月轻松还款，自在生活。

• 灵活额度管理：客户可以享受"最大可贷额度"与"贷款充值"功能，使得现金管理更灵活，在线申请功能的推出，更让客户足不出户就有机会获得激活／充值款项。

同时，渣打银行还根据不同的用户行为习惯，将"现贷派"再次深耕，开放"充值贷"与"激活贷"两大特色功能。

• 充值贷：是现贷派产品为特选优质客户增加的充值功能。如果客户使用现贷派6个月以上，并拥有良好的还款记录，那么它就能让客户再次借出已经偿还的贷款的金额。

借助网上银行贷款在线申请平台，客户足不出户就能在网上完成贷款的再借操作，轻松无忧，快捷方便。

• 激活贷：当客户申请“现贷派”之后，对于有能力申请到更高金额的客户，贷款核准通知书上将告知客户，除客户此次申请的金额之外，在贷款发放后6个月内客户仍有权利申请的最大可贷款额度。而客户则可以在随后的6个月内，根据需要随时激活信用额度。

灵活和个性化的产品设计，使得“现贷派”业务从设立至今，一直广受消费者青睐，许多年轻一族也被现贷派的业务特色深深吸引。

小珂，25岁，上市公司法律顾问①

大学毕业之后的我顺利地进入了一家上市公司，工作了两年之后，总觉得以前学习的东西还不够，在碰到比较棘手的管理问题，还有公司内部评奖的时候，真的感到学历经验的重要，特别希望有机会能够去进修深造一下。

去年春天，因为我在公司中的业务表现突出，所以公司提供给我一个赴外地进修的机会，带薪学习两年。老板的器重和进修回来之后的前景让我心动不已。人的一辈子机会就那么多，谁能保证这次之后，下次是什么时候呢？一定要抓住。但是进修需要自己先垫付一部分的学费，总共要3万元，结束之后由公司统一报销。因为安排得比较仓促，离成行只剩一周时间。这可让我犯难了，工作两年，虽然有些积蓄，但是一个星期内掏3万出来，谈何容易？钱从哪里来呢？

大学室友小玲跟我推荐了渣打银行的“现贷派”，说这个快，门槛也低。抱着试试看的心态，我联系了渣打银行的销售人员，在他们的帮助下，很快就将材料准备齐全了，本来很担心银行手续烦琐、办事官僚，没有想到一天之后就顺利批复了下来，在我上火车之前，钱款全部到位。现在，我还在外地进修，还款通过当地的渣打银行，方便也没有额外的费用，我还时常用MSN跟当时的银行专员联系，真的很感谢他们及时周到的服务，让我有机会改变自己的生活。

沈先生，35岁，国企员工

热爱生活的人总有热爱生活的方式。爱车爱家人的我最大的愿望，就是带着自己的老婆孩子驾车去看海。我在国企工作，收入稳定，就因为不是本地户籍，面对市面上各种汽车贷款对外地人士的限制，我购车的想法被一次次无情地扼杀，为此我真是操碎了心，但又充满了无奈。某一天，我正巧看到“现贷派”的广告，得知渣打银行有一款无

---

①现贷派改变生活加速度. 渣打银行（中国）官方网站. http://www.standardchartered.com.cn/personal-banking/personal-loans/experience/zh/#.

担保贷款的业务，当天下午就准备好资料冲了过去。那叫个急啊，再不快点，油价又要涨了。

幸运的是，油没有涨价，贷款很快批下来了。当我接到贷款发放的喜讯时，几乎要手舞足蹈，我终于可以去实现自己的梦想了。半个月后，我开着自己的车到海边看海，在那里我拍下了一张照片：一台车、一片海、漫天的繁星，还有车里憨笑的我及一脸幸福的家人。我把照片邮件给了帮我办理业务的阮小姐，邮件没有文字内容，只有标题：我的梦想实现了，谢谢你。

王先生，33岁，某建筑公司职员

家有难事方知借钱难。老婆刚生孩子，奶粉、尿布……一大堆开销马上摊在眼前，家里已经是捉襟见肘，老家又传来消息，说老母亲来住院需要一大笔钱。我为借钱想尽了办法，跑遍了各个银行。可我既不是本地人，又没有房产，收入又不高，家家银行门前都吃了闭门羹，只有渣打银行伸出了援助之手。

我是发自内心地感谢渣打银行，在我急需用钱的时候给予支援。尽管各取所需，在经历国有银行借贷困难的时候，不得不让我因此有所对比。

同样让我感动的是渣打“现贷派”的服务。交贷款申请的时候，客户代表刘小姐一直在旁边耐心细致地指导，甚至耽误了中午用餐。

谢谢你们，我会按时还款的。

由上述用户的积极反馈不难发现，“现贷派”业务确实有其独特的价值主张，也满足了部分有个贷需求却又无抵押物件的人士，让更多人丰富了日常的生活，向梦想阔步迈进。

然而，目前市场上类似的产品，正如2011年前的“现贷派”所做的一样，营销策略普遍是突出产品的功能性、利率优惠性，缺少的是比较连贯的营销主题和跟消费者的情感沟通。因此，“现贷派”也面对着来自各方的挑战：首先，竞争对手相继推出无担保个人贷款产品，如何让渣打“现贷派”品牌具有独特性并与其他品牌很好地区分开；其次，如何保持“现贷派”产品在市场上的领先地位；最后，“现贷派”产品已投入市场4年，如何让品牌在新的时期里焕发出新的活力并延续其内涵，使其长久发展？

“现贷派”的品牌发展历史与市场竞争者①

渣打银行“现贷派”，是行业内首个个人无抵押贷款业务。

2007年，在“现贷派”业务推广之初，其品牌定位是时尚、年轻，勇于追求梦想，

①个人无抵押贷款“货比三家”．华股财经．http://finance.hua gu.com/cjwz/20080804/29720.html.

以“实现梦想”为主题，为目标客户群提供实现梦想的金融解决方案。在此后相当长一段时间内，一方面，渣打银行通过大范围的广告覆盖宣传其“实现描绘中未来”的梦想，如图28所示，客户通过“现贷派”业务满足购车需求。另一方面，渣打银行还通过强调其产品功能属性和额外利益突出其优势，如利率转让、利息赠送、息金折上折、新年红包等。

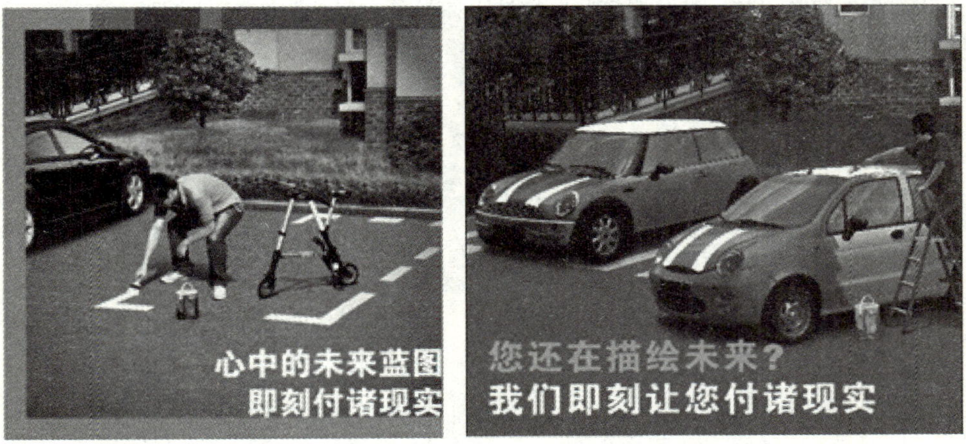

图28　2009年“现贷派”宣传广告——帮助实现梦想

然而，随着个人无抵押贷款成为消费性贷款业务的新热点。各大商业银行也纷纷进入这个市场，推出个人无抵押贷款业务，如花旗的“幸福时贷”，宁波银行的“白领通”和招商银行的“消费易”等。相比起招商银行新老客户均需开通“循环授信”业务后才能办理“消费易”，外资银行的门槛较低，办理更加方便快捷。渣打银行率先推出的“现贷派”与花旗银行在上海地区推出的“幸福时贷”都具有无担保、无任何房产抵押、无须任何他人担保的低门槛特点，其中“现贷派”更是做到了一天放款的最短速度。

当然，各家银行也各有所长。如，招行“消费易”即是从个人住房循环授信额度中划拨一定的免息额度到客户本人的“一卡通”供客户消费使用，只要房贷客户在房贷额度中尚有未用满的多余额度，即可申请开通业务。同时，浦发“万用金”也对客户的还款方式给出了个性化的选择组合。

面对行业内产品日趋同质化的趋势，为了进一步实现产品差异化，巩固“现贷派”的品牌领导地位，渣打银行在大量的市场调研和消费者分析的基础上，做了新的品牌营销实践——将“实现梦想”升华为“改变生活方程式”。希望进一步具体化品牌诉求，提炼客户理性诉求之上的感性因素，配合精准的广告投放，提升广告效果以助力业务增长，将目标制定为：

- 通过情感诉求，实现品牌差异化，在众多同类广告中脱颖而出
- 通过广告传播，吸引客户在线注册，从而提升重点市场销售额

目标消费群

现贷派的主要目标受众为25—35岁的白领人士，他们有着良好的工作和学历，事业处于起步阶段，对未来充满信心。由于北京、上海等一线城市的白领占比较大，且对于信用、贷款的认知度更高，因此结合渣打银行在中国的业务范围，将传播的重点定于北京、上海、广州及深圳四个一线城市。同时，配合年轻的消费群，“现贷派”的广告战略也开始注重数字媒体、社交媒体与互动性媒体等。

消费者洞察

个人贷款主要用途：

- 装修、买车、结婚、旅游和留学为主要贷款用途

不使用个人贷款原因：

- 个人贷款是遇到经济问题的时候才会需要的（面子考量）
- 需要大金额的时候才会考虑使用
- 认为申请手续复杂反复、利率高

超越纯理性诉求，情感沟通

随着“现贷派”概念的诞生和不断强化，市场上的竞争者也越来越看好整个细分市场，纷纷开展起类似的服务业务，使得这个原本的蓝海又开始向同质化经营趋近。这种同质化一方面体现在，基于消费者对贷款的认识，他们往往以利率的高低来评价产品的好坏，这也就使得竞争者在设计产品时没有更多的指标可以加入权衡，产品评价的维度较为单一，这也与个贷业务在国内还属于比较新的业务这个原因直接相关；另一方面，消费者对个人贷款产品的诉求多半还是停留在产品的理性层面，如它的利率是多少，还款周期有多长，多久可以放款等，大多数的竞争品牌都缺乏在理性层面之外的，与消费者在情感层面上的沟通。

而要能长期地真正抓住消费者，建立持久且良好的客户关系，任何品牌都只有在情感上与消费者沟通，满足建立超越纯理性的感情诉求，才能让消费者更喜爱与钟情自己，最终达到品牌与消费者间共鸣的状态。

基于此，渣打银行深挖顾客价值，将“现贷派”消费群需求的深层意义理解为不满足现状，想通过这些消费改变自己的生活方式，并最终决定要让“现贷派”成为带给消费者惬意生活的品牌。渣打从情感层面为“现贷派”重新定位，利用倡导新的消费模式来满足消费者对改变生活的心理渴望，凝练出有效区别于竞争对手的“现贷派改变生活方程式”。

Vision品牌愿景

让“现贷派”成为带给消费者惬意生活的品牌

Disruption颠覆

“现贷派　改变生活方程式”

从情感层面为“现贷派”重新定位

利用倡导新的消费模式来满足消费者对改变生活的心理渴望

塑造强势品牌的两条路径

图29

一个强势的品牌，必定是一个与消费者紧密联系的品牌。而消费者往往关心：（1）这是什么品牌；（2）这个品牌的产品有什么用途；（3）我对这个品牌产品的印象或感觉如何；（4）品牌和我的关系是什么，我和品牌之间到底有多少联系。

这四个最基本的问题，描绘出了创建强势品牌的四个关键步骤：品牌识别、品牌含义、品牌响应和品牌关系。正如图30金字塔中所显示的一样，由低到高，而分为显著度、功效、形象、判断、感受、共鸣六个阶段。这个金字塔不仅为我们说明了创建强势品牌的四个关键步骤，也强调了达到强势品牌的两条路径，即“理性路径”（左侧）和“感性路径”（右侧）。尽管两条路径在思维方式上有一定的区别，但绝大多数的强势品牌都是通过这两条路径“双管齐下”打造的。渣打银行即是其中的典型案例。

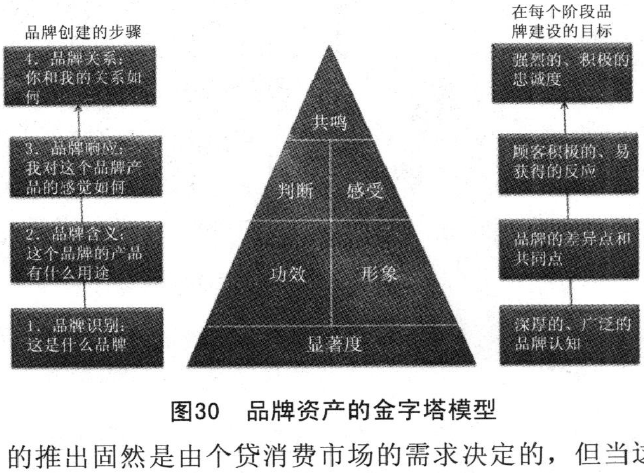

图30　品牌资产的金字塔模型

“现贷派”的推出固然是由个贷消费市场的需求决定的，但当这个市场中的竞争越来越激烈，理性诉求基本都得到满足的时候，打造强势品牌的第二条路径——感性路径，就将发挥关键的作用。

首先，是产品的形象。由于“现贷派”业务有准确的目标客户群，定位于25—35岁的白领消费人群，且这个职业阶段和年龄阶段的消费者往往喜欢尝试新鲜的事务，因此其形象也很鲜明。“现贷派”用代表青春和活力的绿色为主元素，将深造、装修、买车等经典场景置放于广告之中，更进一步地契合了一位正在为工作和生计打拼，渴望改变生活实现梦想的白领的真实处境，以更接近目标客户群的形象展示在公众面前。

其次，是产品的感受。与客户对产品基于理性的判断不同，对产品的感受是消费者在情感上对品牌的反应。由于“现贷派”的客户有强烈的实现梦想的渴望，渣打银行也在品牌塑造与营销传播过程中强调这种兴奋感和温暖感。因为，“现贷派”了解客户的需求，关注客户的生活状态，并帮助其实现改变生活现状的梦想。这种即时的体验，与强调成功后的自豪感和成就感，驱动着消费者对这个品牌及产品更加认同，在情感上喜爱并离不开它。

最后，只有在作为国内无抵押无担保贷款鼻祖的“理性诉求”上获得了认可，又在“关爱客户，帮助改变生活方式，实现梦想”上得到了客户感性方面的认同，才能真正在品牌金字塔的最顶端，取得消费者的品牌共鸣，引发其持续满意和忠诚。

可见，强势品牌的打造是一个长期的系统的过程，它既有理性的一面，又有感性的一面，如何在理性与感性间取得平衡，是品牌打造乃至产品创造的重要步骤。

改变生活方程式，创意传播

在确定“现贷派改变生活方程式”的理念后，渣打开始着力创新传播。最具创意的概念便是，以“改变生活”的策略方向与消费者目前状态及想法产生共鸣，建立起品牌与他们的情感联系。那么既然是“方程式”，就免不了加减乘除。创意概念即是巧妙利用加减乘除带出只要给生活“加一点、减一点、乘一点和除一点”东西，就可改变生活方式的概念。

具体涵盖理念如下：（1）“加”多保障，固定利率，抵御生息风险；（2）“减”低负荷，每贷12个月减息1个月；（3）“乘”倍优惠，利率多少就折多少；（4）“除”去等待，最快1天即可放款，最高可贷人民币50万元。同时，在平面广告的执行上，也结合了个人贷款的4大用途（居家装修、个人留学、出国旅游、新车购买）加以展现，有效地传达给了消费者，渣打银行个人贷款可以轻松满足不同的贷款需求，帮助消费者实现梦想的生活方式。

图31　2011年“现贷派”系列平面广告——改变生活方程式

而在传播策略的选择上，手机和互联网作为25—35岁白领日常接触最频繁的媒体成为银行与消费者的主要沟通渠道。此外，地铁及出租车作为白领通勤的主要交通工具，也成为了网络媒体的补充。在主要投放城市的地铁线路中，“现贷派”选择双屏互动广告对产品特征以及情感诉求做循环展示，动态的形式不仅丰富了广告的内容，也是在相对保守的银行业宣传中尝试的一种新颖手法。

同时，由于门户网站无法做到精准投放，因此缩小了对门户网站的投放比例，转而通过视频、网络联盟、手机及户外广告导流到搜索引擎，以此提升官方网站的浏览量及在线注册数量。这种以平面媒体作为主视觉渠道延伸到各分支行终端售点、户外广告及网站相结合的全方位、多渠道、多层次的整合营销传播方案，极大地增加了广告的互动性与覆盖面。

值得一提的是，一向注重创新的渣打银行，还在推广中使用到了触动传媒。通过在触动传媒上播放产品TVC并配合互动小游戏，在增强互动性的同时也收集了大量的客户信息。自渣打“现贷派”之后，不少竞争产品亦开始仿效“现贷派”在触动媒体上投放类似广告。

图32　“现贷派”触动传媒小游戏

渣打银行“现贷派”广告投放策略①

渣打银行“现贷派”这款产品设有贷款资格限制，所针对的目标人群为月薪5000元以上的高薪白领一族。面对这样的一个目标消费群，依照之前的投放经验，这部分人群大多集中在一线城市，在这样的条件限定下，本次产品的投放地域选择在了北京、深圳这样的经济发展较快、消费水平较高、目标受众较为活跃的城市。

在线上具体媒体的选择上，Max媒体圈中的财经、IT、新闻三大媒体圈是大多高薪白领精英的聚集地，选择其中的媒体进行集中投放，不仅能够大面积覆盖到目标受众，还能有效地将产品信息传达至有需求的消费者面前，再加上每一季度的季度广告与品牌形象广告高度的连贯性以及在地域上定向的配合，大大提升了投放的有效性，避免过度曝光，减少资源浪费。

根据广告前期调查得知，智能手机和Apple平台上的产品是“现贷派”主要目标群携

①渣打银行“现贷派”. 艾瑞广告先锋. http://case.iresearchad.com/Adv1.

带的必备潮流产品，而对于广告主来说，它们都是无处不在的移动媒体。因此，在这个渠道上，渣打此次选择了Vpon LBS移动广告平台定向对目标人群进行广告投放，以达到将个人信贷产品广而告之的目的。

在具体执行上，渣打银行采用Vpon基于LBS架构的广告服务，通过In-app广告投放的形式吸引目标消费群对“现贷派”产生兴趣，而目标区域选在北京、上海、广州、深圳进行定向投放，并引导用户留下联系方式，将手机用户的意见最大化，选取“领袖”。而后，在以In-app形式出现的Banner广告中整合了“拨打垂询热线”、“我要申请”等功能，以帮助用户能够更加快速地加入到广告活动中来。而为了配合“现贷派”的高端性质，移动应用的选择也敲定了在高端财经App上进行投放，以与目标客户群的习惯与特征更加相符。

回溯渣打银行“现贷派”的营销历程，我们可以发现，这是十分具有创新性，时刻注意与消费者之间建立各种形态的联系的。2007年，“现贷派”概念刚刚构建的时候，广告中即以“现贷派”字样呈现。2008年，这个新概念还在进行广泛的市场培育。因为这两年都属于消费者教育阶段，故其品牌及产品宣传着重内容与理性诉求。而到了2009年与2010年，经过了最初两年的市场培育，“现贷派”概念基本已成形，也在年轻人心中创造了一定的口碑。因此，从2009年开始，“现贷派”就走起了情感路线，所传达的口号也改为“不要等待，尽快实现你的梦想”。这种从理性走向感性的设计和改变，让渣打银行在广告带来的业务方面，稳定地保持在每年大概30%左右，收到了实效。

受众支持“现贷派”，成效显著

经过了详细的市场分析和严谨的创意设计后，渣打银行“现贷派”的广告一经推出，就迅速获得了消费者的高度关注，产品电话咨询量迅速攀升，也就带来了网络注册量的迅速攀升。从数量上来看，渣打“现贷派”产品的用户人数又再一次回到了历史的峰值，回到了2010年的用户级数水平，基本上抵消了在与同类产品竞争过程中市场萎缩的负面影响。从注册用户到新客户的转化率也比2010年底上升了0.5个百分点，CPA（注册成本）获得大幅下降。广告投放之后，每月网上申请的注册量也有所获得突破，较投放之前上升了50%。

同时，在创新渠道触动传媒方面，投放在上海和深圳的触动广告也在短时间内收到了8000多个leads，转化率达0.5%。

由此可见，通过一系列的宣传与活动，渣打银行用表达情感诉求的方式对“现贷派”品牌进行激活已取得了阶段性的成功。

渣打银行品牌简介

渣打是一家国际领先的银行集团。集团在全球一些最有活力的市场上已经营超过150

年，其90%以上的营运收入和利润来自亚洲、非洲和中东市场。集团选择性地投入市场以及坚持发展与客户深厚关系的承诺推动银行在近年来取得强劲增长。[①]渣打集团有限公司除在伦敦及香港的交易所上市外，还在印度的孟买以及印度国家证券交易所上市。

渣打集团在70个国家设有1700多个分支机构，为超过85000名员工提供多彩并富有挑战性的全球化事业发展机会。集团致力于建设具备长效可持续发展的业务，并通过坚持高水平的公司管治、履行社会责任、实践环境保护及员工多样化等行动赢得了世界的信任。渣打的文化传承和企业价值都在其品牌承诺 “一心做好，始终如一（Here for good）”（为每一个人，为时代进步，为长远发展。一心做好，始终如一）中得到充分体现。

渣打银行在中国，自1858年在上海开设首家分行以来，在华经营从未间断。2007年4月，渣打银行（中国）有限公司成为第一批本地法人银行之一。这充分显示了渣打对中国市场的承诺。目前，渣打银行在全国拥有22家分行、67家支行和1家村镇银行。

2011年，渣打中国赢得中国领先行业机构和权威媒体颁发的众多奖项和荣誉，其中包括中国银行业协会颁发的“外资银行工作委员会卓越贡献奖”、第一财经社会责任榜的“仁商贡献奖”、《21世纪经济报道》颁发的“中国最佳企业公益项目奖”、中国贸易金融网与《贸易金融杂志》联合授予的“最佳跨境人民币结算银行”、《中国经营报》颁发的“卓越竞争力中小企业服务银行奖”以及《理财周报》授予的“中国最受尊敬银行暨最佳零售银行”。

①王黎明等.渣打银行成立“少年精英俱乐部”优先理财品牌升级后又一重大举措.中国质量万里行，2010年.

第二章　中国金融机构的品牌启蒙

第一节　将品牌视作一种资产

一、什么是品牌

品牌的概念由来已久，也被企业家和营销者广泛应用，但品牌究竟是什么呢？

根据美国市场营销协会（AMA）的定义，品牌是一个“名称、专有名词、标记、符号，或设计，或是上述元素的组合，用于识别一个销售商或销售商群体的商品与服务，并且使它们与其竞争者的商品与服务区分开来”。因此，其最学术上的定义认为，只要营销者创造了一个新的名称、标志，或者新的产品符号，也就创造了一个品牌（市场营销专家菲利普·科特勒博士）。

然而，在日常的营销活动中，不同的人却对品牌有不同的定义。哲学家汤姆·布劳恩认为“品牌主要是人们的思维方式”，有些人还认为品牌既是企业对消费者的质量承诺，又是企业所获得的消费者的信任水平，它的价值取决于消费者对它的理性分析和感性认识，它增值的源泉来自于消费者心智中形成的关于其载体的印象。

无论品牌的定义谓何，我们都可以感受到品牌在影响日常决策中的重要作用。因此，营销者也都在全力打造更强势的品牌，以享受其带来的诸如更高的忠诚度、更大的边际收益、更高的营销效率等优势。

随着营销理论和实践的不断发展，消费者对产品和品牌的要求也越来越苛刻，甚至于诉求已经发生了改变，企业品牌管理也比以前更难。在品牌扩散、媒体纷繁、竞争加剧等压力的综合作用下，企业品牌建设也就有了新的要求。盛世长城广告公司的科文·罗伯茨就认为企业应该超越品牌来创立“信任标签”，将企业与消费者的向往进行情感捆绑并最终使其成为“喜爱标签”。

每天喜爱和欣赏的东西太多太多。你可以策划任何一种关系——与人或品牌——不管是基于喜爱还是基于欣赏。以往可能是谁更被欣赏，谁就胜出；现在则是谁更受喜爱，谁就会胜出。如果我不喜爱你，我才懒得理你。

他还指出仅仅有品牌尊重是不够的，因为这种与消费者情感进行捆绑的“信任标签”属于那些真正热爱品牌和与品牌具有情感联系的人。由此可见，改变的市场环境所带来的品牌管理的新挑战，以及品牌在营销策略中角色的重要性，企业的品牌战略必须要有新的血液注入其中，品牌资产成为一个新的概念应运而生。

二、品牌资产的概念

品牌资产是20世纪80年代出现的最流行和最有潜在价值的营销概念之一，它是与品牌、品牌名称和标志相联系，能够增加或减少企业所销售产品或服务的价值的一系列资产与负债。它包括5个主要的方面，即品牌忠诚度、品牌认知度、品牌感知质量、品牌联想和其他专有资产（如商标、专利、渠道关系等），这些资产通过多种方式向消费者和企业提供价值。而从最基本的成本收益角度来看，优异的品牌资产能够帮助该品牌的产品获得更多的收入，使成分花费得更有效率。

尽管人们对品牌资产存在着基于财务会计、市场和消费者的三种不同概念模型的看法，但大多数学者和研究人员都一致认为品牌资产应该是品牌所具有的独特的市场影响力，它解释了具有品牌的产品或服务和不具有品牌的产品或服务两者之间营销结果差异化的原因。下面这个例子阐释了品牌的影响力。

在2007年举行的好莱坞拍卖会上，玛丽莲·梦露1949年在海滨拍摄写真照片时使用过的一把雨伞最终以4.2万美元的价格成交。悬疑电影大师希区柯克的一本护照和“猫王”普雷斯利使用过的一支镀金枪也分别被拍出了1.92万美元和2.88万美元的高价。而后者在20世纪50年代一场演出中使用过的麦克风更是拍出1.5万美元，就连他用过的一个小药瓶也以2640美元成交。很难想象，若没有这些名人给予产品的联想，这些东西会在地摊上停留多久。

我们已无须赘述品牌到底能给企业带来多少好处和优势，但创建强势品牌确实是一项长期复杂的系统工程，而在品牌资产的角度看来，企业家或营销者首先要清晰地理解品牌代表什么及应该如何定位。同时，还应了解这种定位所传递的联想在消费者的头脑中形成了什么图景。心理地图，即是对消费者大脑中关于品牌不同类型联想的视觉描述。有了这一切基础，消费者就会对品牌产生自己的看法、态度并以此为指导诉诸行为。

既然消费者的态度可以指导行为，良好的沟通可以改变消费者的态度，那么想让消费者深刻地理解品牌的核心联想、共同点、差异点和品牌内涵等品牌的心脏和灵魂，就应该从与消费者的心智沟通开始。正如中国移动那句耳熟能详的广告词所讲，“沟通从心开始”，品牌资产的创建以攻心为上。

第二节　营销常青树：基于顾客的品牌资产

我们经常会问，如何才能打造一个强势品牌。要回答这个问题，我们需要引入一个新概念——基于顾客的品牌资产（Customer-Based Brand Equity）。基于顾客的品牌资产结合了最新的关于理解和影响顾客行为的理论研究和管理实践，为品牌资产的评估提供了新的视角，从基于顾客的角度解释品牌资产以及如何才能更好地创建、评估和管理品牌资产。

理解顾客的需求和要求并设计产品与方案来满足他们，一直是成功营销的核心所在。因此，基于顾客的品牌资产要求，强势品牌的建立者必须保证为他们的顾客提供针对需求的产品和服务，同时能配合市场营销方案，从而把顾客的思想、感情、形象、信念、感知和意见等与品牌关联起来。

给予顾客的品牌资产的正式定义是，顾客品牌知识所导致的对营销活动的差异化反应。当一个品牌拥有积极的给予顾客的品牌资产时，它能使顾客更容易接受一个新品牌的延伸，减少对价格上涨和广告投入削减的不良反应，有利于提高顾客忠诚度和促进重复购买行为。相反，如果顾客对一个品牌的营销活动不感兴趣，就好像是在面对一个没有品牌或品牌形同虚设的产品，那么该品牌就拥有消极的给予顾客的品牌资产。

在这个新的概念中，企业家和营销者需要注意，品牌资产虽然来源于顾客的差异化反应，但究其根源，这种差异化反应来源于顾客的品牌知识，即顾客在长期经历中对品牌的所知、所感、所见和所闻。因此，尽管品牌资产会受到公司整合营销传播的影响，但最终还是取决于顾客对品牌的认知程度。只有在这种认知基础上，顾客才能对企业的营销活动产生差异化的反应。即便是在产品质量相同的情况下，顾客也会对有更好印象的品牌产品给予更高评价。

一、品牌资产之源：品牌知识

在基于顾客的品牌资产看来，品牌知识是品牌资产的源泉，因为这种知识形成了顾客的差异化反应，而顾客的品牌知识又储存在类似于联想记忆网络的结构当中。联想网络记忆模型认为，记忆是由节点和相关的链环组成的。其中，节点代表储存的信息和概念，链环代表这些信息或概念之间的联想强度。而这种信息可以是任意的，它既包括语言文字等理性成分，也包括色彩声音等感性认识。因此我们可以认为，品牌知识也是由一些固定的节点和相互之间的链环组成的，分为品牌认知和品牌形象两个部分。

品牌认知

品牌认知由品牌再认和品牌回忆两部分构成。品牌再认是指消费者通过品牌暗示确认之前见过该品牌的能力。如果顾客拥有这种能力，那么他们就会在购物过程中有能力辨别出这些他们以前见过的品牌。

品牌回忆是指在给出品类、购买或使用情境作为暗示的条件下，消费者在记忆中找出该品牌的能力。比如我们一想起网络购物，就会想起淘宝或京东商城等，对这二者的品牌回忆，是指无论在户外还是在室内，抑或其他地方，消费者都能在记忆中想到这两个品牌。而正如前文所述，有研究表明，对于服务和在线产品来说，建立品牌回忆至关重要，金融品牌就是其中典型。

品牌认知，与记忆中品牌节点的强度有关，它反映了顾客在不同情况下辨认该品牌的能力。强势品牌必须要有特定的元素让顾客在特定情境下再认或回忆起来，直至顾客能够在众多品牌中辨认（品牌再认）或在记忆（品牌回忆）中准确搜寻到该品牌。而其中，对于服务性十分显著的金融和理财服务来说，建立品牌回忆至关重要，因为顾客往往会主动寻找品牌，并将在记忆中选择合适的品牌。

建立深度的品牌认知是创建基于顾客的品牌资产的关键步骤，没有对联想网络中品牌节点的有效回忆就无法支持消费者在不同情境下对特定品牌做购买决策，品牌认知所带来的优势也无法获得。具体而言，建立深度的品牌认知存在以下三方面的主要优势：

1．印象优势

品牌认知所带来的记忆节点是构成品牌形象的重要因素，它代表着品牌联想的构成和强度。因此，为了创建品牌形象，企业家和营销者必须在消费者的记忆中建立凸显自身属性或利益的品牌节点，在顾客心智中将品牌“登记挂号”。这些节点有利于消费者简便地学习和储存品牌联想信息，一旦品牌认知深入人心，以后的营销工作就会变得更加容易。

企业家和营销者可以通过加强品牌与品类间的匹配关系建立品牌认知。东方证券资产管理有限公司，是中国证监会批准设立的首家券商资产管理公司。对于竞争日趋激烈、产品趋于同质化的理财产品市场而言，消费者或许一想到券商结合的品类，就会想到“东方红”的品牌。因此，在竞争性市场或面对品类中的新品牌时，在营销方案中强调该品牌与品类的联系就显得尤其重要。当通过品牌延伸来改变、丰富品牌产品的含义时，品牌与品类的强势对接就会对深化品牌认知有更加显著的作用。

2．入围优势

在一般情况下，无论消费者在何时何地进行购买决策，都会考虑备选的品牌。企业要提高品牌认知能增加进入品牌入围集的概率，品牌入围集是指购买决策中被仔细考虑的品牌集合体。因为决策时仅仅会考虑小部分品牌，所以确保某一品牌进入入围集，实际上也降低了其他品牌得到考虑或被回忆的概率。

企业家和营销者可以通过重复来深化品牌认知。方正金融即推出以“方正金融，正在你身边”为广告语的系列宣传广告，分为《夫妻篇》《祖孙篇》《创业伙伴篇》等，不断塑造其每时每刻“正在你身边”的形象。消费者通过看、听、想对品牌的了解越多，品牌在记忆中就会越牢固。因此，可以使消费者体验到品牌名称、符号、特点或者标语等任何要素，都能提高人们对品牌元素的熟悉程度及其知名度。

3．入选优势

在借助印象将特定品牌纳入决策范围之内后，品牌认知还能够影响消费者在品牌入围集中所做的筛选，即便那些品牌在本质上是没有任何其他联想的。因为，在一般情况下，消费者只会选择那些他们熟悉的、被人们接受的品牌。所以在低介入度的购买情境中，即使缺乏对产品本身的了解，较低水平的品牌认知也许就足以作出品牌选择。但在选择投资和理财服务的时候，往往需要很高的介入度，消费者也会就此对目标品牌进行深入了解。

总而言之，提高品牌认知是形成品牌联想的必要环节，它将直接关系到品牌形象的构建以及消费者是否会持续关注这个品牌，这在基于顾客的品牌资产组成中至关重要。

品牌形象

品牌形象被定义为顾客对品牌的感知，它反映为顾客记忆中关于该品牌的联想，而后者是消费者记忆中与品牌节点相关联的其他信息节点，包含顾客心目中的品牌含义。比如说，一提到路易威登，进入消费者大脑的相关品牌联想也许是奢侈、高端、尊贵以及帆布旅行箱，那么路易威登建立起来的就可能是奢华尊贵却又“简而不凡”的品牌形象；提及沃尔沃，人们会想到安全、可靠，那么沃尔沃就很有可能会被人们认为是全世界最安全的轿车等等。因此，积极的品牌形象是通过营销活动将强有力的、偏好的、独特的联想与记忆中的品牌联系起来而建立的。这就意味着，企业家和营销者可以通过一系列的营销活动和营销以外的其他方式形成有益的品牌联想。具体而言，品牌联想的构建可以分为以下三个维度：

1．品牌联想的强度

消费者会通过多种方式对品牌属性和品牌利益形成信念，如果顾客能够仔细考虑产品信息并把这种信息联系到现有的产品知识之上，品牌联想就会变得更强有力。这种强度的打造一方面可以借助公司信息源，如广告，又可以诉诸其他具有创意的交流手段，正如Starbucks、Google等公司一般，它们在没有进行密集性广告活动的情况下，一样通过氛围的渲染和增加，与消费者的接触点建立了强有力的品牌形象。

方正集团在营销其子品牌方正IT时力求增大与顾客的接触可能性，从“‘嘀’和你说早安”的地铁售检票系统，到“我在哪里，生活亮点就在哪里”的智能电路板，再到“有字的地方就有我”的跨媒体阅读解决方案等，方正IT从公司信息源出发，整合多渠道营销方案，打造其“正在你身边”的公司形象，使其成为了一个拥有强有力联想的品牌。一系列营销活动后，方正（包含方正、方正集团与方正IT）的品牌第一提及率已经在同行中位列第四，仅次于IBM、联想和微软。

2．品牌联想的偏好

建立消费者偏好的品牌联想，应该能让消费者确信品牌所具有的属性和利益能满足他的需求，从而使消费者形成正面的整体品牌评价。因此，偏好的品牌联想应该是消费者所渴望和需要的（便利、可靠、高效、生动等），并能通过产品和营销支持方案传达给消费者。

“金融品牌的核心在哪里？我想来想去，是不是这样：一个金融，首先要给他人安全感和责任感，也就是责任和安全。”正如海通证券董事长王开国在谈及金融品牌的发展时所说，金融品牌不同于其他行业的品牌，它核心的联想或许是责任和安全，因此在品牌建设和传递的过程中，企业家和营销者就需充分考虑消费者的这种需要。“制造业是一手交钱一手交货，唯独金融服务很难退货，服务是无形的……所以，金融品牌第一是安全、诚信和责任，这是我第一个思考。”每一个行业都有其特定的消费者偏好的品牌联想，在仔细分析消费者和竞争者的基础上，深化这种联想更有利于品牌的准确定位。

3．品牌联想的独特性

品牌定位的本质在于，该品牌具有持续的竞争优势或独特的价值主张，这是消费者购买该品牌产品的主要原因。通过与其竞争者的对比，营销者可以直接或间接清晰地传达出这种只属于某个品牌的独特的差异，更容易建立独有的品牌联想，如科罗娜啤酒所强调的沙滩阳光下度假的美好时光，抑或是中信银行“香卡”所表现出的各种身份女性的独特魅力。

一方面，中信银行在大量市场研究与前景分析的基础上，推出了以女性作为目标消费群体的“香卡”。这种独特的品牌联想囊括了单身女性、新婚女性、年轻妈妈、魅力女性四个阶段的女性消费群，以“更深入地关怀女性”为使命，推出“一张最宠爱女人的卡”，由生活的各个方面出发深入女性生活，塑造其独特的女性化形象。

另一方面，中信“香卡”的独特性还体现在它开创了一个全新的细分品类，其独特的品牌形象得益于“唯一”的品类联想。正如万宝路在消费者的心智中开启了“男子气”这个概念一般，中信推出“香卡”也有异曲同工之妙。正如定位大师艾·里斯在其著作《品牌的起源》中所说：“当然，最终你会希望你的品牌能主导整个市场，就像万宝路那样。但是要达成这一目标，就要从小做起，而不是从大做起……创建品牌最好的方法并非追逐一个现有的品类，而是创造一个你可以率先进入的新品类。”

总而言之，为了建立基于顾客的品牌资产，需要形成顾客的差异化反应。营销者需要确认品牌联想不但是正面积极而且强有力的，还要是独特的、竞争品牌所不具有的，独特的品牌联想才更有助于顾客选择使用该品牌。如果金融品牌不具备诚信、安全的基本品类联想，或没有通过有效的营销手段让消费者接受这种认知和形象，就无法传递有利的品牌知识，从而创建基于顾客的品牌资产。反之，当顾客对品牌有高度的认知和熟悉度，并在记忆中形成了强有力的、偏好的、独特的品牌联想时，就会产生基于顾客的品牌资产。这一点对不确定时代下的中国金融品牌内涵和形象的打造至关重要。

二、描绘中国金融品牌心理地图

有了对基于顾客的品牌资产的基本认识，我们不禁会问：中国的金融品牌究竟应该如何打造呢？“一个打造品牌的营销策划，其首要目标不应该是产品或服务的市场，而应该是潜在顾客的心智。心智第一，市场跟随心智。”（艾·里斯《品牌的起源》）没错，我们首先要知道，中国金融品牌的心理地图应该如何描绘。

心理地图，从学术上定义，是对消费者大脑中关于品牌不同类别联想的视觉描述。简而言之，要描绘中国金融品牌的心理地图，就需要了解消费者对中国金融品牌的联想与其形象的期待。或许我们可以肯定的是，正如海通证券董事长王开国先生所说，金融品牌第一是安全、诚信和责任，但除此之外的其他独特联想恰能体现具体品牌的价值主张。渣打银行首推“现贷派”无担保个人贷款业务，突出其与新时代生活消费方式协同的时尚感；中信银行开创“香卡”针对女性细分市场，强化其关注女性各阶段成长与发展的友爱形象……类似案例不胜枚举，越来越多的金融品牌开始向诚信、安全以外的其他属性和利益延伸，着力描绘其独特的顾客心理地图。专题案例中的方正金融，就是在仔细分析消费者和竞争者的基础上，突出了中国消费者普遍注重的温情，以塑成强有力、偏好而且独特的品牌联想，提升品牌价值。

附录：中国金融品牌“金象奖”获奖案例

2011中国金融品牌十大年度广告

方正金融塑造温情形象：方正金融，正在你身边

打造强有力的品牌形象

2009年初，方正集团确定新的三年战略规划，提出集团要向投资控股集团转型，确立了构建以“方正”为主的多品牌体系的品牌战略，并开始对品牌体系进行了新的梳理和规划，提出了“母以子贵”的品牌策略。子品牌对于方正集团来说，就像一个大家庭中的不同个性的孩子，这些“孩子”强大了，才能显示出方正集团的强大。子品牌能为母品牌提供反馈利益，它们的发展情况和品牌形象直接影响到方正集团的公司形象，所以方正集团将分步骤地推出方正旗下的方正IT、方正金融、北大资源、北大国际医院集团和方正物产等产业子品牌，用3—5年的时间，让外界建立对方正集团多品牌体系的认知。

方正集团推出的第一个子品牌方正IT，拥有并创造对中国IT产业发展和大规模应用至关重要的核心技术，使得方正在中国高科技企业演进史上留下了深刻而坚实的烙印。经过2010年的系列品牌传播活动，方正IT“去PC化”的“大IT品牌”形象已经深入人心。方正持续创新的网络出版技术，正在更为广泛的应用领域掀起又一次技术革命。自主创新与持续创新是方正跳跃的灵魂、发展的源泉。

在方正IT展开的一系列品牌推广战略获得巨大成功后，方正集团推出了另一个子品牌——方正金融。彼时方正金融的产业布局已经基本成形，并且对于方正集团的IT、医疗医药、房地产和大宗商品交易等业务板块也将产生重要的战略影响，同时又恰逢方正证券IPO的良好时机，方正金融子品牌的推出就十分顺理成章了。首先，方正金融拥有北京大学和方正集团两块金字招牌，可以从这两大招牌“借力”，这是方正金融的品牌优势；其次，方正金融拥有着方正集团丰厚的企业管理经验和资金支持；最后，还拥有来源于方正集团的创新性技术和人才资源支持。方正金融利用在消费者中已经形成认知的方正品牌资产和联想转移到方正金融这一子品牌上，增加顾客对方正金融的潜在接受意愿，形成有价值的品牌响应，扩大市场覆盖面，同时也弱化了方正集团品牌的IT烙印。

集团品牌驱动与多品牌管理

集团品牌驱动，是一个让管理者十分头疼的问题。为了在总体上尽可能地削减广告投入，缩短新品牌产品进入市场的导入期，建立集团品牌与子品牌的有效关联，管理者往往需要考虑在子品牌发展的某个阶段，到底是通过集团品牌推广以拉动子品牌，还是用各个子品牌的推广强化集团品牌，以更有力地为现有子品牌与未来子品牌积蓄担保的

力量。

不少专家认为，哪怕是集中力量推广母品牌以带动子品牌，其最终的目的还是为了提升各个子品牌的品牌力与生意量，集团品牌其本身并不是一个单独的盈利业务单元（尽管有时候也是这样），它的存在与成长是凌驾于各个子品牌之上的，为统一调度关联子品牌服务。因此，选择以集团品牌带动子品牌，又或是子品牌反哺集团品牌，应最终取决于哪一个战略对各个品牌的生意成长有更大的杠杆力，以使得输入的合力最小，输出的合力最大。

因此，在公司尚未达到一定规模之时，启动集团品牌推广是有着两面性的。因为集团品牌推广的目的在于促使消费者认知、认同、理解与接受这个品牌，但在子品牌导入初期，产品层面的“务实”往往更为重要。但同时不能忽略的是，产品层面的品牌必须也要有精神内核，这种内核可以由在集团品牌层面的“务虚”来创造，因此其中的度一定要把握好，而且要具体问题具体分析。

方正集团在打造旗下子品牌方正IT和方正金融的过程中，首先选择了集团品牌对子品牌的担保，使其在金融领域拥有“实力雄厚”的优质联想，又用另一子品牌方正IT的营销主题冠“方正金融”以温情，这既能体现集团在打造多元化品牌进程中的一脉相承，又让这种本已深入人心的观念再次重现，达到双向促进的积极效果。方正集团在处理多元化品牌战略问题上的做法，值得我们学习。

方正集团总资产从最初的40万元，至2011年已经发展到400亿元，总收入450亿元，拥有6家上市公司，年产值占据中国校办产业近半壁江山，是北大的骄傲，也是校办产业的一面旗帜。方正集团在新三年战略规划中明确提出，要向投资控股集团转型。这不是刻意而为之，而是水到渠成。其实从魏新1999年到方正任职以来，便逐步推行“专业化基础上的有限多元化”——“IT与医疗医药双主业”——“多元投资控股IT、医疗医药、房地产、金融四大产业”的布局。应该说，他们用了20余年的时间，将一家单一的科技公司打造成为了一家多元投资控股集团。而方正集团最新打造的金融集团，又将是其多元化战略的崭新一步。

品牌移植助力打造方正金融

品牌移植，是指利用自己或他人原有品牌的名气、形象、无形资产，在另一个领域进行新的经营活动。很多集团品牌都尝试开发不同品类的产品，跨度之大也往往令人匪夷所思，但实际上，在这个多元化的过程中，为品牌开创新的品类并不能仅仅依靠品牌本身的力量。

正如多年以前，路易威登（LV）发布了该品牌的第一个钟表系列一样。当时，只要和其他产品一样，在钟表上印上路易威登独一无二的Logo，它忠实的粉丝就能一眼辨认出来。但其最终获得的巨大成功，并非只是因为利用了路易威登强大的品牌资产的力量，而是采用了在当时十分罕见的联合国家品牌的做法。仔细观察其钟表，就会发现上面标明“瑞士制造”，这在路易威登是前所未有的。在这个案例中，路易威登为了打造全新钟表产品的高品质感，选择了向拥有钟表制造传统的国家——瑞士借力。同样地，路易威登也在它的鞋类产品上应用了这种移植的技巧——每一双路易威登品牌的鞋都标明了“意大利制造”的高贵身份。

由这个简单的案例我们不难发现，将品牌移植到全新品类，所要做的并不仅仅是把品牌的Logo简单地复制过去，而是要将母品牌中适合新品牌的部分有机地组合起来，在品牌移植的过程中，传递品牌的核心价值。

如今，已经有越来越多的品牌开始选择脱离品牌Logo的移植路径，他们没有把Logo作为聚焦点，而是运用创意和想象力找到其他方法与品牌核心价值进行关联。这些品牌通过声音、触感、形态、味道或者是香气在消费者心中塑造独一无二的品牌特质。

而从方正IT对温情与人文关怀路线的选择到方正金融延续这一形象，我们可以看到，方正集团的稳步增长得益于其对“正在你身边”这一品牌形象的打造、强化与维护，让“方正金融，正在你身边”再次成为方正品牌与目标受众之间的情感纽带，而这一强有力的情感共鸣也有利于建立消费者的品牌忠诚度，并将对方正IT的好感直接移植到方正金融上。在这个典型的案例中，方正金融继承的不仅是“方正”集团强大的研究和资金实力，更是“方正IT”深入人心的关于温情与感动的品牌认知。

基于顾客的品牌资产模型还认为，品牌资产的来源是由品牌认知和品牌形象构成的。因此，在顾客记忆中建立品牌认知和建立积极的品牌形象至关重要。当顾客对品牌有高度的认知和熟悉度时，那么消费者在进行品牌选择的时候，就有很大的优势。方正IT不仅有颜色鲜明的标志“方正橙”——体现其“真诚”的服务理念，彰显亲和意识，橙色同时象征活力、时尚、激情、成功等含义——以使其区分于竞争对手，更通过建立独特的联想塑造其贴心专家的形象，拉近方正与用户的距离。同时，独特的“F”造型是方正品牌不可复制的DNA。“F”与“方”的发音接近，易于传播。通过持续的“F”形象累积建立“F”与“Founder”之间的对等关系。“F”体现了方正这一源自北大的著名品牌（Famous）；“F”寓意着方正作为综合服务商将成为用户的友好的朋友（Friendly/Friend）；“F”还像自由飞翔的翅膀（Fly），带领用户遨游在信息时代，并为用户带来快乐体验（Fun）。同时，标志的字体圆润，线条流畅，给人以柔和亲切的感觉。方正集团的标志给人们产生积极的内在含义也有利于建立方正金融的公众形象，也有助于其进入顾客的心智。这个形象始于方正IT，也标志着方正IT启动重大的业务转型。

方正集团对其金融业进行公司品牌担保，最大限度地促进了协同效应，在消费者对新推出的方正金融产品缺乏足够的了解和认知时，充分利用了方正在消费者大脑中所具有的关于方正集团的知识结构，从而使得消费者对方正金融形成正面的判断和感受，建立密切的顾客关系，减少其进入市场的投入和风险，同时有利于使得消费者对其产生品牌偏好。

另外，金融，这是很多人谈虎色变的东西，可是方正金融成功地和世界最大的银行之一——瑞士信贷合作，这是让全中国做金融的人为之震惊的一件事情。瑞信和方正的合作也说明方正集团良好的公司形象和声誉与持续的规范经营赢得了瑞信的信赖。同时，方正也一直与瑞信、东亚银行等国际公司在金融方面进行合作，致力于整合市场资源，目前已形成以湘、浙为主的双头格局，旗下运作单元涵盖投行、期货、直投等。控股子公司瑞信方正、方正期货、方正和生投资等均处于国内领先地位，极大地提升了品牌认知度和美誉度。而这一品牌联合增加了品牌接触点，消费者根据对这些国际公司的了解将其品牌知识传递给方正金融品牌，并在此基础上作出品牌判断，利用国际品牌的知名度，从而形成对方正金融的品牌感知，这也是品牌资产的一个重要来源。

在以下这两部广告宣传片中，方正IT一直关注的都是普罗大众，放弃用明星或名人代言，而频繁使用生活中的普通人演绎的日常景象。他们在医院见证过生命的诞生与凋零，感受着为亲人病痛焦虑与担忧的心情；他们在地铁中忙碌穿梭，为生计和事业打拼，为每一次的分离不舍。它以一个见证者的角度和口吻，把日常生活呈现在银幕前，默默地表达着方正IT对身边每一个人的支持和关注，这种真实、细腻、温馨的感性诉求，广告画面如电视剧般真实，充满温情，打动了不少消费者的心。

同时，方正IT作为方正集团旗下首个子品牌，将全面展示其涵盖IT服务、IT制造和国家数字复合出版工程等产业方向亲和而又无处不在的综合IT服务商形象。在品牌广告中加入这两款产品，就能将“高科技”和“高品质”这两个概念升华到新的品牌形象之中。同时这两款产品与每个消费者的日常生活也是紧密结合的，方正产品默默无闻却又实实在在地为消费者带来了便利，这更加能够让消费者感动。

2010年4月初，方正集团通过比稿的方式选定了睿狮广告（Lowe）和优盟（Universal McCann）分别作为其创意和媒介代理公司，方正IT被不少网友评价为“中国少有的好广告”也正式开始投放市场。电视广告分为《地铁篇》和《医疗篇》两部。

下面是两则广告的广告词：

你看医生，医生看我

方正医疗信息管理系统

你知道吗？

在中国，
越来越多的医院采用了方正医疗信息管理系统。
越来越多的医护人员，
借助它提高医疗效率；
越来越多的患者，
靠它获得更准确更及时的医治与呵护。
通过在线预约、远程会诊、
医疗信息资源共享交流、
跨医疗机构双向转诊等服务，
方正医疗信息管理系统，
正以技术的创新，提升就诊效率，
帮助构建智能医疗。
方正IT，正在你身边。

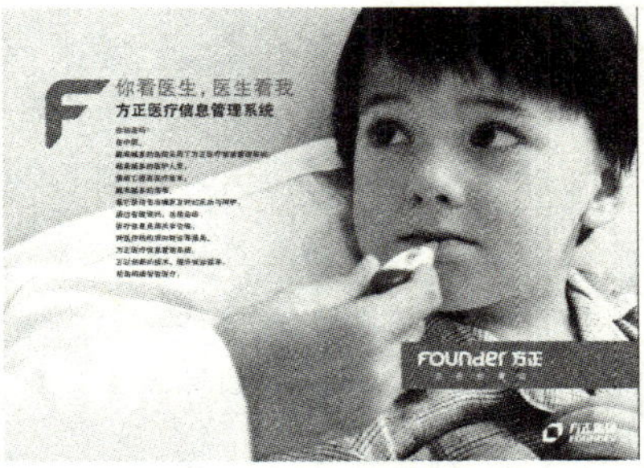

有字的地方就有我
方正跨媒体阅读解决方案
你知道吗？
每张居民身份证，
都在使用方正字库的字体；
每当你开始阅读，
几乎都会和方正相遇。
不仅在纸媒，
在电脑、手机、电子阅读器、电子公告系统、
数字图书馆、阅读软件、二维码，
几乎所有形态的终端、系统、软件上，
方正都提供了完整的阅读解决方案，
可以说，
无论你何时何地以何种方式阅读，
都能感受方正的存在，
方正跨媒体阅读解决方案，
正以创新的技术，
令阅读无处不在。
方正IT，正在你身边。

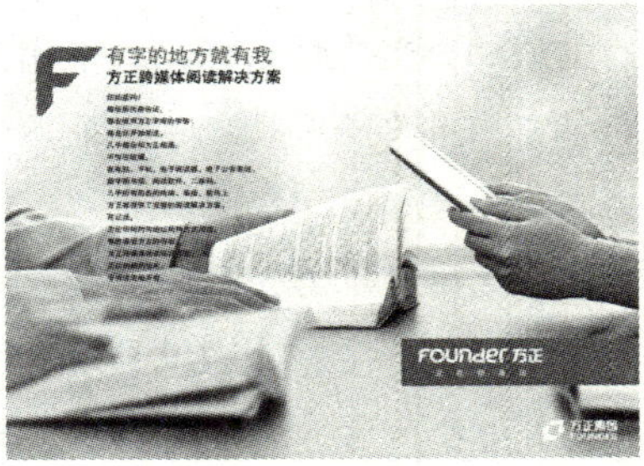

图1　方正集团平面广告图

《医疗篇》：这一刻，你的心情我知道；我知道，你无力奔波；我知道，你无心等待；我知道，你想对一切都了若指掌；我知道，你不想让遥远，再遥不可及；我知道你越多，就为你做得更多；因为，你看医生，医生看我。我是谁？你看不到我，我是方正医疗信息管理系统。方正IT，正在你身边。

《地铁篇》：每天，我都在这里。向从不迟到的他，说一声“早安”；向刚刚踏上社会的她，讲一句“加油”；或是，跟离别的他们，道一句“珍重”。这里只是大都市的平凡角落，人来人往中，我祝福所有的出发，也迎接所有的到达。我是谁？你看不到我，我是方正地铁售检票系统。方正IT，正在你身边。

短短的两则广告，采用的都是我们在熟悉的背景下，常被忽略的视角，它默默地关注和支持着我们的每一个人，这种关注和支持因为毫无声息而越发显得温馨厚重，令人动容。广告语中的“正”也表达了方正IT无时无刻都在服务的“真诚”信念，引发观众认同。之前人们头脑中对于方正的印象似乎一直是中规中矩，理性有余，感性不足，而这两则广告却让人见识到了不一样的方正，就像母亲、朋友、爱人那样忠诚伴随在你的身边。发生变化的当然不只是广告，而是方正集团整个品牌传播策略的转变。以普通人的生活和感受为切入点极大地引发了受众的共鸣，在消费者记忆中建立品牌节点，让品牌存在于顾客的心智之中，而这也是建立品牌资产至关重要的一步，极大地提升了方正集团的品牌形象。

由此可见，方正集团在第一个子品牌方正IT的打造过程中，已将方正打造为一个贴心、关爱、专业、真诚的技术和服务提供商的形象，这一形象令方正深入人心，知名度和美誉度都有所提高，基于顾客的品牌资产也大幅增长。

在此成功实践的基础上，方正又为旗下新的子品牌“方正金融”打造了四支以温情为主线的广告，从IT到金融，方正“正在你身边”延续并强化了亲民的品牌形象。同时也为方正塑造出统一的品牌形象，使得在消费者的心目中，方正仍然是“稳重踏实”的。同时在此基础上采用温情传播策略进一步强化一个具有亲和力的品牌形象。这四支以温情为主线的广告，表现出了不同人际对于财富的期待、梦想与信念。无论是夫妻、创业伙伴、祖孙，还是陌生人之间，对于期待、梦想与信念，都有自己的诠释。而这些平凡的情景也容易引起消费者的共鸣，从而形成较高的顾客忠诚度。而忠诚度高的顾客对于企业来说终身价值巨大无比。值得一提的是，在2011年9月27日举办的“2011中国品牌价值管理论坛”暨“第七届中国最佳品牌建设案例”颁奖典礼上，方正集团凭借这四支金融子品牌的广告案例——“方正金融，正在你身边”获得“中国最佳品牌建设案例奖”；同时，温馨感人的方正金融系列广告获得了“最佳广告片”大奖。这是继去年IT子品牌屡获殊荣之后，方正集团在多品牌体系战略上取得的又一新突破。

图2　方正金融电视广告片片断

新的广告共分为《祖孙篇》《夫妻篇》《客户篇》和《伙伴篇》四部，其品牌传播表现出不同的人对于财富的期待、梦想与信念，无论是夫妻、祖孙，还是其他社会角色，方正金融都能为之提供全方位的金融服务。不仅如此，方正金融还强调了自身与顾客的亲密程度，正如《夫妻篇》中的那句“站在你身后的，不只是你的家人”与《客户篇》里那句“珍重你的信任，从保护你的投资开始”这些经典旁白所说，方正金融不仅抓住了中国消费者重视家庭和人际关系这种特殊偏好，还在理性的金融理财服务之上渲染了感性的温情回归，打造了方正金融的独特性，最后依旧通过“正在你身边”再次强化品牌的情感纽带与亲民形象。而方正金融也将这组被人们所津津乐道的电视广告投放在中央电视台和北京、上海、重庆、湖北、湖南、浙江、江苏等七个省市电视台上，扩大覆盖面和影响力，由此标志着方正金融品牌传播全面启动，此次传播主体为方正证券综合金融服务平台。

方正金融是方正集团旗下又一主推子品牌，其延续了方正集团母品牌的调性，用温情、关怀感动着受众。在炒作概念爆炸的时代，坚持这样的创意表现自始不渝并非易事。商业广告如果能利用好移情效应，就会使广告达到事半功倍的效果。方正金融把宣传的产品赋予人的情感，达到情感共鸣、心灵沟通，再加上广告创意的别致、制作的精致，使人赏心悦目。而方正金融的广告使得方正品牌恰恰能让消费者有一种平静安详的感受，这一品牌感受也影响到顾客的购买行为。根据美国心理学家马斯洛的研究，人类的需要是可以分为五个层次的，从低到高分别为生理需要、安全需要、社交需要、尊重需要和自我实现需要。随着社会的发展，物质产品极大丰富，受众物质层面的需要基本得到满足，更多的是产生精神需要，精神需要引起相应的动机，这种动机驱使人的行为——满足精神需要的行为。只有全方位了解市场需求、顾客需要，把满足消费者的情感需求当成自己的责任，才能成功地使消费者产生移情体验。在金融产品极大丰富的今天，消费者作出购买决策更多的是产品所传递的意义和情感是否能获得心理满足，所以方正金融在广告中所主打的温情路线充分考虑了受众的精神需要，容易使受众为广告的寓意而感动，精神上得到满足，有助于品牌在消费者心智中形成印迹，从而使消费者更可能产生购买动机，促成购买行为的发生。

在设计完创设品牌资产的营销方案后，下一个重要的任务，即是有效地整合营销传播。在这个过程中，企业往往需要先理解，无论用何种形式的传播来说服人，都要经历以下六个步骤：

·展示：消费者必须看到或听到这个传播。因此，品牌传播的广告就应该覆盖到可能接触消费者的各个渠道。

·注意：消费者必须注意到这个传播。品牌传播者需要考虑的问题是，如何将自己的广告和文案做得更吸引人，避免过于枯燥、缺乏创意。

·理解：消费者必须理解传播的信息或意图。品牌传播者需要考虑的问题是，他们的消费者是否具有足够的理解产品知识和认识品牌的能力。

·反应：消费者必须对传播的信息作出积极反应。关于这一点，品牌传播者需要时刻评估传播形式和内容的说服力，否则他们的消费者就不会对品牌形成积极的态度。

·意向：消费者必须打算根据传播的信息采取行动。消费者的购买意向并不是时刻存在的，品牌传播者需要捕捉进而创造这种需求。

·行动：消费者必须真正地采取行动。当消费者真正采取购买行为时，他必须能够回想得起品牌与广告中的内容与联系，而品牌传播者就是要努力让品牌与消费者的心智间建立起这种联系。

考虑到以上传播说服的六个步骤，在整合营销传播组合中，除了电视以外，方正金融广告同期还以广播、平面、户外等多种媒体形式全面亮相。继“方正IT，正在你身边”之后，“方正金融，正在你身边”再次广为流传。多渠道、全方位的广告宣传方式，高举高打的媒介策略加上温情感人的广告风格，相信方正金融在消费者心目中的形象也跃上一个新台阶。

方正金融电视广告共四篇，分别陆续推出。同时四个版本的平面及户外广告、八个版本的广播广告也一并亮相。方正以高强度广告投放打响了市场推广攻坚战的第一炮，同时在密集广告投放辅助下，提高自身的曝光率，将产品或者品牌渗透进消费者脑海中，激发了品牌在消费者心目中独特的品牌联想和品牌感受。方正金融这一系列成功的移情广告对于方正提升产品知名度的同时打造品牌美誉度、树立产品形象具有至关重要的作用。

户外广告也分为《财富管理》、《基金》、《投行》和《期货》四篇，相互对应电视广告，配合色彩鲜明、风格一致的版式，进一步强化了方正金融在系列广告中的关键词句。如《祖孙篇》中的“每一个微小梦想，我们都会鼎力相帮”等，针对不同年龄阶段和生命角色的消费者，提供专属专业的金融服务，满足不同细分市场的消费者需求。

今天你所拥有，明天是否仍在你手
能否以多种形式满足投资需求，
是选择证券公司的重要基准。
为客户赢得更大增值空间，
帮助他们在风云涌动中从容面对变化，
才是判断证券公司可否长期托付的标准。

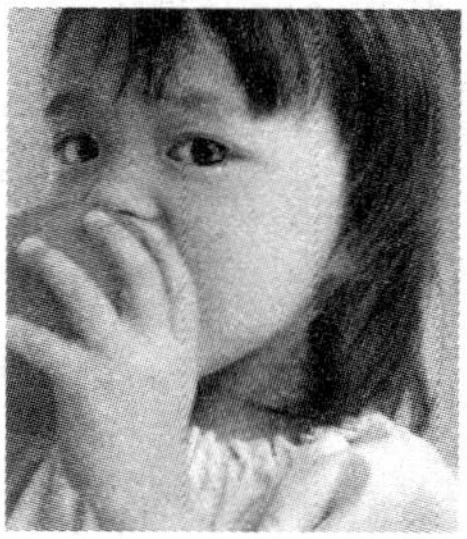

我们是方正的财富管理业务，
站在你身后的，
不仅是你的家人。
方正金融，正在你身边。

展翅高飞之前，是否已选对彼此珍重的伙伴
为融资者提供专业的平台和广阔的资源，
是投行的基础智能；
而笃信你的未来，
且愿与你共担风雨，
才是判断投行是否值得托付的标准。

我们是方正的投行业务，
你对未来有信心，
我们就对你有信心！
方正金融，正在你身边。

比迈出第一步更重要的是，向哪迈出第二步
善于指引客户抓住机会，
是判断期货公司是否专业的要素；
而时刻保持理性，
坚信客户利益大于自身利益，
才是判断期货公司能够放心托付的标准。

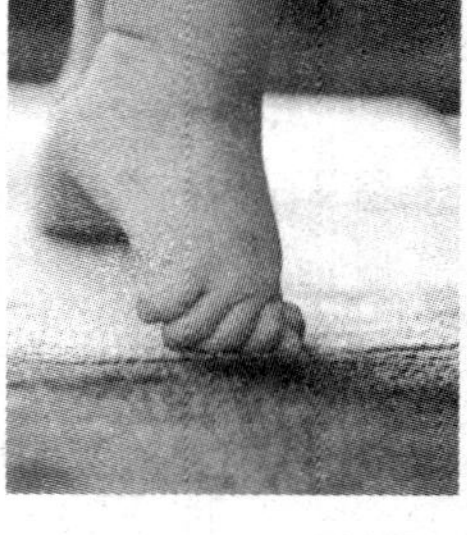

我们是方正的期货业务，

珍重你的信任，
从保护你的投资开始！
方正金融，正在你身边。

是否每个梦想，都会随你成长
持续成长，
为客户创造价值，
是衡量基金公司是否合格的要素；
让每个梦想无论大小都能茁壮成长，
则是判断基金公司是否值得托付的标准。

我们是方正的基金业务，
每一个微小梦想，
我们都鼎力相助。
方正金融，正在你身边。

图3　方正金融广告图

方正金融之所以没有在传播中具体化方正金融的业务内容，是因为这个子品牌本身也正处在初期成长的过程中。对于方正金融来说，相比于其他金融品牌如光大、渣打等，自身几乎是从零开始起步的品牌，因此他们更愿意选择差异化的策略，从伙伴而不是竞争对手的角度来看待传播。因此，在TVC中，方正金融承接了之前在方正IT电视传播中的一贯风格，以亲切和温情的主旋律传播自己的品牌价值，营造氛围。而在线下平面广告中，采取小孩子这个主元素，一则与方正金融正处于成长的状态相同；二则相比方正IT中TVC与平面内容一致的情况，方正金融采用了不同元素来进行平面设计，将更简单的内容呈现在宣传海报上，美术感和质感都非常强。而这些可以使消费者体验到的品牌名称、广告、特点等品牌要素，提高了人们对方正金融品牌的熟悉程度和其知名度，再加上一系列的营销活动，将强有力的、独特的、偏好的品牌联想与品牌记忆中的品牌联系起来建立积极的金融品牌形象。

整一系列广告，其情感真挚细腻，在品牌联想的强度、偏好与独特性各方面相辅相成，相得益彰，最终使方正集团继“方正IT，正在你身边”之后，“方正金融，正在你身边”再次广为流传。

温情牌的营销实效

相比温情营销传播之前的品牌认知度，认知方正金融的消费者比例有了大幅提升，比广告投放前的品牌认知率提高了105%，品牌形象进一步强化。同时，消费者对方正金融产品和服务品牌的总体认知率升至52%，能正确回忆广告内容的消费者高达93%，这既证明了方正金融针对中国消费者特殊心理需求所设计的营销传播方案获得了大多数的认可，同时又深化了顾客对品牌的感知，也更有利于实际提升消费者对方正金融的品牌回忆率，而这会影响顾客的品牌评估和选择，为服务性产品的后期营销打下坚实基础。

通过这一系列的广告和传播，方正金融也逐渐被广大消费者和相关机构认识并逐渐喜爱。8月10日，作为方正金融的主要成员——方正证券正式在上交所挂牌，当日就受到投资者的追捧，以将近50%的涨幅收盘。8月11日，方正证券又一个涨停，表明它的受欢迎程度还在持续上升，方正金融形象广告收到了良好的效果，以营造氛围为主目标的品牌营销，确实为方正证券的IPO创造了良好的整体环境。在资源方面，方正证券可承接其控股股东方正集团的优势，借助后者在IT、医疗、金融等领域的产业纵深，综合利用客户、品牌、渠道、产品等多重资源，进而提升方正证券自身的业务广度及深度。方正证券的成功上市，初步构建起综合金融服务平台，也将对方正金融产业的发展和方正集团五大业务板块产生重要的战略影响。

同时，方正金融品牌的推出也受到了各大主流媒体的关注，包括新浪、搜狐、腾讯等门户网站纷纷以“方正金融品牌全新亮相”等新闻标题作出了报道。微博上，也有大量关于方正金融广告的热议和好评。随着其广告宣传的全面推出，方正金融品牌也将深入人心。

方正集团品牌简介

方正集团由北京大学1986年投资创办，北京大学持股70%、管理层持股30%。

方正集团是一家真正拥有自主知识产权技术的高科技企业，依托北京大学，方正集团拥有并创造了对中国IT、医疗医药产业发展至关重要的核心技术；开放、规范的资本平台吸引了如英特尔、欧姆龙、瑞士信贷、东亚银行、台湾富邦在内的国际资本的注入。方正已快速成长为综合实力与华为、海尔同列为中国信息产业前三强的大型控股集团公司。

方正集团的发展，体现了民营科技企业的几个共同特征：第一是创业精神；第二是商业精神；第三是贯穿始终的科技精神。方正集团的发展过程，同时也是中国民营科技企业近30年发展历程的样本。凭借创新的商业模式迅速发展壮大，主动寻求跨越式发展机遇，将方正做实、做强、做大，成为一个国际化的企业集团。目前，方正集团已经成功转型为拥有IT、医疗医药、房地产、金融、大宗商品交易五大产业的投资控股集团，并拥有6家在上海、深圳、香港交易所上市的公众公司，下设30家二级公司，3万余名员工。

2010年，方正占据中国校办科技企业盈利能力近60%的份额。为国家首批6家技术创新试点企业之一，是国家知识产权示范创建单位之一，拥有国家级企业技术中心。

2011年集团总收入577亿元、总资产690亿元，净资产310亿元。持续创新，是方正发展的源动力。自成立以来，方正集团一直秉承“创造科技与文明”的理念和宗旨，坚持方方正正做人，实实在在做事的精神，将“技术顶天”与“市场立地”相结合，走出了一条产学研一体化的特色道路。方正既是诠释中国政府“创新”理念即“企业为主体、市场为导向、产学研结合”的典范企业之一，也是认真履行企业社会责任的典范企业之一。

在履行社会责任的过程中，方正集团深深地认识到，一个企业应承担的社会责任，不仅仅是扶贫救灾、慈善捐赠，还应该是如何更好地满足消费者的需求，为企业和社会创造更多的价值。与此同时，方正集团也在探索企业如何与社会共同和谐、健康地发展。自2010年起，方正集团提出“创新责任之道”，即长期、系统地关注中国软实力的提升，并聚焦在国民文化、国民健康、国民教育、科学技术等领域。多年来，方正集团坚持以IT为主业，有选择地进入到通信、金融、医药等传统行业，主动寻求跨越式发展，将方正做实、做强，成为一个技术型、创新型、国际化的企业集团。旗下子品牌方正金融就是一个例子，方正金融除以方正证券为平台，融合投行、期货、直投、财富管理、证券经纪以及刚刚举行揭牌仪式的基金业务外，也包含信托、财务公司等业务，提供全方位金融服务。其品牌策略依旧延续亲和与温情，继“方正IT，正在你身边”之后，“方正金融，正在你身边”广为流传。

第三节　如何创建品牌资产

既然已经了解品牌资产是什么，那么怎么创建品牌资产就成为了下一个必须要面对的问题。创建品牌资产的方法有很多，本章将结合中国金融品牌实践的成功实例，详述通过选择品牌元素和利用次级品牌杠杆的方法如何创建品牌资产，而对于通过设计营销方案和整合营销传播的路径将会在下一章中重点提及。

一、选择品牌元素

品牌元素有时也称为品牌特征，指的是那些用来区分和识别品牌的商标设计，主要包括品牌名称、域名、标志、符号、形象代表、品牌口号、广告曲、包装等。从前文已经讲述的基于顾客的品牌资产我们可以知道，应该对品牌元素进行选择，从而强化品牌认知，形成强有力、偏好的和独特的品牌联想，或者形成正面的品牌判断和感受。如果消费者能够在多种情境下都能准确地回忆起某个品牌的名称、标志或其他品牌元素，表达出符合品牌定位的理念或感觉，那么我们就可以说这个品牌通过选择合适的元素来创建品牌资产的实践是成功的。

2011年4月8日，广发银行为了更好地面对国内银行业的激烈竞争，打破原名“广东发展银行”在地域上的限制，将“广东发展银行”的品牌名称正式变更为“广发银行”，更换主题为“汇聚”的企业新标志，以体现其发展特色、全国战略和国际化的视野。新标志以从长江、黄河、珠江三江取水“汇聚”的形式，生动地展示了广发银行磐石之基、锐意向上的精神；展现了广发银行坚实稳固、励志进取的企业形象，充分体现了广发的新品牌发展战略和品牌传播理念。

选择品牌元素有6个标准，分别为可记忆性、有意义性、可爱性、可转换性、可适应性和可保护性。

可记忆性

品牌元素的可记忆性指的是品牌元素本身要有可记忆、引起注意的特性，因而在购买和消费场合中容易被回忆或识别出来。这是创建品牌资产的必要条件，因为强势的品牌要有高度的品牌认知，可记忆的品牌元素有助于提高这种品牌认知。

东方红系列集合理财业务是东方证券原资产管理业务的子品牌，鉴于历史的原因，品牌名“东方红”为消费者所熟知，简单明了且容易记忆，这使得“东方红”的知名度迅速扩大，深入人心。

有意义性

品牌元素应该涵盖各种意义，包括描述性的和说服性的多个方面。品牌元素的有意义性既要求该元素要在一定程度上反应品类的信息，如它属于哪一个细分领域、有什么深意，又要求传递消费者能够感知的品牌属性和利益，如能够带给消费者什么，等等。

“大有财富”是包商银行为高端客户提供财富管理服务的子品牌，品牌名“大有财富”除了在字面上表达出财富增值的意味之外，还借用《周易》第十四卦“大有”之义，描述了与其高端定位相符的理财观念与从个人利益到社会利益的财富价值的最大化目标，简而不凡。

可爱性

除了可记忆性和有意义性，品牌元素或许还需要美学上的吸引力，具备听觉、视觉，抑或其他方面的特点，使得品牌即便脱离产品，其元素本身也可以形象丰富、饶有趣味。

以虚构或动画形象作为银行品牌标志的案例并不少见，它们最大的优点就在于可以有更持久的吸引力且不受时间的限制。然而，有些形象代表的文化特质很重，这就使其难以走遍全球。以下便是三家国外银行的标志，他们分别采用或具有很强地域性或具有很强虚构性的企业Logo，这样一来，即便脱离品牌产品，品牌符号的可爱性也会让消费者牢记它们。

西方银行　　加拿大国家银行　　Unibank A/S

可转换性

品牌元素的可转换性衡量的是它能在多大程度上增加新产品、区域间和细分市场间的品牌资产。一般来说，宽泛的品牌名称容易实现在品类之间的转换。而品牌元素的文化内涵和语义效果也必须考虑在不同文化背景中的一致性。

申万菱信基金在大量市场调研和消费者行为分析的基础上设计并执行了“投资风向标”计划，选用的标志是一头健硕的公牛在风向标的指引下作冲刺状，表现申万菱信基金对投资方向的把握以及优异的收益能力。组成这个标志的两个部分，指南针本身即是国际通行的判定方向的工具，具有优异的可转换性，“牛市”也被普遍认为是股市大涨的代名词，相比于用红色或绿色来表示涨跌，公牛的形象在不同文化背景下都不会产生太大歧义，也具有很好的可转换性。

可适应性

品牌元素的可适应性要求其能在一段时间内，随着消费者价值观和理念的变化，跟上潮流，进行更新。可以是对标志和广告做一次新设计，使它们看起来比过去更具相关度。

银联的旧标志和新标志

2005年，在保持银联的旧标志基本形象不变的基础上，银联对新的标志增加了“Union Pay”字样并对三个色块的面积和倾斜度等局部要素进行了微调，这是为了实现银联2004年提出的以国际化打造民族银行卡品牌的发展战略。

可保护性

选择品牌元素的最后一项标准是可保护性。一方面，品牌元素需要向法律机构正式登记注册，以免除其在商标和版权上遭到其他未授权的竞争侵害；另一方面，还需要考虑该品牌在竞争方面是否容易受到保护，应尽可能地降低竞争者仿制自己品牌元素的可能性。

我们身边有许多优秀的品牌，在品牌元素的选择上，“苹果”就是一个典型的成功案例。“苹果”一词简单且独特，还具温暖与友善的品牌个性，有助于消费者的再认与回忆。同时，配以一个很容易跨越地域和文化边界的标志，还可以加强品牌的视觉效果。最后，简易随想的标志也更具有延伸和更新的可能性，如对麦金塔电脑的品牌延伸和彩色Logo的更新换代。由此可见，仔细挑选品牌元素对创建品牌资产来说非常重要。

品牌名称

正如我们所熟知的，品牌元素包括品牌名称、标志和符号、广告曲、形象代表、包装等，而品牌名称又或许是其中核心的内容。最理想的品牌名称应该做到方便记忆，高度暗示产品的特殊属性和利益，富有趣味，易于转换品类和区域，含义经久不衰，并且在法律和竞争上都能获得强有力的保护。

品牌名称是一个基本而重要的元素，而为新产品选择名称又是一门艺术和学问。一般来说，能提高品牌认知的品牌名称通常简明朴实且易于读写；亲切熟悉而富有含义；与众不同且独一无二。同时，除了考虑功能之外，品牌名称的选择还要考虑传达一些更抽象的信息，以助于建立强有力、偏好的和独特的联想。

包商银行的子品牌“大有财富”即在选择品牌名称时下了一番功夫。首先，“大有财富”简明易记，语义明确。其次，“财富”突出品牌的功能诉求，“大有”意蕴品牌的抽象含义，融合东方经典哲学与西方理财智慧，相辅相成，联想精确。最后，这种以独一无二历史渊源为依据命名的金融品牌，不仅能够与竞争者的产品相区分，还能有特别的价值主张得以传承。

标志与符号

尽管品牌名称通常是品牌的核心元素，但视觉元素在创建品牌资产，尤其是在建立品牌认知方面也起着同样关键的作用。容易辨认且有意义的标志能够成为识别产品的有效方式，它能为品牌产品的后期营销和品牌形象的打造带来便利。

广州市商业银行在2009年完成全国性股份制改革后，正式更名为广州银行。随着名称一起改变的还有企业标志。新的标志以广州银行的英文名称首个大写字母“G”为主创元素，并将“圆形方孔钱”的设计元素融入其中，形成标志的整体造型，既体现了广州银行的地域特征，又突出了金融行业的行业属性及特点。整体外圆内方，线条柔和流畅，造型大方通透，图形组合叠加，在中心形成一把钥匙的形状，更是体现了广州银行资金融通、财富汇聚的卓越行业实力和严谨、稳健的企业形象。采用中国红作为标准色彩，象征广州银行热情优质、专注真诚的金融服务，表现其勇于开拓、积极进取的企业文化。整体极具辨识度和国际化风范。

形象代表

形象代表是品牌符号的一个特殊类型，它往往取材于人类本身或现实生活。由于其往往色彩丰富、充满想象力，因此，它在建立品牌认知方面非常有用。正如米其林人物的形象深入消费者内心一般，流行的形象代表通常能成为公司宝贵的特许财产，增加品牌的曝光率。

冷色调的制服、条目繁多的报表、巧舌如簧的业务员……这些也许是人们平时对保险公司的第一印象。但如果你提起Geico，答案却是出乎你想象的：Geico？我知道，我喜欢那只蜥蜴。这就是你向人们提起美国第四大私人客户汽车保险公司时得到的反馈。每当电视上播放Geico广告的时候，你都会看到这只拟人化的绿色蜥蜴，操着英国口音向客户承诺Geico的保费是全行业最低的。它的表演幽默讽刺又不失温文尔雅，它会开车，会上脱口秀节目，会追女孩子，还因为拉动销售而当选“月度销售冠军”。它的粉丝是一群狂热的崇拜者，正如《财富》杂志总编辑卡罗尔·J.卢米斯所说：“Geico近乎于一种宗教，它的顾客对它的保险金和服务顶礼膜拜；它的股东更加虔诚，把它称为‘灰姑娘’股票。”

国外的品牌形象塑造已有多年实践，国内的金融品牌打造也在快速前行。农银汇理为了更好地树立自己的品牌，传承和坚持了大股东农业银行的品牌特质，并通过“麦穗”的形象，强化了其品牌识别度。品牌传播广告中，金黄色的“麦穗”，具有一定的视觉冲击力和吸引力，能够吸引眼球。而其内涵也充分贴近基金投资者的诉求：麦穗的寓意为“春种一粒粟，秋收万石粮”，包含了资产管理公司努力为投资者长期创造投资回报的愿景。而在此基础上，又延展出“汇理先生”和“多多”等卡通式的设计，让投资者一看到这些形象，就联想到“农银汇理”品牌。

图4

品牌口号

品牌口号是用来传递有关品牌的描述性或说服性信息的短语，是品牌宣传的有力方式。因为它与品牌名称一样，能帮助消费者抓住品牌的含义，了解该品牌是什么，有哪些特别之处，迅速有效地建立起品牌资产。

富有特色的品牌口号有许多，渣打银行即为其“现贷派”业务提出“现贷派改变生活方程式”，兴业银行为其成立20周年的大事件提出“新起步，兴未来”的口号，等等。这些口号的设计都是为了最大限度地传达品牌的知识，能够更高效地与消费者沟通。

包装

除了指传统意义上，设计和制造产品的容器或包裹物之外，包装还包括品牌产品的外形。为了达到产品的营销目标，满足消费者的欲望，必须正确地选择包装的美学成分和功能成分。美学成分即尺寸、形状、材料、颜色、文字和图案，功能成分则是必要的功能部件，如刷卡磁条等。

不得不说，中信银行的“香卡”在这一元素的选择上获得了很大成功。它围绕女性生命周期四个阶段的特征，为享受型、幸福型、付出型和成就型女人设计符合身份的差异化信用卡颜色和图案，使其外观深受目标受众的喜爱，中信要让“香卡”成为一张专属女性的卡，并且努力让女性更好地宠爱自己的卡。

图5

在以上众多品牌元素中，尽管对于构建来说也有先后次序与轻重之分，但每一位企业家和营销者必须清楚，品牌元素是利弊兼有的。所以，通过选择品牌元素来创建品牌资产，重要的是要善于将它们“融合匹配”，从而最有效地增加品牌资产。下面这个专题案例，讲述的是包商银行如何通过品牌元素的组合来构建其子品牌“大有财富”的品牌资产。我们可以发现，品牌元素的组合不是逐个拼凑，而是一整套有逻辑的系统工程。

附录：中国金融品牌“金象奖”获奖案例

2011中国金融品牌十大年度广告
包商银行打造大有财富：大有财富，财富大有

大有财富

“大有财富”是包商银行针对高端客户度身定做的财富管理服务，从品牌的角度来看，即是一个子品牌。它以“大有财富，财富大有”为传播理念，展示了包商银行专业理财、广纳客户的智慧。

“大有”，《易经》第十四卦，上上卦，阐释成功后的因应原则。高境界的财富之道在于：“顺应天道，循环往复流转，方可融汇壮大，臻达大有之境。”包商银行大有财富，秉持大有理财之道，组建国际理财团队，以“亲和、专业”为服务准则，规划理财生活。为客户量身定制了医疗服务、机场贵宾、子女教育、商旅出行、道路救援等贴心服务，同时，更根据风险的高低规划优逸、安赢、鑫喜、启富、智信、臻享六大产品系列，让财富臻达大有之境。

从2011年国内银行业发展的大趋势看来，高端用户群体手中握着大量的可投资财富，对银行的推动作用日趋明显，因此在未来很长一段时间内，高端客户都是商业银行重点竞争的对象。所以商业银行也必须在接下来的很长一段时间，更加关注各种业务与产品的持续性与创造性，为目标客户群带去更具贴近性与专属性的服务。

选择适当的目标市场

“大有财富”是在深入分析市场趋势和消费者行为后打造的包商银行子品牌。对市场的充分了解以形成差异化，洞悉目标群体以满足其内心需求，是“大有财富”能够获得成功的关键因素。

目标市场，在成熟的STP理论中，被释义为一个特定的消费者群体。企业必须通过严谨的市场细分，才能找到有效的目标市场，进而通过各种策略，来满足这个市场的需求。而在目标市场策略的选择过程中，企业必须明确：为哪一类用户服务，满足他们的哪一种需求。而在确定好目标用户群的特征和需求后，企业就需要在无差别性、差别性和集中性市场策略中作出抉择或组合，以更好地实现消费者（目标客户群）的需求和利益。

从宏观市场来看，理财新兴市场个人理财业务的门槛普遍较高，专业人员相对缺乏，与发达国家还存在一定的距离。面对这种环境，各商业银行纷纷推出自己相对门槛较高的个人理财业务，但因为办理的规模有限，因此具有很大的局限性；同时，缺乏复合型的个人理财专家，金融业全行业分业经营、缺乏相对独立的业务运作系统及客户信

息平台的有效支持，因此也很难为众多的投资者提供全方位的投资理财建议及专业化的理财操作。在目前还是新兴市场的中国，国内银行必将加大产品的自主研发、投资和管理力度，创新金融产品，提高营销管理能力，积极宣传。

截至2010年9月29日，该年度已有102家商业银行发行了8051款银行理财产品，三个季度已超过了2009年全年的发行量。而由于国民经济的快速发展与中产阶级队伍的迅速扩大，日益增多的富裕家庭也有了对理财的迫切需求，个人理财产品还在快速增长期，消费者对理财产品、理财专业人士的需求必将增大，国家监管法律法规也会促使理财产品向更专业、更成熟的方向发展。具体表现为以下四个趋势：

- 从单一业务品种向综合理财平台转变
- 从同质化服务向品牌化服务转变
- 从大众化服务向个性化服务转变
- 从无偿服务逐步向收费服务转变

由此，我们可以清晰地看出，中国个人理财产品市场正面临着转型，转型的市场充满着发展的机遇。

另一方面，从消费者的角度来考虑。包商银行通过对消费者在理财方面的数据分析来看，仅有12.6%的人表示对银行个人理财产品是了解的，而有62.1%的消费者表示完全不了解或不了解。另外，对金融产品信息表示关注的有39.8%，而仅有3.9%的人十分关注金融产品的信息。在收益性方面，调查数据显示，有64.1%的人不愿意冒着亏本的风险来获得高收益，也有35%的人只愿意用少量本金来参与风险型投资，仅有1%的人愿意承受大风险来获取高收益。由此可见，目标消费群在理财方面存在的特征是：有理财倾向，但专业度仍欠缺，表现在不够深入了解金融信息等各个方面，往往希望财富增值却又不愿意承担风险。

由此可见，消费者需要的，是一个贴心而且值得信赖的理财专家，帮助他们解决在理财方面的顾虑，以减少风险，达到财富增值的目的。他们往往表现为以下的消费流程和心理：

消费者进行理财产品购买，一般会选择自己熟悉、信赖的银行以及办理储蓄业务较多的银行，只有在熟悉、信赖的基础上，他们才会就这些专业且值得信赖的理财产品深入咨询，最后作出购买决策。所以，他们关心的最主要的是银行的形象、专业性以及能够直接影响其对理财产品信任度和依赖感的产品。

因此，在这样的宏观市场和消费者行为调查结果的基础上，包商银行理财子品牌的产品定位也就有了大致的方向与说明。

大有财富，作为包商银行的一个高端理财产品服务，不仅承接着包商银行总公司的整体形象并负有提升任务，而且这样的产品也要为将来反哺包商银行其他理财产品作出应有贡献。这也就要求了“大有财富”品牌既需要承接包商银行的优势沉淀，又需要体现自身的理财特征。

而究其根源，包商银行的优势沉淀主要在于，熟悉客户，银行本身的亲和力得到客户的高度认同，让客户有很强的信赖度等。同时，大有财富又是一个拥有国际化专业水平和熟悉国内金融环境的理财专家形象，其团队的核心成员具有很强的凝聚能力，能够充分发挥团队成员的集体智慧。可见，大有财富的自身优势在于理财智慧，这种团队智慧能够为客户提供专业、值得信赖的理财服务。而从市场分析的结果看来，“大有财富”必须体现专业、信赖的团队智慧，因此，“大有财富”的定位应该是值得信赖的财富规划专家。

而顺理成章地，大有财富的品牌核心价值、核心利益点与品牌愿景如下：

核心价值：专业、信赖的团队智慧。

核心利益点：专业，可信赖。

品牌愿景：充分发挥专业、信赖的团队智慧力量，稳重、踏实地为客户提供周到专业的理财服务，让客户在可承受的风险范围内得到财富的增值，享受轻松、自信的理财生活。

正是围绕这样的核心价值与品牌定位，大有财富展开了突出“大有”诉求的一系列广告宣传活动，从品牌联想构建、选择品牌元素与塑造品牌想象的各个方面打造“大有财富”这个包商银行的子品牌。

建立一个丰富的品牌联想

品牌名称是品牌最基本的一个元素，它通常以最简洁的方式反映产品的内容和主要联想。一般而言，命名一个品牌既要考虑消费者的认知又要考虑消费者对此的联想。包商银行推出的子品牌“大有财富”即是众多优秀品牌名中具有代表性的一个。

图6

首先，“大”和“有”都是非常简单的两个字，容易入目又容易记忆，字面上理解无歧义，简明朴实易于读写，这非常符合选择品牌元素标准中的首要标准——可记忆性。正是选择了“大”和“有”这两个字眼作为品牌名称和宣传的主要聚焦点，才更能引起消费者的注意，更容易在消费场合中被回忆和识别出来。

其次，“大有”二字并非字面上那么简单，而是另有含义。第一，大有财富的“大有”承接了包商银行总行“包容乃大，商赢天下”的广度和包容性的企业理念，传承了母品牌的清晰定位，保持形象一致；第二，此“大有”还寓意融合了东西方理财的智慧和理念，即东方的广阔心胸、“大有”美德和西方的“共有”投资资源，最大化财富增益，再一次体现其包容性。对于这一点，也很好地符合了选择品牌元素标准中的重要标准——有意义性。正是选择了字面上简单却富含深意的“大有”，包商银行才实现了对子品牌的品牌属性和利益的具体描述。因为“大有”将为投资者创造财富，因为“大有”能够运用古今中外的理财智慧，所以投资者才值得拥有。

最后，“大有”的背后是社会责任，真正的“大有”是从个人富有到社会富有的价值提升。对于这一层含义的解读，巧妙地融入了选择品牌元素的可转换性与可适应性原则。虚中有实，实中有虚的描写，更是让“大有”作为包容全方位的金融理财服务提供商，获得了更好的拓展空间，以及品牌后续更新与维护的可能。

以上三点，足见“大有”之不凡。

大有财富是针对高端客户量身定做的财富管理服务，因此，它创造的这种针对高端的品牌联想，能够使品牌很好地帮助消费者记忆、读懂自身。同时，其在物质层面之上对精神需求的满足，也符合了包商银行一贯推行的“1-3-5”管理模式的追求，与这种联想相得益彰。

《周易》六十四卦中有一卦专门阐述财富，即第十四卦“大有”。“大有”，就是大大的有，是力量、物资、气运充沛的意象。“大有”卦中有一爻是专门君位（五位），是本卦唯一一个阴爻，群阳近而比之，远而应之，象征着君主善于处下而吸纳天下贤才为我所用，如海纳百川，包容乃大。

另外，“大有”的“大”承接包商银行包容乃大的企业精神，其“有”传递出专业、信赖的团队智慧不仅为消费者的物质生活带来富有，更为消费者的精神生活带来富有。

而高于卦象译文，卦象指示，在刚刚脱贫走上富裕道路的时候要处事谨慎，注意财富积累；在创造并拥有一定财富后，要让财富在流动中保值增值，运营起来；而收获巨大财富时，则应保持谦虚顺应自然，把个人的利益与社会相通相融。而这与“大有财富”所提倡的大而有道，德才兼备的形象相同。

由此，“大有”所追求的高境界的财富之道在于：“顺应天意，循环往复流转，方可融汇壮大，臻达大有之境。”如此一来，“大有财富”这个品牌名既有中国文化为基奠，包行之德为企业精髓，又有西方智慧为专业途径，将理财服务的安全和可靠性加以强化。

亲切、信赖、熟悉的专业智慧不仅增值客户的物质财富，更为客户带来充裕的精神财富；坚持“大有”财富理念，顺应自然规律，在流动中实现财富增值，保持谦虚谨慎的心态，摒弃只为一己之利的财富观念，把个人的利益与社会相通相融，这些伟大的思想是我们实现财富“大有”的必由之路。可见，简单的品牌名称背后，确有不凡的意义，独一无二。

传统文化融入现代金融

从《周易》中选取银行理财服务的内涵，是典型的将传统文化融入现代金融的案例。正如1988年一批诺贝尔奖获得者在巴黎所说的：“如果人类要在21世纪继续生存下去，就必须回首2500年，去吸收中国孔子的智慧！”

在过去，正如2006年掀起的“恒丰速度”一般，中国的银行业开始广泛吸收中华上下五千年的悠久历史文化，在历史的积淀中找寻管理的智慧，探寻古代文明与现代金融的契合点。因此，在许多银行的管理体系中，越来越多地体现了中国传统文化的管理思维。

恒丰银行行长杨强即表示，“道之以政，齐之以刑，民免而无耻；道之以德，齐之以礼，有耻以格”的教诲，使其在“礼”的基础上充分尊重人性，制定、完善并执行着各项规章制度，只有“用人之知去其诈，用人之勇去其怒，用人之仁去其贪”，才能形成“人尽其才，才尽其用”的环境。

而在银行业不断发展壮大的过程中，越来越多的银行也在尝试将这种优秀传统文化外显于自己的产品，包商银行推出的子品牌“大有财富”即是代表。将《周易》中“大有”包容万象的理念，从个人到社会的责任意识贯彻到做产品，一方面赋予了产品更深的文化内涵，真正契合消费者的心智模式，另一方面也让子品牌更具特色和独立性。

创造一个意境非凡的标志

图7

尽管品牌名称通常是品牌的核心元素，但视觉元素在创建品牌资产，尤其在建立品牌认知、传递品牌形象方面，同样起着关键作用。

每个品牌元素对创建强势品牌的资产都至关重要，但除了选择有效的品牌元素外，企业在整合营销过程中，更应该注意的是，对这些元素进行有效的组合，以求达到最好的营销效果。这里，由全套品牌元素构成的品牌识别由品牌元素彼此间的一致性程度来决定。“大有”在这个过程中，也注意到了这一点。

“大有财富”在形象传播过程中使用的品牌元素让其源远流长的品牌内涵得以彰显，让“大有”形象深入人心。

以毛笔字体的Logo为主视觉元素，挥洒“大有”二字，显示其穿越历史的云雾走到今天，大气磅礴，配合水墨风格的远山给人以极强烈的视觉震撼，亦凸显了其品牌背后的历史根基和倚靠中国文化的不凡气度。山水笔墨间透着浓厚的东方哲学韵味，细细品读广告中的文字，又有一种融聚西方理财智慧的稳健之感。庞大的云山背景将包商银行“包容乃大，商赢天下”的行为理念囊括纸面，厚重的墨迹又将“大有”的深度表露其中。

配合特定的品牌标志或符号，能够和品牌名称或其他品牌元素相得益彰，包商银行“大有财富”也可以在抓住顾客心智的基础上，进一步抓住他们的眼球。

“大有”宣传的创意考虑：

首先，由于“大有财富”作为一个新品牌，它的知名度并不高，所以第一步首先推出“大有”标志和品牌内涵阐述，建立品牌初步印象和内涵。因此正如上文所述，画面重点表现“大有”穿越历史云雾走到今天的磅礴和浓重，凸显了品牌背后的历史根基和倚靠中国文化的气度，建立大气的品牌印象。

其次，针对不同的人生阶段，有不同的财富观和理财策略，“大有”将财富分为起步、增长和成就三个阶段，分别演绎其价值。更重要的是，由此体现出“大有财富”对不同阶段财富增值起到的正面作用，从而塑造“大有”的品牌形象。

最后，还需重点强调“大有”作为财富伙伴的意义，并为此设计一系列的创意阐释。通过演绎这种种意义，从多方面、多角度塑造“大有”的品牌形象。

打造一个亲和专业的形象

形象代表是品牌符号的一个特殊形式，它往往取材于人类本身或现实生活。它在建立品牌认知方面非常有用，并且能传达关键的产品利益点。

包行“大有财富”品牌，为契合“大有”融中华经典和西方智慧的价值主张，以一代大商孟洛川、中国首善陈光标、世界首富比尔•盖茨为“大有”目标塑造的“德才兼备”的代表人物。拟人化地塑造了一个可信赖的财富规划专家形象。

这个拟人化的形象在35岁左右，在著名财经大学毕业并拥有丰富的金融理财经验，除了专业知识，还有社会阅历，这是“大有”核心价值观中“专注源于专业”的根基；同时，个性热情、自信、积极向上，工作稳中有细，这是“大有”经营理念中“精益求精，与时俱进”的客观要求。

从2011年国内银行业发展的大势来看，各大银行面对高端客户都开始逐步完善配套的客户服务，如中国银行打造其私人银行投资者俱乐部作为公司五大“高端客户专属主体服务平台”之一，而除了该俱乐部以外，“海外投资、红酒、艺术品”等主题活动也在酝酿。与此同时，广发银行举办的“广发杯”高尔夫球精英赛已经连续举办了几届，并且也在2011年将该赛事首次上升到总行层面，为求搭建一个更好的交流和沟通平台。

因此，对于包商银行“大有财富”子品牌来说，要真正实现“大有”，除了内涵的包容，内容的包容也是形象传播的重要成分。对此，“大有”的服务内容包罗医疗服务、机场贵宾、子女教育、商旅出行、道路救援等，通过增加与客户的接触点，持续实践其“财富改变生活，贡献实现价值”的核心理想，为“大有财富”的客户提供高品质、高附加价值的服务。同时，在“大有财富”的统领下，根据不同消费者的生活特征和人生阶段，也将衍生出的不同系列理财产品囊括其中，包括：低风险产品“安赢”、“优逸”，中等风险产品“鑫喜”、“启富”，高风险产品“智信”、“臻享”等。同时还将贵金属“大有金”和基金、国债、保险等产品一同整合在“大有财富”里。

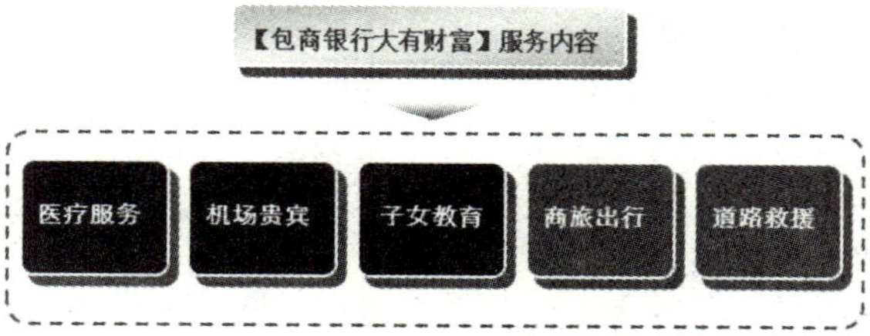

图8　包商银行“大有财富”服务内容

品牌系列子品牌面向不同目标客户群

包商银行“大有财富”品牌涵盖包商银行理财产品按照风险等级由低至高来设计的六大系列，分别为“安赢”系列、“优逸”系列、“鑫喜”系列、“启富”系列、“智信”系列、“臻享”系列。其中“安赢”和“优逸”系列已开始大规模地出售产品，在实现重大销量突破的同时，也为客户带来数量可喜的收益。六个产品系列的设计规划及子品牌设计如下：

“安赢”系列投资于包商银行资产池内的资产，包括国债、央票、金融债、企业类债券等，以时限的不同划分不同服务，投资类型偏保守。

“优逸”系列投资于银行存款、货币市场基金、债券基金、债券、短期融资券以及低风险的固定收益率产品等，期限从3、6、9个月到12个月不等，认购起点为5万元，预计年收益率介于4.0%—5.5%，并根据市场行情随时调整，风险等级属于二级，偏安稳型。

“鑫喜”系列投资于流通股股票、非流通股股票质押类银信合作产品、房地产信托投资基金、个人年金类产品等，属于稳健型投资系列。

“启富”系列投资于“鑫喜”系列基础资产以外，风险高于“鑫喜”系列，但仍属于中等风险的非组合型理财产品。

“智信”系列投资于基金组合、新股申购、新债申购、证券二级市场的指数型或指数增强型等较高风险资产的理财产品，属于进取型理财产品。

“臻享”系列投资于证券二级市场的指数型或指数增强型、有杠杆率的产品、私募股权或阳光私募产品、奢侈品、收藏品等高风险、高收益类的长期资产理财产品等，属于积极型投资系列，风险较大。

同时，“大有”还会根据资产数额、持卡级别的不同，为客户提供层级化收益、收费项目分级优惠以及不同级别的贵宾礼遇，如专属理财产品及服务、营业网点贵宾设施使用、机场贵宾厅、医疗健康服务等。

有针对性的产品，搭配完善的配套服务，这不仅使得“大有财富”包含丰富的产品类型，而且更有利于所有的产品都以统一而又相互独立的形象整合在“大有财富”的宣传推广活动中，拓宽客户面。如在平面宣传中，“大有”针对不同的人生阶段所有的不同财富观，以及可能会需要的不同理财策略做文章，就财富的起步、增长、成就三个阶段，分别演绎大有财富的价值。

正如前文所述，丰富多样的宣传组合体现出“大有财富”对不同阶段财富增值起到的正面作用，尤其强调其作为财富伙伴的意义，为多角度地塑造“大有”的品牌形象提供支持。而在渠道组合上，“大有财富”的宣传选择了终端电子屏幕、流行网络媒体与主流财经媒体相结合的方式，采用《第一财经日报》的硬文推广，并用软文加以配合。整个宣传过程还在终端电子设备与社交网站多处曝光，吸引了公众的广泛关注。

图9

此外，这种传播组合还体现在制造线下事件中，开展了一系列的事件营销。譬如，在中国共产党建党90周年之际开展“红色服务进社区”的活动，不仅对包商银行“大有财富”业务这种个人金融产品业务进行多层次、全方位的宣传，还在金融安全知识、储蓄投资常识、假币鉴别、ATM机及网银使用等方面对广大居民进行培训教育。而包商银行的各级分支机构，也充分利用摆放宣传折页、张贴宣传海报、悬挂宣传标语等传统渠道进行宣传，更采取了丰富多样的活动形式将整个活动推向高潮，如路演晚会、有奖竞猜、幸运抽奖等活动。这些活动充分调动起现场气氛并极大地提高了居民参与的积极性，进一步拉近了包商银行与广大社区居民的距离，扩大了包商银行个人金融品牌在社区居民中的影响力，使其个人金融产品和专业亲和的形象更加深入人心。

同时，除了浅层的知名度提高以外，包商银行还获得了良好的事件营销效果：

1. 通过这次活动，“大有财富”找到了特定的目标市场和生活方式。

企业开展事件营销，就是为了将自己的品牌同某个或特定或广泛的消费群体所喜欢的事件联系起来。“红色服务进社区”的活动，既契合了建党90周年的历史时刻，又从居民金融意识淡薄的根本出发，根据具体地域的具体人群的特征，开展了有针对性的营销活动。而借助有奖竞猜、幸运抽奖等小游戏，也将居民喜闻乐见的活动方式贯穿其中，使其在准确传递企业信息的同时，又保证了趣味性，宣传效果更佳。

2. 通过这次活动，“大有财富”提高了公司及其业务的认知度。

社会事件与活动的开展，能够让品牌长时间得到展示，这正是建立品牌认知度的必要条件。正如图42，包商银行“红色服务进社区”活动现场照中的宣传板，配合其对个人金融产品业务进行的多层次、全方位的宣传，帮助提升了“大有财富”品牌的识别率与回忆率。

图10 包商银行“红色服务进社区”活动现场

3. 通过这次活动，“大有财富”建立并加强了消费者对自身的主要品牌联想。

事件本身能够令人产生联想，也能够帮助品牌建立或加强自己的品牌优势。正如日本精工多年来被指定为奥运及其他大型体育赛事的专用计时器一般，包商银行举办“红色服务进社区”活动，正是将这种关爱社区、关心公益的积极形象传达给了消费者，为“大有财富”的全方位服务和社会责任的品牌形象加深印象。

4. 通过这次活动，“大有财富”的品牌形象获得了提升。

赞助与社会活动更多地被认为是一种“软广告”，它能改善人们对公司的印象，建立起受人喜欢、知名度高的形象。消费者可能由此而信任该公司，并在此后的购买活动中青睐该公司的产品。从业务成长与产品销量增长的数据看来，包商的一系列社会活动确实在一定程度上推动了子品牌“大有财富”的业绩增长，形象得到了改善和提升。

5. 通过这次活动，“大有财富”表达了对社区和服务的承诺。

之所以被称为事件营销，是因为赞助活动致力于社区或促进社会事业的发展。为公众讲解金融安全知识、储蓄投资常识、假币鉴别、ATM机及网银使用等，对广大民众进行普及教育，很好地达到了服务社会的宣传效果。这种行为与“大有财富”追求个人利益之上的社会利益的目标十分契合。

由此，“大有财富”亲切、信赖、熟悉、专业、智慧的品牌形象得到塑造和强化，包商银行也在实践中不断为顾客增添物质财富，持续带来完善的配套服务与充裕的精神财富。

迎接一次创设品牌的成功

包商银行为其子品牌“大有财富”设计的一整套营销传播方案极大地提升了后者的知名度、认知度和美誉度，是一次创建品牌资产的成功实践。

在“大有财富”系列广告发布前的1—3月，包商银行全行的理财产品销售额为5.1亿元，而在发布广告后的4—7月，全行理财产品的销售金额达到了33.1亿元，增长达六倍，截至2011年10月，全行销售理财产品规模突破83亿元，首次跻身全国银行理财能力20强。乘着“大有财富”品牌知名度和美誉度的提升，第三季度也较第二季度增多了460%的理财产品种类，产品线延伸效果良好，其中由消费者感知的“风险控制措施”维度得分高达5.84，位居行业第一，综合服务实力也大幅进步，居国内十大银行服务品牌的第八位。

产品上市后对企业形象或品牌声誉的影响

1. 2010年——“大有财富”品牌荣获“2010年度最佳新锐财富管理”奖。

2. “日日长人民币理财产品”荣获“2010年度最具成长性产品”奖。

3. 2011年——“大有财富”品牌荣获“2011年度最佳城商行理财品牌”大奖（《21世纪经济报道》“金贝奖”评选），“最具市场感召力财富管理品牌奖”（《第一财经日报》金融“价值榜”评选），“中国最具潜力零售银行”，“最佳城商行”，“最佳理财品牌”，“2011年度最具创新力银行”（凤凰网评选），“2011年金融品牌年度十大广告”（《理财周报》评选）等7项大奖。

由“大有财富”带动的整体营销传播实践也使得包商银行截至2011年底，全年理财产品销售规模突破100亿元大关，实现了包商银行理财业务发展征程上又一次历史性的巨大飞跃。

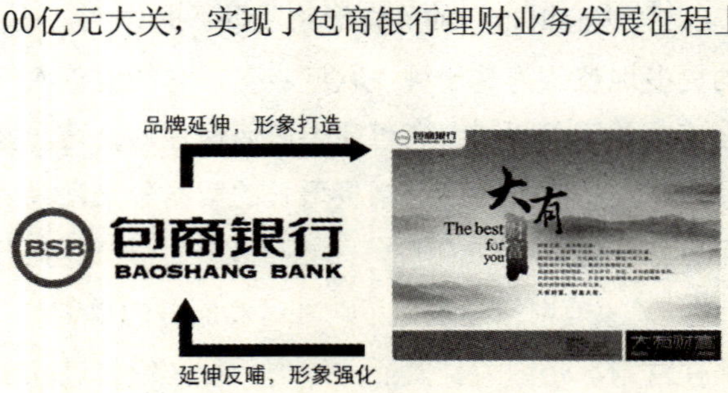

图11　包商银行和“大有财富”品牌形象

更重要的是，在对延伸品牌“大有财富”的创造和营销业绩获得良好反馈之上，也对包商银行总行的形象提升有重要贡献。包行理财业务的跨越式发展表明，包商银行品牌的号召力和市场影响力在日益增强，这充分证明了广大客户对包行经营效率和财富管理能力的肯定和信赖。能够为投资者资产提供对抗通胀，保值、增值的优质理财服务，也体现了“大有”乃至包行财富管理业务的强劲竞争力。

包商银行品牌简介

包商银行成立于1998年12月，是内蒙古自治区最早成立的股份制商业银行，她的前身是包头市商业银行，2007年9月经中国银监会批准更名。目前，包商银行在自治区内的包头、赤峰、巴彦淖尔、通辽、鄂尔多斯、锡林郭勒、呼伦贝尔、呼和浩特、兴安盟、乌兰察布和区外的宁波、深圳、成都、北京共设有14家分支机构，共有105个营业网点，员工6000多人。此外，还成立了达茂旗包商惠农贷款公司，发起设立了北京昌平、天津津南、大连金州、湖南武冈、山东鄄城、江苏南通等27家村镇银行，规模逐步扩大。截至2011年末，总资产达到1783亿元，各项存款余额1143亿元，各项贷款余额461亿元；五级分类不良贷款余额2.09亿元，不良率为0.45%。

包商银行是中国银监会评定的首批风险最小（即二级）的七家城商行之一，近几年监管风险评级始终保持在二级水平。2011年，董事长李镇西荣获“2011CCTV中国经济年度人物”年度公益奖；包商银行获得《银行家》“2010年度全国城市商业银行（资产规模1000亿元以上）竞争力排名第二名”以及“2010年度最具成长性城市商业银行”两项殊荣，在2011年第四届中国最受尊敬银行暨最佳零售银行评选活动中获“中国最具潜力零售银行”、“最佳城商行”、“最佳理财品牌”三项大奖，被中国中小商业企业协会和中国中小企业家年会组委会共同授予“2011年度全国支持中小企业发展十佳商业银行”荣誉称号。而近几年，包商银行还获得了媒体的高度关注和普遍赞誉。中央电视台《对话》、《经济热点面对面》、《经济信息联播》等名牌栏目，新华社内参以及《人民日报》、《经济日报》、《第一财经日报》等报刊，纷纷对包商银行小企业金融业务进行了密集报道。包商银行的特点有三，如下：

坚定不移地推行“1-3-5”管理模式

近年来，包商银行牢固树立“学习、创新、诚信、发展”的企业精神，解放思想，锐意进取，奋力拼搏，以“建设现代化、国际化好银行”为战略愿景，以成为“全面的金融服务集成商”为战略目标，以“立足百姓创业，立志国际品牌，做最好的小企业金融服务集成商”为发展目标，以“包容乃大，商赢天下”为核心理念，形成了独具特色的“1-3-5”管理模式。“1-3-5”就是以“国际化”为标准，狠抓“物质文明、制度文明和精神文明”建设，不断提高“经营、管理、创新、企业文化、金融生态”工作水平。包商银行打造旗下“大有财富”子品牌的决策，也是遵循了这种管理模式的中心思想。

全力打造独具特色的小企业金融品牌

包商银行摒弃传统的信贷理念，抓住机遇，主动出击，在2005年12月引进了国际先进的小企业信贷技术，结合中国银监会出台的小企业贷款“六项机制”，在细分市场的基础上成立了微小企业金融部和小企业金融部，建立了真正适应我国中小企业群体融资特点的小企业贷款机制，逐渐在小企业金融领域形成了自己的核心竞争力，探索出了一条差异化、特色化的发展道路。通过打造“招聘、培训、放款”三台机器，充分利用在小企业金融服务方面的技术优势，扎实、高效开展微小、小企业金融服务。经过七年的发展和积累，包商银行小企业金融业务进入了快速发展阶段，建立了一支1800多人的小企业业务专业队伍，推出了面向小企业、个体工商户和农牧民的五大系列、15个产品，并针对小企业发展需要研发了联保贷款、循环贷款等30种产品。目前，包商银行累计发放小企业贷款1345亿元，实现月最高发放微小企业贷款8884笔，累计为8万多户小企业、个体工商户、农牧民发放了贷款，支持了数十万人的就业、创业和展业。

努力为地方经济社会发展作贡献

包商银行一直把支持地方经济社会快速发展作为首要任务，始终坚持“取之于地方，用之于地方”的信贷政策，充分发挥金融支持地方经济社会发展的核心作用，通过新型小企业贷款业务，为更多的微小、小企业提供了金融服务，有效地缓解了包商银行经营覆盖区域的小企业融资难问题。特别是包商银行积极与政府、担保公司合作，推出了下岗失业人员再就业贷款业务，贷款全部投向贸易、餐饮、手工等流通业和服务业，有力地支持了就业、再就业工作。同时，包商银行积极打造总部经济，努力成为自治区纳税大户。2011年，包商银行实现税金10.3亿元，自成立以来，累计缴纳税金27.5亿元，为地方经济社会发展作出了积极的贡献。

包商银行
BAOSHANG BANK
大有财富
The best for you
天天向上
好好理财
大有财富，冬季感恩系列行动
金秋初冬，惊喜送不停！缤纷多彩，优惠全属于你！温心理财送入千家万户，倾情只为你奉献！让你享受VIP般服务，尊享理财优惠，品味高尚生活！好好理财，让生活美好每一天！
★储蓄 ★基金 ★国债 ★理财产品 ★贵金属 ★保险

二、利用次级品牌杠杆

除了通过选择品牌元素这种直接的方法创建品牌资产以外，企业家和营销者还可以通过间接的方法——利用相关的或次级品牌联想的杠杆作用创建品牌资产。

消费者的大脑中具有许多实体的知识结构，品牌本身可以和这些实体联系起来，由于有这种联系，消费者就可以判断或假设：这些实体所拥有的一些联想或特征也许就是某品牌所具有的。简单点来说，品牌可以从其他实体“借来”一些品牌知识或资产，利用借来的次级品牌知识建立属于自己的、强有力、偏好的和独特的品牌联想。这就是利用次级品牌杠杆来创建品牌。

瑞士经济的高度发达在很大程度上取决于和其他国家经济的紧密联系，银行业是瑞士经济最重要的分支之一。瑞士的银行业管理着3.3万亿多的瑞士法郎（约2.75万亿美元）资产，其中一半的资产来自于其他国家，瑞士是全球最大的离岸金融中心，超过伦敦、纽约和法兰克福，占有35%的市场份额，被公认为国际资产业务管理的全球领导者。这也就是为什么，近年来国际大金融分析机构给瑞士银行的评分总是AAA级，优秀的原产国印象也使得瑞士金融品牌在世界范围内的扩张更加容易。

除了以上这个案例所提到的，利用原产地或其他地理区域作为借力的实体，品牌还可以与公司、其他品牌、事件、第三方资源等实体发生关联以获得次级品牌知识。

公司

一个公司为产品采用的品牌战略，对于这个品牌与公司之间以及这个品牌与其他已有品牌之间的关联程度来讲，是一个重要的因素。因为公司品牌也许会传递产品属性和利益、消费者态度、人际关系、计划与价值以及公司信誉等方面的联想。

品牌延伸已不是金融行业中的先例，2011年11月，中国工商银行也在全国范围内正式推出了“工银移动银行”子品牌，成为国内首家全面整合并整体推出移动金融服务的商业银行。借助母公司中国工商银行大量客户分析与服务的基础，工银移动得以为客户提供全面、方便、快捷的移动金融服务，同时充分发挥自身移动终端的定位功能与更时尚操作体验的优势，一经推出就位列苹果应用商店亚太区财务软件下载排行榜首位，总下载量快速增长。

品牌联盟

我们都知道，通过品牌延伸策略，可以将一个新产品与一个已经有丰富品牌联想的公司品牌或家族品牌联系在一起。当然，一个已经存在的品牌，同样也可以通过与本公司其他品牌或其他公司的品牌发生关联，从而获得品牌联想的杠杆作用。这种由两个或两个以上现有品牌组成的同盟叫做品牌联盟。它能够使各品牌借用彼此所需要的专长和利用各自本不具有的品牌资产的杠杆效应，能够帮助新品牌降低市场导入成本，增加收入来源，扩展品牌含义等。

2011年7月25日，中国首家内地与台湾地区合资的基金管理公司方正富邦基金管理有限公司正式揭牌。作为两岸基金领域实质性合作的里程碑，该品牌集结了内地和台湾双方股东优势资源强有力的支持，获得了各方在风险管理、市场控制、投研体系、政策分析等方面的优势，这也使得方正富邦的首只公募基金产品“创新动力”被市场视为“榜样基金”。

方正富邦基金
FOUNDER FUBON FUND

除了相同行业内的品牌联盟外，不同行业间的品牌捆绑也能起到很好的杠杆作用。2001年，招商银行就在着手打造针对高端客户的服务体系与“金葵花”品牌。在大力发展财务管理业务，满足高端客户投资理财需求的同时，契合客户追求高品位生活的心理诉求，努力塑造与之匹配的高雅的品牌形象。为此，他们与百达翡丽、爱马仕、蒂芙尼等国际知名品牌合作，一年举办近百场时装、名表、珠宝、红酒等顶级品鉴活动，努力塑造自己高端和有品位的品牌形象。

金葵花 理财
SUNFLOWER

形象代言人

由著名的、受尊敬的人物来促销产品的做法由来已久。这种做法的依据是：一个著名人物能将众人的注意力吸引到所宣传的品牌上来，并通过消费者在对此名人了解的基础上所作出的判断，形成对品牌的感知。

同样还是招商银行“金葵花”品牌的例子，为了突出其高雅的品牌形象，“金葵花”一直聘请世界级钢琴大师郎朗为形象代言人，每年在北上广深等城市举办或冠名各种顶级音乐会；还与著名画家曾梵志等合作，为高端客户鉴赏和收藏名画提供平台。可见，做形象宣传的名人不仅要非常引人注目，而且要能产生丰富的、有价值的联想、判断和感受。而更理想的情况是，该名人能有一技之长，值得信赖，并且为他人所喜爱，具有吸引力，而这种吸引力本身又是与所宣传的品牌直接相关的。

事件

事件本身具有一系列联想，在一定条件下能和赞助的品牌发生关联。赞助事件通常与品牌发生联系、提高品牌认知、增加新的品牌联想，或者改善既有品牌联想的强度、偏好性和独特性。因此如何选择事件，怎样设计赞助方案以及如何将整体营销方案整合到品牌资产的创建中就变得非常重要。

信诚人寿一直关注孩子的教育及保障，并推出过众多儿童教育金保障及理财产品，协助家长提早为孩子准备教育基金。因此，自2008年，信诚已在湖北、广东等地试点推出理财童星大赛，鼓励并协助家长从小培养孩子的理财能力——从管理他们的压岁钱开始。初期的实践已收到不错效果，获得了当地的支持，因此2011年，信诚人寿将比赛范围扩展至全国，尝试通过搭建一个全新的全国平台，为营销业务部提供更多与客户接触的机会及促成机会，收集准客户名单，提升产品销量。项目最终以超额完成业绩目标和投入回报率收尾，信诚人寿通过制造事件，成功地搭建了全国性的平台和执行模式。

第三方资源

最后，以多种方式将品牌与第三方资源联系起来，也可以用来建立次级品牌联想，尤其是在这个第三方资源值得信赖的时候。

《理财周报》是中国首份中产家庭大型理财类周报，是南方报业传媒集团出品，21世纪报系重要的新成员。它以“中产家庭、专业理财、全球机会”为办报理念，开启了中国理财类媒体的新纪元。那么，由《理财周报》这种专业性的、权威的第三方机构举办的活动和评设的奖项，就相对具有公信力和代表性，也能够作为值得信赖的第三方资源为品牌保值、增值。

由此可见，次级品牌知识可以蕴藏在多种实体之中，企业家和营销者只要巧妙地选择并运用得当，即可获得很高的杠杆收益，获得原品牌不具有的特长，强化品牌形象，快速建立品牌资产。这一节我们将引用东方红借助母品牌东方证券原资产管理业务杠杆化成长的案例，详述如何运用公司品牌这种最常见的实体，完成次级品牌知识的杠杆化操作。

附录：中国金融品牌“金象奖”获奖案例

2011中国金融品牌十大年度营销事件
东方红乘资产管理起航：东方红，财富升起的地方

东方红

东方红资产管理是东方证券的子品牌，因为其与理财产品相关，且是东方证券所有子品牌里最能够体现核心竞争力的一个，所以东方证券一直致力于提高东方红资产管理和东方证券的黏合度。2005年，东方证券成为首批获准从事开展券商集合理财业务的券商，经过长达5年的深耕与培育，2010年7月28日，东方红资产管理正式品牌化，从东方证券中独立了出来。面对这样一个历史性的时刻，公司抓住机遇，利用母品牌和公关事件的正向杠杆作用，将东方红资产管理这个品牌强势推出。

券商集合理财业务在经历4年的试点之后，监管部门自2009年开始逐渐放开和鼓励这一行业的发展。2009年9月初，监管部门放开了对集合理财产品存续期、规模等的限制，审批流程转为常规化，令券商集合理财业务迎来快速发展期，追求绝对收益、10万元起步的集合资产管理计划开始走入中高端投资者的视野，并获得投资人的认可和追捧。2010年4月，东方证券成为国内首家获中国证监会批准设立券商系资产管理公司的证券公司，同年7月，在东方证券原资产管理业务总部的基础上，全新的东方证券资产管理公司正式成立。她的成立获得业界高度关注，并被普遍认为伴随着组织架构、品牌建设的飞跃，将为其长远发展奠定坚实的基础，这被视为整个券商资产管理行业发展史上具有里程碑式的事件。

图12

脱颖而出，源于专注和坚持

券商资产管理业务进入公众的视野较晚，但实际上，这一业务已经开展多年，部分券商凭借扎实的投研基础和稳固的客户，已建立起自己的比较优势和核心竞争力，东方证券就是其中的佼佼者。东方证券是国内较早从事资产管理业务的券商，也是始终坚持、专注于这一业务的券商。

回顾发展历史，东方证券早在1998年就设立专门业务部门，开始从事受托客户资产管理业务。2002年首批获得从事客户资产管理业务资格。2005年首批开展券商集合理财业务，同年6月推出了首批集合资产管理计划——东方红1号集合资产管理计划，其定位

是一只兼顾安全和收益的专家理财产品，产品设计宗旨是最大限度地保护投资人的资金安全，为投资者谋取绝对收益回报。东方红1号在两年运作期结束后，实现了299.90%的累计收益率，随后发行的东方红2号展期前实现了136.25%的累计收益率，均为投资人带来实实在在的回报。2010年，东方证券的资产管理业务迎来了又一重要发展机遇期，成为国内首家获批设立子公司的券商，由一个业务部门独立成一家资产管理公司，奠定了在整个券商资产管理行业领跑者的地位。

事实上，东方证券的资产管理业务并不是行业内管理资金规模最大的，但却能逐渐脱颖而出，并成为行业领跑者，这得益于过去十多年来，团队对投资管理的专注与坚持。

观察其最近10余年的发展历程，东方红资产管理几乎在市场潮流转变的每个阶段中，对投资理念和市场的把握都领先于市场，形成了特色鲜明的投资风格和投资理念。2001年，在市场“坐庄”盛行的年代，东方红资产管理团队率先将科学的价值投资理念应用到A股市场；2005年，在市场普遍感到绝望的年代，率先深度挖掘成长股；2007年、2008年，市场仍在暴涨暴跌中迷失时，率先布局内需和消费升级；2011年以来，在经济下台阶、市场持续低迷阶段，东方红资产管理团队看到的是市场竞争格局的进化、优势企业地位的提升和产业结构的调整与升级，以及A股市场国际化和香港化的大趋势。

或许正是因为团队具备价值投资的科学理念，“勇于拥抱变化”的态度，才能令东方红资产管理始终领先投资潮流，发现价值趋势。

品牌杠杆的实体

正如本章中所述，因为消费者大脑中具有多种实体的知识结构，而品牌本身又可以和这些实体联系起来，因此，品牌也可以通过借助多种实体来将自己进行次级品牌知识的杠杆化。通过借助别的实体，把它们的强有力的、偏好的和独特的联想联系到自己身上来。

对于券商集合理财产品和公司来说，最重要、最本质的就是以自己专业的投资管理能力和风险控制能力，为客户带来长期优异的投资回报，实现客户资产的稳健增值。对于金融品牌而言，最重要的联想涉及投资能力强、经验丰富、收益稳定等元素。

相对公募基金，券商集合理财显得更为低调，由于券商集合理财业务的一些特殊监管要求，比如集合资产管理计划不得通过媒体进行宣传和推广等，公众对这一行业和集合理财产品的知晓度相对较低，对于行业中优秀的管理人更加知之甚少。

东方红资产管理品牌的推广，实质上是对公司整体风格和特色的提炼与外化，同时通过更明确的标志来提升公众的知晓度和认同感。

回顾过去十多年的发展历程，东方红资产管理一直坚持价值投资、追求绝对收益，始终将客户利益放在首位，致力于“寻找满意客户”，用专业能力“让客户满意”，力争在长跑中胜出。

具体而言，一方面，东方红资产管理始终坚持以投资业绩为导向，不单纯追求规模，正如公司总经理陈光明先生所言：“一定要在品质保证的前提下进行规模的扩展”、“如果达到资产规模边际，我们难以确保业绩的优先，我们的产品就不会再发下去，否则就是对客户的不负责任”；同时，东方红资产管理希望寻找能够认同团队价值投资理念的客户，能与团队长期持久地站在一起。另一方面，东方红资产管理始终专注于有竞争优势的业务，注重培养核心竞争力，坚持走“精品战略”，坚持做擅长的事和在能力范围内行事，让团队的投资能力和服务能力契合客户的需求，为客户创造价值，让客户满意。

作为品牌，在成立子公司之前，东方红资产管理更像藏于“深巷”的佳酿，在业界和客户中享有非常高的声誉，但外界对其的知晓度偏低。借助子公司的成立，东方红资产管理作为一个内涵丰富的高端精品理财品牌正式出现在公众视野中，成功完成了次级品牌知识的杠杆化操作。

东方红资产管理团队的投资理念

东方红资产管理团队相信，长期而言，股票市场是“称重机”，短期而言，股票市场是“投票机”，因此基于企业价值的投资基本原则，股价的短期波动提供了良好的买卖时机。管理团队认为投资的本质是不确定条件下的决策，因此要遵从大数原则，希望在自己的能力圈内寻找大概率取胜的投资机会。

在投资风格上，东方红资产管理团队以获取绝对收益为目标，自下而上以精选个股为主，灵活配置为辅，坚持价值投资理念。形成这样的投资风格主要因为，核心投研团队主要来自母公司东方证券的自营部门和资产管理部，一开始就秉承了以取得绝对收益为目标、坚持自下而上精选个股的组合投资理念。我们认为投资长期取胜的关键在于坚持做大概率的事情，建立在自上而下的宏观和中观分析基础上的时机选择和行业轮换策略具有很大的不确定性，而单个证券的价值判断更易于把握。优秀的投资业绩进一步坚定了我们价值投资的理念。

保持风格稳定的原因在于：一是核心投研团队有长期的投资经验，经历了几轮牛熊市，形成了完善的投资理念和投资方法；二是投研团队稳定，形成了良好的知识传承体系，而新聘人员多为应届毕业生，完善的内部培训使投资理念和方法得以传承；三是少数外部招聘的有经验同事，公司会多次考察，只有理念契合的优秀人员才会引进公司。

通过精心组建起来的投研团队，东方红资产管理最终形成了精选个股的核心竞争优势，而发行的集合理财产品主要为投资股票的混合型产品，均以提取业绩报酬为主要收费模式，这样的产品设计既是对投资理念和投资优势的总结和坚持，也在客观上促成了投资风格的稳定。

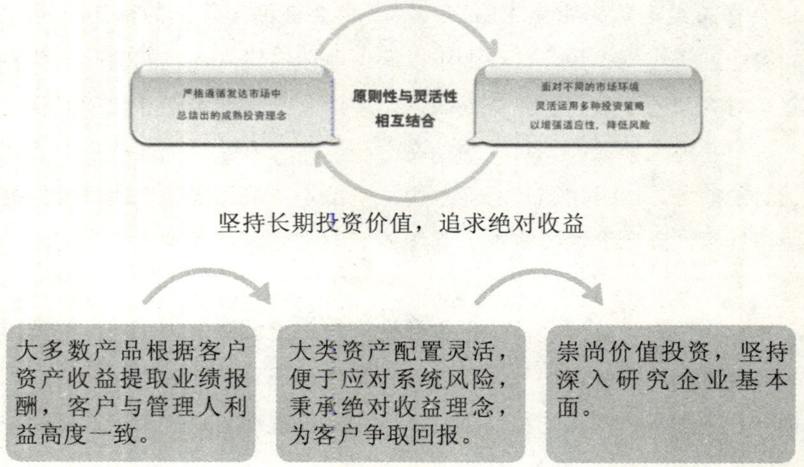

图13　东方红资产管理团队特色鲜明的投资理念

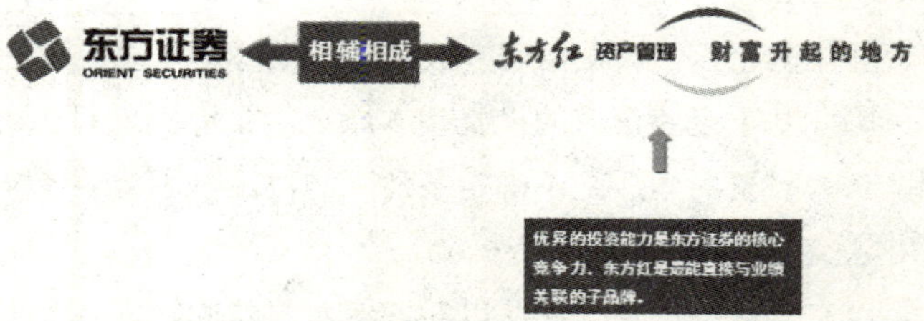

图14　东方证券与东方红资产管理的品牌联系

在此基础之上，东方红资产管理利用东方证券原资产管理业务作为自己的品牌杠杆。用公司品牌作为新品牌的次级杠杆是为了使已有品牌的知识传递给新品牌，将消费者对于原品牌产品属性、利益、公司信誉、品质等方面的联想赋予新品牌，从而使消费者作出“新品牌也许具有原品牌一些联想或特征”的推断。

借助成立这一事件，东方证券资产管理公司借势推出“东方红资产管理，财富升起的地方”这样一个企业标志，延续了东方证券原资产管理业务总部优异的投资能力、信誉、抗风险等积极联想，将金融产品要求的投资回报等关键属性，通过次级品牌知识的杠杆化来突出，从而使得新品牌在面市之初就获得了一定的影响力、美誉度和回忆率，迅速赢取消费者的信任。

从品牌结构的角度来看，脱胎于东方证券原资产管理业务总部的新公司，本质上是从一个部门进化而来的，那么它们之间究竟又有多大的不同呢？东方证券资产管理公司董事长王国斌先生在公司成立之初接受媒体采访时曾表示，尽管从形式上来看，东方红资产管理是从东方证券的一个业务部门转变为一家独立运营的公司，但此前团队已经具备了很好的基础条件，在过去多年的市场实践中，在管理上实际已采用独立的市场化运作机制，在运营上几乎与公司没有区别。

而关于成立资产管理公司的初衷，王国斌董事长在接受《投资之道——全球杰出华人投资者访谈录》一书访问时曾经谈及。他说，当时主要出于三个想法。一个想法就是能够寻找一个合理的方式建立一个独立的品牌，因为证券公司既有买方业务，又有卖方业务，想建立一个品牌不太容易。成立公司，可以作出一个独立的买方业务的品牌。另外一个想法是，想探索解决这个行业中的投研人员的激励办法，投资管理中碰到的最大问题，不管是在美国还是在我国，不管是管理者自身还是投资标的，最终最核心的问题一定是激励问题。美国金融危机的发生是由于激励有余而约束不足，过度投机，造成了泡沫；我们的问题则是出在股东—代理人的另一极端，这一极端则是激励不足，干劲不够，创新匮乏。所以，他希望新公司能够有机制很好地解决这个问题。第三，王国斌董事长当时受金融危机的启发，看到了以后更大的危机，既然生于斯、长于斯，那就要未雨绸缪，没有远虑，必有近忧。任何经济制度的活动都必然建立在一个简单的原则上：适当足够的激励作用。

事实上，成立子公司，正是建立和提升一个独立品牌最好的开始和重要契机，是一次精彩而浓重的亮相。而在资产管理部门“单飞”前，“东方红”系列产品已经初步树立了自己的市场品牌，赢得了相当一部分高端客户的认可，既有产品品牌知识的普及，又有客户资源。从这个意义上来说，东方红资产管理的品牌化已经具备了一个较为坚实的基础，可谓“万事俱备，只欠东风”。这股强劲的东风，也如策划团队预见般地，即将到来。

撬动品牌杠杆——东方红资产管理成立“大事件”

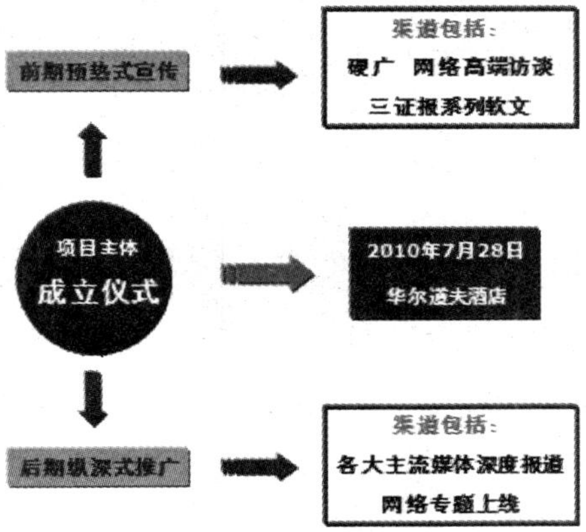

图15

鉴于东方证券资产管理公司作为国内首家券商系资产管理公司正式成立，有行业发展里程碑式的意义，于是，东方证券决定紧紧围绕子公司成立这样一个行业“大事件”，开展“东方红资产管理”的品牌营销，为求达到以下三个目的：

1. 将东方红资产管理的财富理念更大范围地传播出去，奠定东方红资产管理的领跑地位；

2. 以东方红资产管理的品牌魅力开拓更多的客户渠道；

3. 将东方红资产管理与东方证券子母品牌更好地关联起来，加强两者的关联度。

出于以上三个目的考虑，“东方红”品牌成立大事件由三个部分构成。

2010年7月28日，从“东方红”高端精品理财品牌理念出发，东方证券特意选择在黄浦江之畔的华尔道夫酒店举行盛大的庆祝揭牌仪式。围绕该庆典，公司邀请专业的公关公司及广告公司设计邀请函、手袋、欢迎牌、背景板、展板等，同时在现场设计了倾倒荧光香槟的环节作为揭牌方式，力求从各个方面体现出品牌的高端气质。譬如，整个会场的设计就是以红色为主，因为公司的品牌名为东方红资产管理，人们一提到“东方红”这个词，就会有两个概念在脑海中产生，一个是太阳，一个是红色。而在中国股市里，“红”就代表涨，运用红色这个色调既符合品牌的整体形象，又为东方红资产管理的发展前景蒙上甜蜜的幔纱；同时，揭牌仪式设计了倾倒香槟的环节，而此时“东方红资产管理”的标志从“地平线”上冉冉升起，是品牌“东方红资产管理，财富升起的地方”喻意的完美诠释。

而在成立庆典前期，东方证券与多家网络媒体合作，投放广告及安排高端网络访谈，提高曝光率；邀请的嘉宾涵盖政府官员、相关监管部门领导、母公司及公司高管、高端客户、各渠道主管以及全国各家媒体，最大限度地扩大揭牌仪式的影响力。

图16　东方证券资产管理有限公司成立仪式现场

更重要的是，活动凸显了“国内首家券商系资产管理公司”这一亮点。正如品牌定位专家艾•里斯所说，东方证券作为券商资产管理品类的领跑者，这个“第一”的称号意味着唯一性，也意味它将专属于并永远伴随东方证券，是其最为独特的标签之一，使消费者在一想到券商型投资理财产品时就想到“东方红”，想到领跑这一品类的东方证券资产管理有限公司。而这一点的作用，对将目标群体从大客户转向公众时，也非常有效。提升大众知晓度，也就促成了如此大规模和规格的揭牌仪式。

To Be No.1

心理学研究和市场统计告诉我们，凡是在消费者心智中占有某种第一的品牌，其市场占有率往往比第二品牌多一倍，第二品牌又比第三品牌多一倍。这种关系不易改变。因此，品牌抢占第一非常重要，不管是在消费品领域还是在工业品领域，不管是在成长中的抑或是饱和的市场，第一个进入市场的品牌往往能够赢得长期的市场占有优势。

有不少专家认为，在消费者的心智中，品牌竞争的本质就是品类竞争。正如茅台与五粮液之争，其实质应该是传统酱香型高档白酒与现代浓香型高档白酒之间的竞争。真正的品牌是消费者心中有特定表征意义的特定品类。因此，成功的品牌应该是那些占据了品类第一，而且能够代表一类产品的品牌（提及××行业，我就想到××品牌），这个时候的品牌往往就是“品类代表”。

然而，市场上的领导品牌毕竟是少数，更多的是一些跟随者以及大量的中小企业。在这个环境中，大企业固然可以做大市场的品牌，但小企业也可以做中小市场的领导者。“做品类第一”，是中小企业做领导品牌的最佳方式。而对中小企业而言，最快捷而有效的方式就是进行品类创新。而品类创新又有以下三种方法：

1. 实质性创新

所谓实质性创新，即是对产品属性进行创新，为其注入新鲜的属性，创造附加值，将产品与行业进行有效的区隔，从而成为行业内的新鲜品类。这其实是一个再细分的过程。如农夫山泉，在同行业一直维持对果饮料、茶饮料的老套推广时另辟蹊径，开发了新品类“水溶C”，从命名、包装、概念上进行实质性的产品创新，其独有特点所带来的高价定位也为公司创造了高额的利润。因此在金融行业，旨在制造差异化的产品创新，挖掘客户更深层次的理财及生活服务需求，将是一个重要的方向。

2. 突破消费者的思维模式

在产品创新的过程中，也可以通过突破消费者的固有思维模式，实现品类创新。江西上味世家卤制品为了塑造自己的差异化，创设了一味名曰“龙门骨”的产品，这种超越产品本身的情感诉求和原产地效应，让该产品的销量一经推广后迅速攀升，随即成为了顾客购买的首选，直接带动了其品牌其他产品线的增长。因此在金融行业，旨在提炼产品属性之上的新思维可以成为品类创新的重要方向。正如渣打银行在“现贷派”改变生活方程式中提炼的诉求一般，银行金融服务提供的不仅仅是关于资金的实际帮助，更是一种健康、积极、丰富的生活方式，它能让你的生活过得更美好、更充实。

3. 突破行业限制，嫁接相关行业

借用其他行业已经存在并为消费者所接受的概念无疑是一种杠杆操作。这种方法的好处是显而易见的，它能够用最小的风险，最大限度地加速产品的成长。比德文的品牌成长之路是在嫁接了SUV后开始加速的，在电动车领域搭载SUV的概念，抢占了“运动”在电动车中的第一，实现了快速发展。而对于金融品牌而言，东方红资产管理多年来一直专注于资产管理业务，是“深巷”中的“佳酿”，借助“成立国内第一家获监管部门批准设立的券商系资产管理公司”这一事件，让“深巷”中的东方红资产管理品牌走向了前台，也为其塑造独特品类带来了良好的结果。

由此可见，通过一系列活动，东方证券成功地将“东方红资产管理”与“国内首家券商系资产管理公司”画上等号，强化了“首家”要素，奠定了其在行业的领导地位，这对于将“东方红”高端、精品、财富增值的品牌定位和理念的传播推广，以及加强“东方红资产管理”与“东方证券”的子母品牌关联度都起到了至关重要的作用。

创新品类（东方红）应该如何营销?

品类的创新固然重要，但还需要营销传播来推广。那么，创新品类应该如何进行有效的快速传播，成为自己开创市场的真正领导者呢？

1. 提炼出抢占顾客心智的产品概念

对于消费者来说，投资理财产品最重要的两个考虑因素是：安全、收益。东方红资产管理团队有多年的资产管理经验，且产品的市场表现情况一贯良好，具有良好的收益性。同时，对于投资者来说，专业的资产管理团队也给予其更足的信心，安全性维度的表现也非常优异。因此，在传播的过程中，东方红资产管理也极力突出其与原资产管理业务部的关系，将后者关于安全、收益方面的联想移植到自己身上来。

2. 抢占先机，强调品类代表的身份

正如上文所述，品牌心理学研究指出，在消费者心智中占据第一，往往比在市场中成为第一更为有效，因此要想成为品类中的第一，必须要第一时间占据消费者心目中第一的位置。在这一方面，有的企业选择用与品牌名相同的产品名迅速开拓市场，如海王牛初乳，在“牛初乳”概念提出的同时推出同名产品，以表明自己品类创新的身份。除了做到以上这点之外，东方红资产管理还就这次成立品牌的“行业大事件”精心策划了揭牌仪式——于华尔道夫酒店举办盛大的开业典礼。邀请知名媒体和投资者参与，利用线上线下多渠道宣传方式，最大限度地强调自身品类代表的身份。

3. 集中优势资源，攻占合适的市场

新品类创设新市场要遵循“打得下、守得住”的原则，在集中优势资源攻占市场后，也要积极建构竞争壁垒，做好防守的准备。东方红资产管理成立以后，确立和延续了券商资产管理行业领跑者的地位。

品牌杠杆的实效

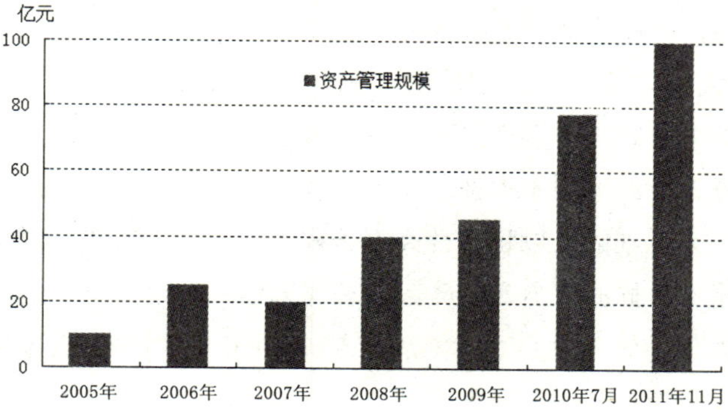

图17

透过揭幕仪式，“东方红”品牌实现第一次精彩而成功的亮相，借助“大事件”放大的品牌杠杆操作收获了良好的市场反应。

公司成立当年，东方证券资产管理公司推出了东方红6号，发行首日便宣告售罄，5小时之内募集资金19.97亿元，这是券商资产管理产品发行史上的空前盛况。同时，也给投资人带来丰厚回报。2010年东方红资产管理旗下成立3个月以上的8只集合理财产品的平均收益率为13.75%，其中，收益率最高的达到24.94%，在同类可比集合理财业务中排名第一，在2010年非限定性券商集合理财产品收益率排行榜Top20中，东方红产品系列占有8席之多。

公司成立至今，在持续震荡走低的市场环境下，东方红资产管理在组织架构和各项业务上获得了长足发展。

在组织架构上，东方红资产管理顺利完成了从业务部门到独立子公司的顺利转变，率先建立起较完善的治理结构和内部风险控制体系。投资、研究、产品设计、销售、后台运营、风险控制等部门覆盖资产管理业务的各个流程，运作规范有序，为各项业务的开展保驾护航。

在业务发展上，东方红资产管理凭借优异的投资业绩和品牌优势，在近年来的弱市格局下，实现管理资金规模的稳步增长，产品线不断丰富完善，拥有“东方红”系列、“东方红—先锋”系列、“东方红—新睿”系列、“东方红—量化”系列等四大产品线，成功推出了25只集合管理计划和多只专项计划。除到期结束的产品外，目前正在运作的集合管理计划共计19只，居行业前列，已有超过5万名客户选择“东方红”系列产品。

在发展方向上，东方红资产管理继续“专注于培养核心竞争力”，“做自己擅长的事”，始终将“长期优异的投资业绩”、“可复制的人才队伍”、“寻找满意的客户”作为公司各项业务发展的根本立足点。

一是专注于培养核心竞争力。东方红资产管理团队认为，只要专注于培养自己的核心竞争力，做好投资业绩为投资者带来收益，规模就会随之而来。确实，东方红资产管理凭借长期优异的投资业绩带来了规模的稳步增长，截至2012年6月，管理资金规模超过100亿元，在管理人权益类集合资产管理计划中，资产规模排名第一。

二是可复制的人才队伍。资产管理行业获得业绩最重要的保证是人才，而可复制性的人才队伍将是长期业绩的根本保证。东方红资产管理一直致力于打造具有核心竞争力的团队。在业界，东方红团队以稳定性高而著称，其中，主要核心成员大部分均毕业就加入团队并工作至今。同时，自2007年起，公司陆续从北京大学、清华大学等著名高校挑选潜质、专业俱佳的毕业生，采取传帮带方式进行自主培养。近年来，公司还加大了高层次人才的引进力度。同时，资产管理公司自成立以来，还通过机制、体制等提升团队凝聚力和战斗力。截至目前，团队既有证券市场征战多年的资深投资专家、精通定量分析的金融工程师，也有对宏观经济和行业有着深入研究的资深研究员，投资团队平均证券从业时间超过10年。东方红资产管理一直鼓励投资经理发挥各自特长，形成每个人独立、完善的投资逻辑框架，绝不强求每个投资经理风格的统一，但由于团队成员相处时间较长，很多判断标准和思路会趋近，特别是在大的趋势方面。

三是寻找满意的客户。东方红资产管理团队认为，支撑公司未来成长最重要的立足点除了追求业绩，团队可以复制外，还需要寻找到合适的客户。正如公司总经理陈光明先生所说："我总是希望在市场低点的时候能够多发产品，因为这样为客户赚钱将是大概率事件。"多年来，那些能够认同公司投资和发展理念的长期投资者慢慢沉淀下来，成为长期客户和朋友。据统计，东方红系列存量产品份额的平均持有期限为545天，即使是已赎回份额，其平均持有天数也达326天。合适的客户也是未来公司成长的核心竞争力。

继续走"精品战略"和努力做"受人尊敬的企业"

在成立之初，东方证券资产管理公司董事长王国斌先生即表示，公司将继续走"精品战略"和做"受人尊敬的企业"。"精品战略"是东方红资产管理既定的发展方向，是在保证产品品质的情况下发展公司各项业务。在这一思路的指导下，东方红资产管理不以做大规模为目标，相反却有意控制产品规模，用以保障其业绩。对于做"受人尊敬的企业"，王国斌以海外成熟市场为例，指出那些受人尊敬的对冲基金，资产管理规模最多不过三四百亿元，只有做好每只产品的业绩，为投资人带来实实在在的回报，才能留住客户。这将是东方证券资产管理公司今后一段时间内的公司战略和前进方向。①

在各方努力的合力作用下，对于"东方红"空前的品类宣传与优异的业绩增长，消

---

①凤凰网财经. http: //finance.ifeng.com/ipo/xgpl/ 20101216/3071809.shtml.

费者与社会各方都给予了高度的关注和肯定。2010年，“东方红”赢得多方赞誉，先后荣获“劳模集体”、“全国五一劳动奖状”、《理财周报》“2010中国证券公司最佳资产管理部门（公司）金方向奖”等多项荣誉，受到了业内外的高度认可。

公司所获荣誉

2006年	上海市“2004—2006年度劳模集体”称号
2008年	“全国五一劳动奖状”
2009年	“中国证券理财市场最具投资价值品牌”、“中国证券理财市场客户满意首选品牌”
2010年	上海证券报中国券商理财金榜2010年度最佳资产管理人奖
	第一财经金融价值榜2010年度券商理财品牌奖
	金融时报2009—2010中国金融机构金牌榜券商理财金龙奖
	理财周报2010中国证券公司最佳资产管理部门（公司）金方向奖
	理财一周2010年金融盛典最佳资产管理券商奖
	国金证券第三届中国最佳私募券商集合理财管理人长期优胜奖
2011年	上海证券报中国券商理财金榜2011年度综合管理实力大奖
	证券时报2011年度中国最佳资产管理机构奖
	理财周报2011中国证券公司最佳资产管理部门（公司）金方向奖
	华夏时报第五届金蝉奖颁奖盛典2011年度最佳资产管理人奖
	国金证券第四届中国最佳私募券商集合理财管理人长期优胜奖
2012年	理财周报2012中国券商最佳资产管理团队金方向奖

一次利用次级品牌杠杆创建品牌资产的成功实践，东方红资产管理延续了前身优异的投资能力、良好的信誉与抗风险等积极联想，为品牌形象的打造选择了一条“借力使力”的道路，成功地将“东方红资产管理”与“国内首家券商系资产管理公司”等同起来，坚固了东方红资产管理在券商集合理财行业中的领跑者地位。

东方红资产管理品牌简介

东方证券资产管理有限公司（东方红资产管理）成立于2010年7月，是国内首家获中国证监会批准设立的券商系资产管理公司。

公司是券商资产管理行业的领先品牌和行业领跑者，前身东方证券资产管理业务总部自1998年开始从事客户资产管理业务，2002年首批获得从事客户资产管理业务资格，2005年首批开展券商集合理财业务，同年6月推出了首批集合资产管理计划——东方红1号，2010年1月成立首只券商“小集合”产品——东方红—先锋1号，2010年国内首家获中国证监会批准设立券商系资产管理公司。

东方红资产管理团队已拥有14年投资管理经验，由80余位各类专业人士组成，既有证券市场征战多年的资深投资专家，精通定量分析的金融工程师，又有对宏观经济和行业深入研究的资深研究员，投资团队平均证券从业时间超过十年。团队经历了中国证券市场多轮牛市熊市的考验，积累了丰富的投资经验和风险管理经验，长期投资业绩领先，被业内誉为“金牌资产管理团队”，赢得多方赞誉，先后荣获“劳模集体”、“全国五一劳动奖状”、“中国最佳资产管理人”等多项荣誉。

公司管理资金规模稳步增长，产品线丰富完善。截至2012年6月，公司管理资金规模超过100亿元，已拥有“东方红”系列、“东方红—先锋”系列、“东方红—新睿”系列、“东方红—量化”系列等四大产品线，成功推出了25只集合管理计划和多只专项计划，除到期结束的产品外，目前正在运作的集合管理计划共计19只，已有超过5万名客户选择“东方红”系列产品。

公司崇尚“感恩、责任、梦想”、“用心投资、用爱经营”、“客户第一、员工第二、股东第三”的团队文化，坚持核心价值观——始终以投资业绩为导向，不受做大规模的诱惑；始终以最专业的态度勤勉尽责，坚持在长跑中胜出；始终以投资者的信任作为公司生存和发展的基础，不辜负投资者的信任，致力于为客户带来长期投资回报和成为受人尊敬的一流资产管理公司。

第三章　金融品牌的营销表现

金融品牌营销一般是指金融企业以市场为导向，运用整合营销手段向客户提供金融产品和服务，在满足客户需要和欲望的过程中，实现金融企业利益目标的社会行为过程。

对于金融企业而言，金融品牌的营销能力至关重要，其营销表现过程中存在着两种常见的营销类型：以全面传播为主导的整合营销和以抓住契机为原则的事件营销。

第一节　金融品牌的营销类型：整合营销

在金融品牌的整合营销中，为了提高营销绩效和保证营销活力，企业需要同时对其所提供的产品与服务进行整合，对不同的传播渠道和平台进行调整，对高层领导与基层员工之间的关系进行平衡，对金融品牌与客户之间的市场接触点进行优化。与此同时，互联网作为一个透明度高、互动性强的时效平台，诠释了新的金融客户关系，使得金融企业在精准营销、品牌宣传造势和提高投资回报率等方面均有新的突破。无论是网上的证券交易、电子商务、在线支付，还是网络银行业务，都取得了巨大的发展。金融品牌营销一直善用“大鸣大放”的方式在传统媒体上投放广告，是为了塑造其严肃、理性的品牌形象。但是越来越多新媒体的出现与兴起、受众需求更加明确、媒体信息愈加碎片化，以及互联网用户与金融产品用户的高度重合，使得金融品牌需要朝着更加互动、整合、轻松的方式进行营销。随着IM软件、SNS网站的普及，人际口碑在网络媒体上表现得更加赤裸化。这要求金融产品更加细分，定位更加精准，传播更加直达有效。

整合营销作为一种高效时新的营销传播理念，赋予了客户关系管理新的内涵，也为我国金融服务机构提供了有利的营销工具和营销方向。众所周知，中国的对外开放程度日益提升，国内各个行业开始接受外来经济体的冲击，尤其是金融服务领域。在这种机遇与挑战并存的品牌竞争环境中，如何加强金牌品牌的建设、促进业务产品的发展和提高信息传播的功效就显得尤为关键。因此在金融领域运用整合营销，有助于改善客户服务的细节、集合优质的客户数据、提升消费者的服务意识，有效地推销服务品牌或金融产品。

一、整合营销的内涵

整合营销是一种对各种营销工具和手段的系统化结合，根据环境进行即时性的动态修正，以使交换双方在交互中实现价值增值的营销理念与方法。

美国广告协会定义整合营销传播：确认对多种传播方法的战略作用进行评价的综合计划所能产生的附加值，并综合应用这些方法，对分散的信息进行无缝结合，从而提供明确、一致和最大的沟通效果。

整合营销就是为了建立、维护和传播品牌，以及加强客户关系，而对品牌进行计划、实施和监督的一系列营销工作。整合就是把各个独立的营销综合成一个整体，以产生协同效应。这些独立的营销工作包括广告、直接营销、销售促进、人员推销、包装、赞助和客户服务等。其特征如下：

1．整合营销时刻了解消费者，以客户信息资源和市场资料库为基础，剖析、迎合甚至创造消费者需求。

2．整合营销注重客户关系管理，重视与高价值客户的长期联系，不断争取市场上的其他客户，培养真正的忠诚客户群体。

3．整合营销以优质信息为支撑点开展传播活动。无论企业通过哪一类型的渠道或使用哪一种市场信号，都必须对自身的定位和营销计划有清晰的认识。只有这样，才能有效地推进整合营销活动，并防止给市场客户带来感知混乱等问题。

4．整合营销充分利用多种媒体传播渠道。传播渠道的选择至关重要，不仅让消费者能够接触到企业信息，也要让企业有充分发挥营销实力的平台。凡是能够被利用的传播媒介，都能有效地与消费者产生联系，能够充分体现自身品牌或产品类别的特性，能够将公司的品牌知识与市场信号有机统一起来。

5．整合营销紧跟移动互联网发展的趋势。互联网向移动互联网延伸、手机终端智能化以及新技术的发展对传统的营销方式和模式带来了前所未有的颠覆和冲击，因此，金融企业若想成为一个营销价值的整合者和传播者，就必须紧盯市场需求，建构客户信息网，合理配置纵向和横向的资源。

二、传统与创新的营销碰撞

在整合营销传播中，传统的4P向4C甚至4R转变，而金融品牌常用的服务营销、客户关系营销也已经开始向体验营销、口碑营销、跨界营销、事件营销甚至娱乐营销演进。

以受众为本位，通过更加互动的方式传播产品信息，以此延伸品牌美誉度和品牌忠诚度，是现今时代金融品牌传播的主要方向。由于金融产品信息的不对称性，以口碑营销的方式，口口相传获取客户信任已经是重要途径，而网络媒体当中的SNS、微博等等，都是口碑传播的优质平台。在塑造品牌资产的整合营销传播模型中，营销传播能够通过建立品牌知名度，树立品牌形象，引发品牌反馈，以及增强消费者与品牌间的联系来提高品牌资产。

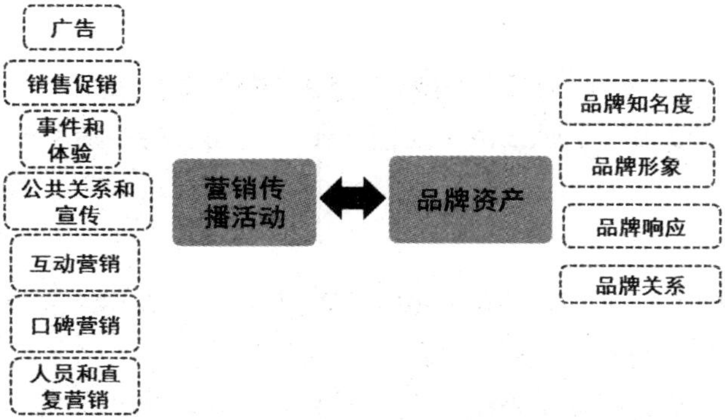

图1　塑造品牌资产的整合营销传播模型

另外，在整合营销传播的过程中，明确传播主题是非常有必要的。在传播主题下进行管理和协调全部的传播过程有多种考量，包括广告、销售促销以及公共关系等的战略作用。因此，整合营销综合了应用多种方法，从而确保明确、一致和最大的传播沟通效果。

因此，在Web2.0，甚至Web3.0的媒体环境下，任何品牌要实现价值传播最大化都是需要精耕细作、深度整合的。英国有句谚语是这样说的，在一艘没有航向的船上，任何方向来的风都是逆风。中国金融品牌这艘大船能否在混媒体时代保持和把握正确方向，这需要金融业各品牌的实际行动来点亮灯塔。

附录：中国金融品牌“金象奖”获奖案例

2011中国金融品牌十大年度广告
招商银行手机银行（插座篇）：全面支持主流手机

关键词

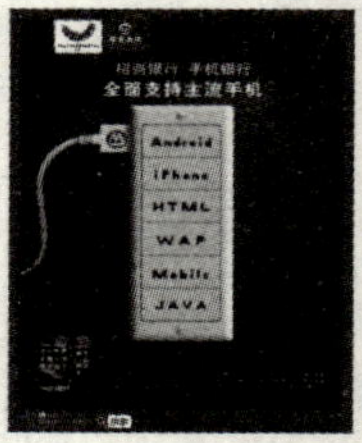

1．手机银行：多方位符合移动金融客户需求的一种金融服务方式，具有较高的便利性和业务竞争力。

2．招商银行的移动互联网战略：通过开发和完善HTML版、WAP版、Mobile版、JAVA版、iPhone版、Android版等手机银行业务，全面支持主流手机。

产品升级与立体式营销渠道，助力业务品牌发展

在手机银行（插座篇）的广告文案中，招商银行以“全面支持主流手机”为广告诉求，整体创意采用电源插座作为核心视觉，将各个系统的手机巧妙地接入其中，寓意无论任何系统的手机都可使用招商银行手机银行，突显了招商银行手机银行的广泛应用面。

手机银行业务成为整合营销新主题

手机银行是网上银行的延伸，也是继网上银行、电话银行之后又一种方便银行用户的金融业务服务方式。对客户而言，它的优越性集中体现在便利性上，客户利用手机银行不论何时何地均能及时交易，节省了ATM机和银行窗口排队等候的时间。对银行来说，它延长了服务时间，扩大了银行服务范围，无形中增加了许多银行经营业务网点，真正实现24小时全天候服务，大力拓展了银行的中间业务。

手机银行正逐步成为电子银行系统的重要一部分。它作为一种崭新的银行服务渠道，在网上银行全网互联和高速数据交换等优势的基础上，更加突出了移动通信“随时随地、贴身、快捷、方便、时尚”的独特性，真正实现了“Whenever、Wherever（任何时间、任何地点）”银行业务的办理，成为银行业一种更加便利、更具竞争性的服务方式。

2010年，3G元年，iPhone、Android智能手机、平板电脑快速普及，移动互联网时代全面到来。消费者通过移动设备上网逐渐成为日常生活习惯。在3G时代全面到来之机，招商银行借iPhone、Android手机的普及，大力推广手机银行的应用。此时，招商银行手机银行已完成产品的全面布局，因势而动，借机推广招商银行手机银行全面、领先的形象。自2000年起招商银行国内首家推出手机银行，截至2011年，招商银行相继开发HTML版、WAP版、Mobile版、JAVA版、iPhone版、Android版手机银行，现全面支持主流手机系统。

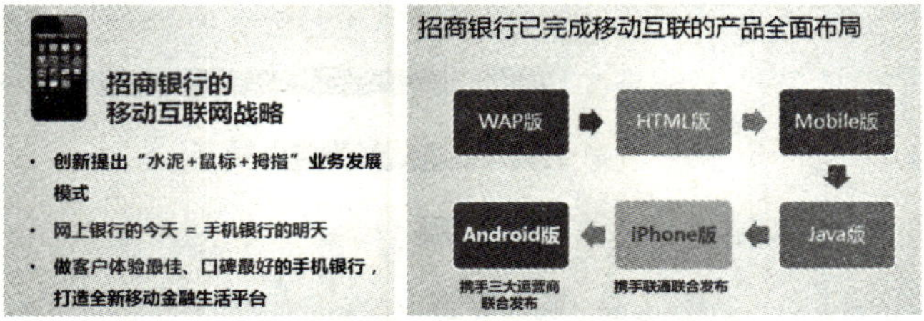

图2　招商银行手机银行的营销传播

手机银行成为商业银行新驱动

手机银行是将移动通信运营商的无线通信网络和银行金融系统相连，使手机变成随时、随地、随身的个人移动金融服务终端。它是一种全新的自助服务模式，由于其方便、快捷、费用低廉最早在日本开始流行；作为金融业务分流渠道和新的营销平台，受到韩国和美国的重视并日益普及。无论从国外手机银行的蓬勃发展还是从中国手机银行的迅速兴起来看，都昭示着手机银行和无线金融业务未来良好的前景。

手机银行的兴起

手机具备用户精准锁定、方便携带以及随时在线等优势，银行可以便捷地和客户保持沟通，比如账户金额变动情况、附近的ATM位置、利率变动、金融资讯及投资理财信息等。近年来，我国手机银行正在加速地发展，据艾媒咨询研究数据显示，我国手机银行用户数从2010年至2011年出现较大幅度增长，2011年6月中国手机银行用户数已超过7000万，但距2010年所预测的用户数差距较大。个别银行手机用户数增长创历史之最：中国银行2011年上半年手机银行用户数超过700万，较2010年末增长1081.12%。各家银行已经意识到满足客户移动化需求的重要性，纷纷进入手机银行业务领域。

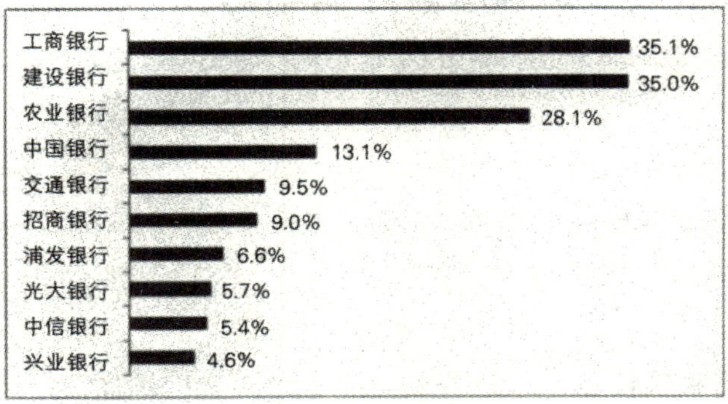

图3　手机银行使用情况

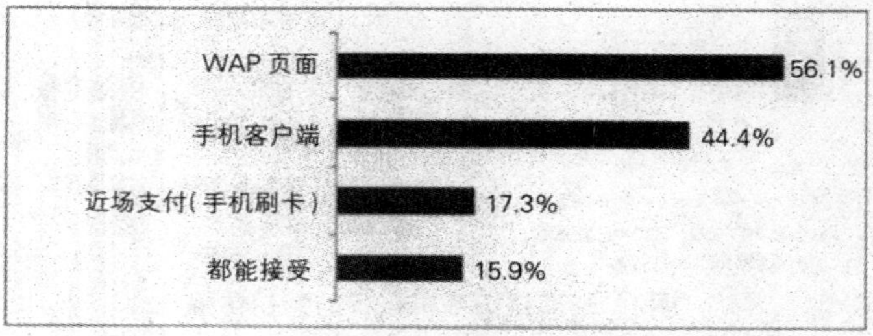

图4　手机银行用户使用手机支付时愿意采用的形式

目前，国内手机银行的主流模式是通过WAP页面来使用手机银行，根据《2011年中国手机银行用户调查报告》显示，有56.1%的用户采用WAP页面形式进行手机支付。WAP手机银行采用国际公认的工业标准和开放技术平台，优势非常明显：首先，银行需要投入的软件开发很少，仅需在网上银行的基础上开发WML版本即可；其次，用户无须下载客户端，即可实时交易等。[①]

手机银行的特点和优势

1．服务面广、申请简便。只要手机能收发短信，即可轻松享受手机银行的各项服务，可以通过中国工商银行中国网站自助注册手机银行，亦可到工商银行营业网点办理注册，手续简便。

2．功能丰富、方便灵活。通过手机发送短信，即可使用账户查询、转账汇款、捐款、缴费及消费支付等八大类服务。而且，手机银行提供更多更新的服务功能时，也无须更换手机或SIM卡，即可自动享受到各种新增服务和功能。

3．安全可靠、多重保障。银行采用多种方式层层保障资金安全。一是手机银行（短信）的信息传输、处理采用国际认可的加密传输方式，实现移动通讯公司与银行之间的数据安全传输和处理，防止数据被窃取或破坏；二是客户通过手机银行（短信）进行对外转账的金额有严格限制；三是将客户指定手机号码与银行账户绑定，并设置专用支付密码。

4．7×24小时服务、资金实时到账。无论何时、身在何处，只要可以收发短信，立即享受招行手机银行（短信）7×24小时全天候的服务，转账、汇款资金瞬间到账，缴费、消费支付实时完成，一切尽在“掌”握。

手机银行的经典模式

根据世界银行扶贫协商小组（CGAP）的划分，手机银行有银行主导和非银行主导两种典型模式，其中非银行是指不受审慎金融监管的企业。这两种模式存在根本区别：

①陈丽萍．手机银行：商业银行渠道建设的新动力［J］．金融管理与研究，2012年(3).

1. 与最终客户建立关系（如开立账户、存款、贷款等）的主体不同。

2. 银行与非银行之间的代理协议性质不同。

具体来说，在银行主导模式中，每个客户与持有金融执照且受监管的金融机构之间存在直接合同关系，虽然客户可能仅与零售代理商进行交易，而零售代理商与银行直接进行信息交流（典型渠道是手机或POS终端）。对于非银行主导模式，客户与受监管的金融机构之间没有直接合同关系，可以通过手机银行网络将现金储存在虚拟账户即手机钱包中，用于支付、转账等；如果需要现金，就可在第三方中介提取虚拟账户余额内的资金。与银行主导模式不同，非银行主导模式中的手机钱包及其交易信息储存在电信运营商系统内，而后者将客户资金存在银行的存款账户中。两种模式的主要特征如下表所示：

表1 银行主动模式和非银行主导模式的对比

关键特征	银行主导模式	非银行主导模式
监管主体	金融监管当局	电信运营商和金融监管当局
功 能	附加服务	变革传统型服务
存款持有主体	银 行	银 行
现金交易点	银 行	电信运营商/非银行机构
主导品牌	银 行	电信运营商/非银行机构
服务对象	限于银行账户持有者	用户/普通接入
载体/网关	任 意	电信运营商
客户拥有主体	银 行	电信运营商/非银行机构

而在实际的市场情境中，国内手机银行主要是两种模式，其中一种模式是银行主导的模式。这种模式很明显是以银行为主导的，它和移动运营商，如移动、联通关联度很低。移动和联通主要承担数据传输职能，从银行角度来说，银行很多业务受到运营商的制约。目前大部分银行都采取这种主导模式。另外一个模式是移动运营商主导的，在这个模式中银行实际上是一个配角，运营商是主角，银行跟运营商存在着合作和竞争的关系。①

招商银行推出iPhone版手机银行

2010年11月3日，中国联通和招商银行手机业务合作暨iPhone手机银行发布会在中国联通大厦举行。中国联通陆益民总经理、招商银行行长兼首席执行官马蔚华致辞，中国联通姜正新副总经理和招商行副行长丁伟分别代表双方签署了合作协议。作为两家秉承创新与服务理念的企业，双方的强强联合，必将极大地促进通信产业和金融行业在移动互联网时代的协同发展，满足广大消费者对移动金融生活的多层次需求，为其带来更加丰富多彩的移动金融服务。

中国联通陆益民总经理表示，中国联通依托WCMDA 3G成熟的产业链和丰富的智能终

---

①何光辉，杨咸月．手机银行模式与监管：金融包容与中国的战略转移 [J]．财贸经济，2011(4).

端，充分发挥最快的3G网络优势，结合招商银行先进的金融服务，推出更多金融信息化应用，为移动互联时代的信息生活添加更多色彩。

招商银行行长兼首席执行官马蔚华表示，在移动互联网时代，招商银行将在“水泥+鼠标”的业务发展模式上，创新推出“水泥+鼠标+拇指”的全新业务模式，进一步打造在移动互联网时代的优势。

随着新一代iPhone4手机在中国的上市，为更好更便捷地服务于iPhone用户，丰富手机使用终端，招商银行与中国联通联合推出招商银行iPhone版手机体验服务，推出了“招商银行”、“招商银行掌上生活”等多款软件终端产品，供iPhone用户免费下载使用。据了解，iPhone版手机银行自2010年10月上旬启动上线体验以来，已经有10万用户下载，并位居苹果公司AppStore财务类应用排行榜前列，已经具备了较高的知名度。

与传统手机银行相比，iPhone版手机银行独家具备三大特性：

1. 金融资讯快人一筹，金融助手更贴心

iPhone版手机银行独家推出的“金融助手”功能，可为用户提供贷款利率、基金及理财产品净值、外汇及黄金行情等一系列免费的最新金融资讯，以及网点地图查询、按揭贷款计算器、外汇兑换计算器等实用金融工具。

2. 功能界面够酷够炫，掌上生活更时尚

iPhone版手机银行不但界面够炫，功能更炫，而且独家推出“掌上生活”，用户不但可从手机上购买电影票，更可在手机上预订影院座位，并可畅享“特惠快讯”、“特惠商户”、“手机商城”等最劲爆的时尚资讯。

3. 动态短信安全可靠，手机银行更安心

招商银行秉承业界最高安全标准，采用SSL加密通信协议确保数据全程加密，同时采取登录超时控制、登录IP变动检测、转账额度自主设置等多种防护措施，打造了更高安全等级的iPhone版手机银行，在涉及用户资金安全的交易中，增加短信验证码验证用户身份，保证客户的资金安全无忧。

伴随着3G时代的到来，移动互联网已经逐渐渗透到人们工作和生活的各个领域，深刻改变着信息时代的社会生活。而手机终端也从简单的通信工具发展成为综合信息终端，成为了通信服务和金融应用相互融合发展的一个重要平台。在移动互联网向纵深发展的今天，满足广大消费者对移动金融生活的多层次需求为金融业和通信业带来了新的发展机遇和挑战。招商银行与中国联通此次合作是继2009年7月建立战略合作伙伴关系以来，双方面向快速普及发展的移动互联网的又一次重要合作。据悉，双方将在手机支付、手机银行和基于手机信息及视频通信的金融应用等多个方面开展更加深入的合作，共同推进基于手机终端、依托3G高速移动网络的移动金融服务。

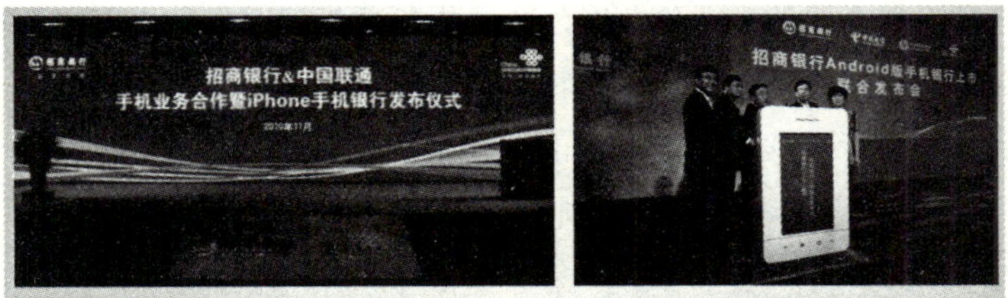

2010年，iPhone手机银行发布会　　2011年，Android手机银行发布会

图5　招商银行手机银行发布会

招商银行推出Android版手机银行

2011年招商银行继推出iPhone版手机银行之后，携手中国电信、中国移动、中国联通联合推出Android版手机银行，将招商银行最佳零售商业银行的优质金融服务、中国三大通信运营商先进高效的3G网络以及时下超强人气的Android（安卓）手机这三者融为一体，全方位支持各种Android手机用户，引领手机银行最新风尚，为广大用户提供当今最先进、最时尚的移动金融生活体验。

招商银行Android版手机银行秉承了iPhone版手机银行的特性，具有界面美观、功能丰富、安全易用等特点，让您轻松上手，体味前所未有的操作体验。

金融资讯、理财工具应有尽有，金融助手更贴心

招商银行Android版手机银行独家推出“金融助手”，无论是否招行客户，无须登录，即可快速查阅最新的金融资讯，包括存贷款利率、基金净值、外汇实时汇率、黄金市场行情、理财产品净值等，还可浏览最新的外汇、黄金、基金、证券资讯等，更有按揭贷款计算器、国债计算器、外汇计算器、贷款计算器、存款计算器等一系列理财工具。

此外，Android版手机银行还提供一系列特色功能：可在手机上查询附近的招行营业网点地图和实时排队情况，方便您选择网点办理业务；阅读原创的“徐评大财经”和“金金乐道”栏目，看招行著名分析师以风趣犀利的笔风点评当天发生的金融事件；更有在线手机充值、机票预订等便民服务，轻松享受招行便捷、贴心的掌上金融服务。

日常所需的银行服务，为您一网打尽

招商银行Android版手机银行，涵盖一卡通和信用卡等常用功能，随时随地提供日常所需的银行服务。主要功能有：

1. 转账汇款，安全快捷——短信验证码方式确保安全，每日高达5万元汇款额度。

2. 手机号码转账——完全免费，若只知道收款人手机号码也能转账。

3. 账户查询，掌握动态——轻轻一点即刻掌握账户动态。

4. 自助缴费，轻松方便——轻松缴纳手机费、水电费等其他费用。

5. 理财产品，秒杀抢购——第一时间购买招行受托理财产品。

6. 黄金买卖，把握先机——提供实物黄金、延期黄金交易等功能。

此外，Android版手机银行还提供外汇自助结售汇服务，从此外币兑换更轻松；信用卡管理服务，随时掌握消费记录和信用额度，让刷卡消费再无担忧。

五星安全保障，为您掌控安全

招商银行深知客户对安全的关注，故秉承业界最高安全标准，采用国际先进的128位密钥及SSL加密通信协议确保数据全程加密，同时采取登录超时控制、登录IP变动检测、转账额度自主设置等多种防护措施。在涉及用户资金变动的交易中，增加短信验证码作为安全手段验证用户身份，保证客户的资金安全无忧。更独家提供51型全能“优Key”以供选择，让您体验专业版级别的安全等级，让您安心使用，掌控安全！

目前，招商银行在招行官方网站（www.cmbchina.com）及招行手机一网通（m.cmbchina.com）提供Android版手机银行免费下载，全面支持三大运营商主流Android手机，包括三星、HTC、摩托罗拉、索爱、联想等型号。

运用促销手段增进产品体验

一、手机银行免费签约，iPad大奖等你拿

活动相关文案：活动期间，凡通过网银专业版或前往营业网点免费办理手机银行签约服务的客户，均可参与抽奖活动，赢取当下最时尚的iPad大奖！查看活动详情。

奖品：苹果iPad

注：手机银行签约服务（目前仅适用于手机银行iPhone版／网页版）是指我行在手机银行原有功能基础上，新增动态短信验证机制，向客户提供的转账汇款等便捷金融服务，更安全、更方便。

活动规则说明：

1. 客户可通过网银专业版或前往营业网点免费办理手机银行签约服务，即获得一次抽奖机会（重复办理仅算1次）。

2. 兑奖前客户办理签约服务的一卡通不能销户或撤销签约，否则将自动取消获奖资格。

3. 如对活动规则有疑问，请咨询网点业务人员或致电95555。

二、手机银行转账汇款0费用

活动时间：2012年1月1日—2012年12月31日。

优惠内容：凡手机银行／网上银行签约客户，通过iPhone版、Android版（不含51型证书登录）、HTML网页版手机银行，办理招行同城、招行异地、跨行同城（普通、快速

模式）、跨行异地（普通、快速模式）转账汇款业务（不含协议账户转账），手续费全免。

图6

运用整合营销全面推广

手机银行在移动互联网时代有很大的发展前途。从手机银行市场定位以及它的优势来看，如何利用品牌优势，整合优势和创新优势并且能开发适合任何客户群的手机银行将成今后发展的研究方向。顺应业务发展趋势，在“全面支持主流手机”这种简明的宣传理念引导下，招商银行利用整合营销的各种方式全面推广招商银行手机银行的平台模式及其优越性。

- 海陆空立体作战，充分发挥线下网点宣传配合线上网络媒体宣传；
- 跨PC和移动互联网平台，整合多种渠道最大程度覆盖目标受众；
- 优质手机媒体资源推广App，互联网知名IT网站和手机论坛覆盖主流渠道。

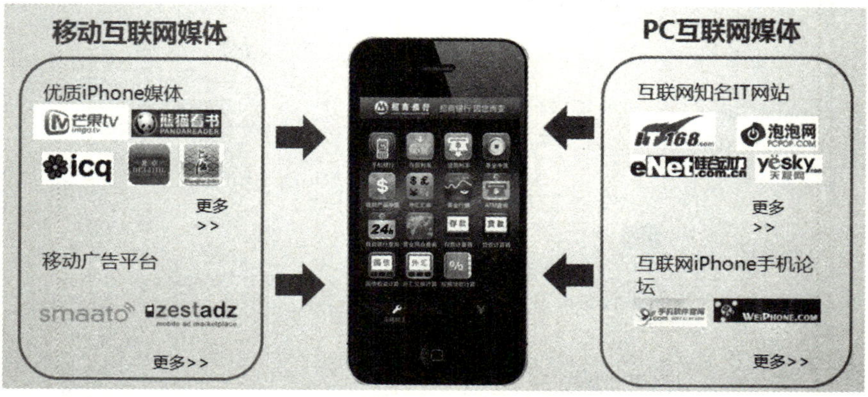

图7　手机银行与互联网媒体

锁定互联网媒体

互联网媒体又称网络媒体，就是借助国际互联网这个信息传播平台，以电脑、电视机以及移动电话等为终端，以文字、声音、图像等形式来传播新闻信息的一种数字化、多媒体的传播媒介。互联网媒体相对于早已诞生的报纸、广播、电视等媒体而言，又是“第四媒体”。从严格意义上说，互联网媒体是指国际互联网被人们所利用的进行新闻信息传播的那部分传播工具性能。互联网媒体普遍具有以下特点：

1. 多元性：互联网媒体的多元性特征，首先表现在传播主体上，在互联网媒体世界，不是专门的新闻传播机构一家独有，从网络属性上讲，政府、企事业网站乃至个人网站都有能力可以发布新闻，成为传播新闻的主体。其次，互联网媒体的全球化特征，决定其文化的多元性，它通过超链接，超文本的手段，运用数字技术，将全球文化用网络的方式联结在一起。最后，互联网媒体的传播方式也具有多元性的特点。传播媒体的传播方式一般是点对面的传播，而互联网媒体除了点对多即网站向网民、某一网民向不特定的其他网民发布信息这一方式之外，还有点对点即网民通过网络向其他某个网民发电子邮件的方式，众多网民向某一个网站发送信息、反馈意见的多对点方式，以及网上聊天室、电子公告牌等多对多的传播方式。

2. 自由性：受众可以在自己许可的时间与地点上网，接受信息，消化信息。

3. 个性化：从这个意义上看，网络媒体的传播，是真正个性化的传播，它的内容的设计，大多是出于受众的个体需要。因此，有人说互联网媒体传播最温馨，最具有人情味。

招商银行手机银行业务通过塑造移动互联网媒体和PC互联网媒体的互动平台，研究不同客户端的特性，力求全方位覆盖到精准iPhone、Android智能手机客户，与此同时与网络推广平台及相关业务伙伴的实时合作，注重高冲击力的富媒体视频和保障下载通路的畅通无阻，从而大大地提升了招商银行手机银行的App知名度。通过第三方数据表现，招商银行手机银行的iPhone客户的占比超过60%。这一大批优质的移动金融客户体现了目前招商银行在手机银行业务方面强大的客户储备和巨大的发展潜力。

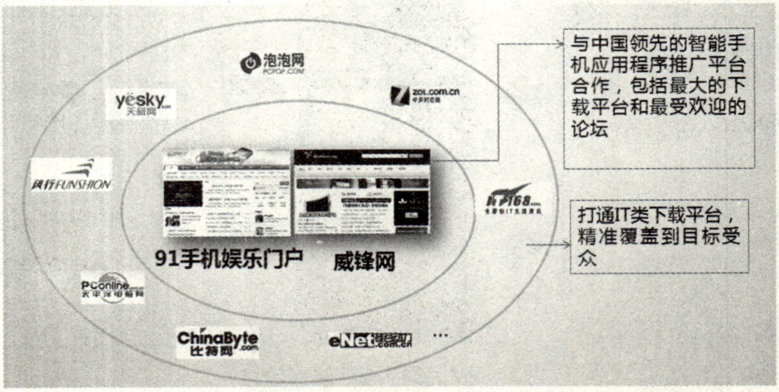

图8 招商银行手机银行的平台合作

聚焦移动金融客户

在传播过程中，招商银行通过最简单直观的传播内容帮助消费者定义或管理新的金融生活模式，让客户切身体会到移动金融的便利性和招商银行所提供的优质服务。招商银行利用不同类型的互联网媒体进行宣传和市场链接，与客户形成了一个有序高效的互动生态圈。在手机银行业务中，招商银行定向聚焦iPhone、Android智能手机的人群，结合客户的机型定向、广告内容定向引导、消费者商务需求等多个方面的维度对消费者进行宣传教育和业务拓展。例如，招商银行针对客户端做了部分客群方面的促销。在手机银行业务中，通过手机银行转账是免费的，所购买的电影票也有相应的折扣或免除线下购票的部分手续费。

由此可见，移动金融倡导消费者去寻求更实惠更方便的金融生活，同时也促使和教育消费者改变原有享受金融生活的传统方式。招商银行希望通过手机银行这一业务能够在第一时间进行消费者教育，也可以及时为消费者寻找优惠快讯或收集金融信息，在保证消费者服务体验的同时提供更多的增值服务。

表2　招商银行手机银行的特点与消费者诉求

消费者诉求	招商银行手机银行的特点
手机银行的安全性高	招商银行手机银行采用SSL安全协议进行高强度的数据加密传输，即使网络传输的数据被截获，也无法解密和还原。同时，招商银行采用双重密码、图形验证码等全方位安全措施，确保客户资金与信息的安全。在登录时要提供登录名、密码，即使手机被他人操作，不知道密码也将无法登录。在用户退出手机银行或关闭手机浏览器后，手机内存中临时存储的账户密码等信息将自动清除，不会在手机上保存。如果用户打开手机银行，超过一定的时间未操作，银行后台系统将自动注销登录。
手机银行的功能强大	以招商银行WAP手机银行为例，其服务已经能够覆盖所有移动和联通手机用户，客户可以获得7×24小时全天候的自主服务选择。客户通过手机上网访问WAP页面网址，即可轻松办理招商银行账户查询、转账汇款、投资理财、信用卡业务等系列金融服务，其中包括账户管理功能，如账户查询、交易查询、密码管理、挂失等；自助转账功能，如转一卡通、转信用卡、转存折、转他行账户、定活互转、银证转账；对基金和证券的投资管理功能；自助缴费功能；网上支付功能；信用卡功能；账户管理功能等。
手机银行的费用合理	对用户来说，一家费用昂贵的手机银行不可能是一家好的手机银行。目前，客户使用招商银行的手机银行，仅需向移动运营商支付访问手机银行所产生的网络流量费用，除此之外不收取任何其他服务费用。

图9　招商银行手机银行的目标客户

广告效果

2011年上半年，招商银行手机银行交易总金额为449.5亿元，是同业平均水平的8倍，笔均金额6.34万元相当于同业水平的6倍。手机银行电子化替代率快速提升，相当于37家营业面积超过1000平方米的大型网点，iPhone版用户已成为招商银行手机银行最大的客户群。

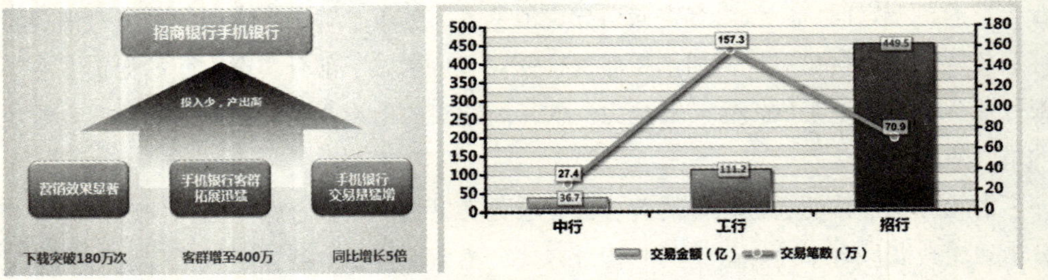

图10　招商银行手机银行的营销绩效

与传统的银行网点相比，手机银行因其全天候、低成本、功能全面、方便快捷等优点被越来越多的年轻人所接受。在各手机银行群雄逐鹿之际，一向以创新闻名的招商银行，率先打造了各种版本的手机银行，为手机客户提供最强大、最全面的移动金融服务和最佳的用户体验。该业务已经过了十多年的发展，目前已覆盖了Android、iPhone、WAP等各个产品移动终端的系列。而在这个广告篇中，招商银行通过一个非常简洁的设计理念向客户传达招商银行作为一个移动金融平台的价值。招商银行依托这个平台，让客户更高效地管理自身的金融生活模式，从而有效地提高服务体验的品质。①

招商银行品牌简介②

招商银行于1987年在中国改革开放的最前沿——深圳经济特区成立，是中国境内第一家完全由企业法人持股的股份制商业银行，也是国家从体制外推动银行业改革的第一家试点银行。

成立25年来，招商银行伴随着中国经济的迅猛增长，在众多客户和社会各界人士的支持下，从当初只有1亿元资本金、1家营业网点、30余名员工的小银行，发展成为了资本净额超过2000亿元、资产总额超过2.8万亿元、机构网点超过900家、员工近5万人的全国性股份制商业银行，并跻身全球前100家大银行之列。

凭借持续的金融创新、高质的客户服务、稳健的经营风格和不俗的经营业绩，招商银行现已发展成为中国境内最具品牌影响力的商业银行之一。在银监会对商业银行的综合评级中，招商银行一直名列前茅，并且荣膺英国《金融时报》、《欧洲货币》、《亚

①其他来源：MBA智库，凤凰网.
②参考文献：招商银行官方网站.

洲银行家》等多家权威媒体授予的“最佳商业银行”、“最佳零售银行”、“中国区最佳私人银行”、“中国最佳托管专业银行”等多项殊荣。在英国《金融时报》发布的全球银行市净率排行榜中，招商银行在全球市值最大的50家银行中，市净率排名第一。在英国《银行家》（*The Banker*）杂志发布的2011年“全球1000家大银行”排名中，位居第60位。

目前，招商银行在中国内地的100余个城市设有87家分行及801家支行，2家分行级专营机构（信用卡中心和小企业信贷中心），1家代表处，2031家自助银行，1家全资子公司——招银金融租赁有限公司；在香港拥有永隆银行有限公司和招银国际金融有限公司等子公司，及一家分行（香港分行）；在美国设有纽约分行和代表处；在伦敦和中国台北设有代表处。2012年1—3月，招商银行实现净利润111.21亿元，比上年同期增长31.59%。

招商银行将“服务、创新、稳健”作为核心价值观，坚持效益、质量、规模、结构协调发展，在国内同业中逐渐脱颖而出。

在公司治理方面，招商银行实现所有权和经营权的分离，建立了董事会、监事会和经营班子的现代企业治理机构。其内部分工明确、相互制衡。

在人员管理方面，招商银行敢为人先，打破当时国内企业普遍存在的“铁饭碗、铁交椅、铁工资”的“三铁”制度，贯彻实行“人员能进能出、干部能上能下、待遇能高能低”的“六能”机制。

在信息化方面，招商银行构建了全行统一、领先同业的IT平台，创建了国内第一个电话银行，实现了客户资金的通存通兑和零在途汇划。

在产品开发方面，招商银行的创新业务产品具有比较明显的市场竞争优势。

• 一卡通是是国内第一张基于客户号管理的银行借记卡，目前累计发卡超过6085万张，卡均存款突破1万元，远超全国平均水平，被誉为客户最喜爱的银行卡之一。

• 一网通是国内第一家网上银行，网上银行和电话银行等电子银行渠道的持续完善有效分流了营业网点压力，2011年零售电子渠道综合柜面替代率达到86.57%，公司电子渠道综合柜面替代率达到49.63%。截至2011年底，iPhone版、安卓版手机银行客户端下载量突破250万，手机银行签约客户总数已达449.47万户，形成以iPhone版、Android版、网页版为主的三大手机银行平台，全面覆盖中高端智能手机用户。

• 信用卡是国内第一张符合国际标准的双币信用卡，目前发卡量超过3961万张，被哈佛大学编写成MBA教学案例。另外，金葵花理财是国内首个面向高端客户的理财产品，在高端客户中享有很高的美誉度，目前拥有金葵花及以上客户数量78.32万户。

• 私人银行服务在国内股份制银行中率先推出，跨银行现金管理在国内同业首开先河，风险管理也一直为业界称道，资产质量始终保持良好水平。截至2012年3月末，本公司不良贷款率为0.58%，不良贷款拨备覆盖率为409.70%。

步入世纪之交，招商银行在行长兼首席执行官马蔚华的率领下，在妥善处理了离岸资产业务被叫停、个别分行发生挤提的严重流动性风险，以及前期快速发展中累计的不良资产风险的基础上，抓住信息化、全球化的机遇，前瞻性地制定并成功地实施了科学的战略。

1．首先是利用在互联网面前大小、新老银行都处于同一起跑线的有利时机，大力发展网上银行、电话银行、手机银行、自助银行等电子渠道，有效地弥补了物理网点不及大型银行的明显劣势，并锁定了大量高素质、高价值客户。

2．其次是分别于2002年和2006年在上海、香港上市，不仅满足了快速发展的资本需求，而且推动了内部管理脱胎换骨式的转变。

3．再次是积极稳妥地推进国际化发展，在政府的强力支持下，经过艰苦努力，打破了美国17年来对中资银行市场准入的封锁，率先在纽约设立了分行并在金融危机最严重的2008年10月正式开业，被纽约市长彭博比喻为“华尔街冬天里的春风”。

4．最后，2008年斥资300余亿港币收购了具有75年历史的香港本土第四大银行永隆银行，整合后开始取得良好的协同效应，被英国《金融时报》评述为“不可复制的案例”。

2004年，招商银行在国内同业中率先实施经营战略调整，加速发展零售业务、中间业务和中小企业业务，逐步形成了具有竞争力的业务结构与经营特色。如今，招商银行已经驶向新的战略发展轨迹。招商银行将在深入推进经营战略调整的基础上，不断提高竞争优势，实施以降低资本消耗、提高贷款定价、控制财务成本、增加价值客户、确保风险可控为主要目标的二次转型，着力推进经营方式向内涵集约型转变，真正走上集约化经营的道路。

2011中国金融品牌十大年度广告

光大银行零售业务品牌：“银行+家”事件的整合营销传播

重新认识“银行+家”

金融营销是指金融企业以金融市场为导向，运用整体营销手段向金融客户提供合格的产品和高质的服务，在深度了解客户的需求，满足客户需要和欲望的过程中实现金融企业利益目标的社会行为过程。如今，金融营销在金融品牌的建设领域越来越被重视。金融机构不再是单向地向市场输送金融产品和向客户传达金融资讯，而转向以消费者为核心，注重品牌发展与关系管理共同发展的金融模式。除了设计金融产品和服务项目，金融企业还需要充分结合营销知识与金融运作理念来实现市场目标，同时在这过程中获取一定的收益。

为了推出一个全新的品牌，光大银行邀请市场上知名的调研公司做调研，希望通过这次调研发现光大银行真正的客户需求，形成有效的市场策略，也就是推出一个全新的，能为市场接受的更好的品牌。其主要目的是确定未来3年的金融沟通平台，同时深入了解客户的生活兴趣和爱好，包括他们接触媒介的习惯，以及其他方面和竞争对手推广的评价，这决定了光大银行在什么方面投放广告。光大银行通过在北京、上海、太原、长沙进行的调研结果分析得出同为股份制商业银行的众多品牌（包括光大和主要竞品）之间还没有明显的形象区隔，如表3所示。

表3　国内股份制商业银行的品牌对比

	规模/范围	网点	环境	服务态度	收费
ICBC 中国工商银行 中国建设银行 China Construction Bank 中国农业银行 中国银行 BANK OF CHINA	国有的全国性大银行	多	人多服务设施匮乏	差	高
招商银行 中国民生银行 Bank 中国光大银行 CHINA EVERBRIGHT BANK 浦发银行 SPD BANK 兴业银行 中信银行 CHINA CITIC BANK	商业的全国性中小银行	少	人少敞亮舒适	好	低
北京银行 BANK OF BEIJING 晋商银行 Jinshang Bank BCS 长沙银行 上海银行	地方的小银行	仅限于本市	人少条件一般	一般	很多都是免费

▶在这个品牌群中，客户认为各银行间差异不大

通过调研获知客户在评价银行的时候，最关心的是银行的规模，网点是多还是少，网点好还是不好，服务态度是差还是好。同时在银行最关注的品牌影响力方面，光大银行与主要竞争对手之间，品牌影响力差异不大。这样的调查结果，使光大银行为了提升自身品牌影响力开始了建立差异点的整合营销传播。

目前营销传播组合包括八种主要的传播方式。①

1．广告：所有由某位可识别的赞助者进行的创意、物品或服务的非人员演示和推广的收费的形式。

2．销售促销。为鼓励对某个产品或服务的试用和购买而进行的短期刺激。

3．事件和体验。公司赞助的活动和项目，目的在于建立日常或特殊的与品牌相关的互动。

4．公共关系和宣传。用于推广或者保护公司或单个产品的形象的项目。

5．直复营销。利用信件、电话、传真、电子邮件或互联网直接与特定的顾客或潜在顾客沟通，或者引发其反馈或对话。

6．互动营销。让顾客或潜在顾客参与网络活动和项目，直接或间接地增强认知度，提高形象或销售产品和服务。

7．口碑营销。与购买或使用产品或服务的优点或经历相关的，人对人的口头、书面或电子形式的传播。

8．人员推销。对潜在购买者进行的面对面互动，目的在于进行展示，回答问题和取得订单。

公司的传播实际上超越了上述特定的平台。每一次品牌接触都会向顾客传递可能增强或削弱其对公司形象相关的印象。从塑造品牌资产的角度来说，营销者应该根据有效性标准（工作效率如何）和效益方面的考虑（成本多少）对所有可能的传播方式进行评估。②

相似点和差异点

通过对消费者目标市场和竞争者性质的定义确定了定位的竞争参照系之后，消费者就可以定义适当的差异点和相似点联想。③

差异点（PODs）属于正面评价，是指消费者相信其品牌形象与其他竞争对手的具有显著的差异并且是其竞争对手无法与之媲美的特点。相似点（POPs）是指并非该品牌所特定拥有的特性或者是形象，其竞争对手或者是该行业普遍拥有的特点。种类相似点是指消费者认为某种产品种类中的产品要满足合法性和可靠性必须具有的联想，据此消费者还不足以作出品牌选择。

因此若要吸引消费者，品牌就需要建立自身的差异点。光大银行要建立品牌差异

①其中的一些定义改编自Peter D. Bennett, ed., *Dictionary of Marketing Terms*. Chicago: American Marketing Association, 1995.

②科特勒，凯勒，卢泰宏．营销管理（第13版）[M].北京：中国人民大学出版社，2009: 407.

③Kevin Lane Keller, Brian Stenthal, and Alice Tybout. Three Questions You Need to Ask About Your Brand. *Harvard Business Review*, 2002(9): 80-89.

点，也需要了解消费者对其品牌的期待。通过调研得出客户对一家理想银行品牌的期待如图11所示。

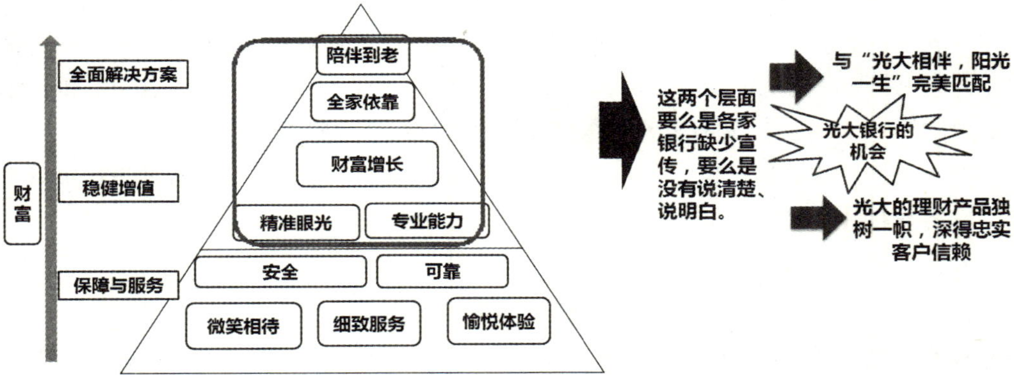

图11　客户对一家理想银行品牌的期待

银行整合营销传播的原则

银行的整合营销传播需要坚守一定的原则才能将整合营销传播的传播效益达到最大化。其基本原理在于银行的整合营销传播需要与银行形象、目标群体、金融产品保持一致性，同时在成本费用和收益方面保持平衡。

一、银行整合营销传播形象与银行形象的一致性

银行形象的组成因素众多，例如银行的口号、理念、企业文化、营销方式、企业员工等等。为了使整合营销传播在目标群体心目中留下和企业形象一致的印象，因此在银行的整合营销传播中，需要使整合营销宣传和银行的形象保持一致性。在整合营销传播的过程中应该向目标群体传达“一种声音，一个形象”的宣传效果，充分体现银行的经营理念和经营特色。银行通过集中式地突出宣传银行的自身形象，从而将银行的企业形象深刻地留在目标群体的心目中，使公众能把宣传和银行的形象紧紧联系在一起，让目标群体看到传播的信息就能够联想到银行形象。

二、银行整合营销传播的目标群体与客户群的一致性

在整合营销传播过程中，由于不同的目标群体拥有不同的文化背景，各自的需求也具有一定的差异性，对信息的接受以及理解程度不同，所以应针对银行的目标群体，采用相应的整合营销传播方式，去满足不同客户的需求。目前在银行营销传播过程中，宣传的方式、手段和内容要因客户群的不同而异，只有在银行整合营销传播的目标群体和银行的客户群是一致的时候，才能直接影响银行的目标客户群，最终提升在银行客户群体心中的企业形象。

三、银行整合营销传播理念与金融产品的一致性

银行实施整合营销传播的目的是为了增加目标客户购买使用银行的产品以及服务。所以银行在实施整合营销传播的时候，应该遵循银行整合营销传播理念与银行的金融产品及服务保持一致性的原则。银行通过整合营销传播，可以增强企业在客户群中的企业形象，增强目标客户群对银行产品和服务的认知度和美誉度。在银行整合营销的传播范围和形式上，银行的产品和服务的客户群也要保持和整合营销传播的一致性，例如网上银行适合企业和高收入客户，传播中就要锁定这一部分客户，有针对性地设计传播规划。这种传播效果比广泛地分发传单效果更好。

四、银行整合营销传播与成本、费用的权衡

整合营销传播是银行营销方式的一种，它最终的结果是要给银行带来效益和利润，所以银行营销传播要考虑到银行的成本和费用。在银行整合营销传播的过程中，需要将各种传播资源进行有效地整合，从而形成最佳合理的搭配，以收到最佳的传播效果。

“银行+家”整合营销传播

美国广告业协会将整合营销传播（Intergrated Marketing Communication，IMC）定义为一个营销传播计划的概念：确定对多种传播方法（包括广告、直接邮件、促销和公共关系等）的战略作用进行评价的综合计划所能产生的附加值，并综合应用这些方法，对分散的信息进行无缝结合，从而提供明确、一致和最大的沟通效果。

光大银行通过前期市场调研得出客户目前对股份制商业银行的感知主要存在于服务的层面，而且股份制商业银行的众多品牌之间，还没有明显的形象区隔。光大银行为了达到“通过整合资源（品牌、产品、传播、促销、公关/事件、网络），搭建营销平台，建立良好品牌形象，扩大客户群和市场份额；提升产品销售能力，客户群扩大能力，不断扩大客户和储蓄存款市场份额”的目的，需要建立一个鲜明的整合平台来表现所有的品牌理念。光大银行相信“只要在面对改变的时候，每个家庭都能拥有财富保障或增值，世界将会更美好！”基于关爱家庭的大理想，保障、增值自己和家人的财富是客户的终极需求，光大银行把银行和家连在一起，提出“银行+家”的理念。

在推出这样一个品牌理念的情况下，光大银行对现有的零售产品进行了整合，针对不同的产品推出不同的营销传播策略，如针对家庭理财推出“家庭银行+家”，针对财富和企业家推出财富“银行+家”等。在不同的时间段为了迎合需求，光大银行有针对性地推出了不同的主题促销，例如春节家里有个“银行+家”，国庆“银行+家”双节献礼等。现在光大银行推出的少儿理财、私人银行业务等活动都将紧密联系光大银行的目标人群。少儿理财教育活动是全国妇联推出的“我与孩子共成长”的系列活动。该活动已经在北京、上海、广州、天津、重庆做了30多场活动，总共预计做80多场，受到了儿童

和家长的普遍欢迎。图12为光大银行“银行+家”的品牌整合营销传播结构图。

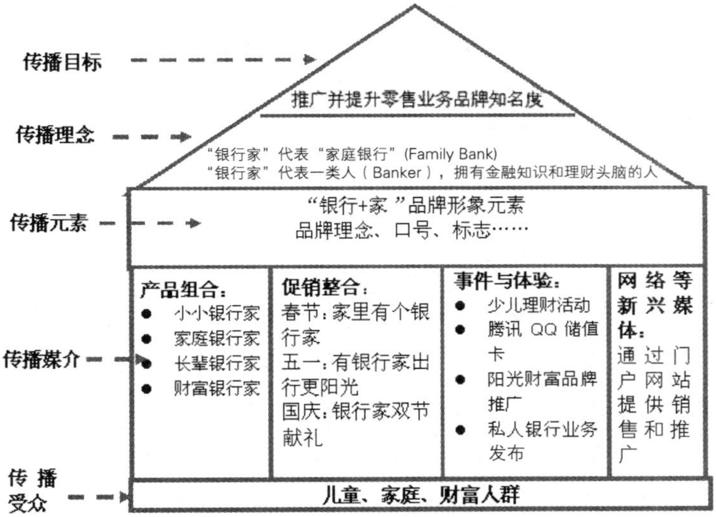

图12　光大银行“银行+家”整合营销传播

整合营销传播目标

Rossiter和Percy指明了四种可能的营销传播目标。①

1. 类别需求。建立一个填补或满足在现有的动机状态与期望的情感状态之间的可感知的差异所必需的产品或服务。

2. 品牌知名度。识别或回忆类别中品牌的足够多细节从而实施购买的能力。品牌知名度是品牌资产的基础之一。

3. 品牌态度。对品牌满足当前相关需求的知觉能力的评定。相关品牌需求可能是反向的（避免问题、未充分满意、正常损耗），也可能是正向的（感官满足、社会认可）。

4. 品牌购买意向。购买品牌或进行与购买相关的行动。

光大银行开展“银行+家”整合营销传播的目的在于推广并提升零售业务品牌知名度。“银行+家”品牌是统领光大银行零售业务的新品牌形象。它寓意光大作为“家庭银行”，将会发挥自身无数金融人才和多年为个人及家庭提供金融服务的经验优势，全心全意为客户提供专业服务，达到“让客户的整个家庭和各个成员都拥有财富保障及增值，面对改变时不为财务状况所困”的大理想。把现有的产品重新整合为家庭概念的产品系列，透过品牌形象和产品、目标客户类别区别于对手。

---

①此部分是基于以下的优秀文献：John R. Rossiter and Larry Percy. *Advertising and Promotion Management*, 2nd ed. New York: McGraw-Hill, 1997.

“银行+家”整合营销传播元素

品牌理念——家庭财富保障／增值

“银行家”代表“家庭银行”（Family Bank）。光大银行不仅关心和了解客户个人，还关注客户家庭及成员的金融需求并为其解决面临的问题。光大银行推出的“银行+家”品牌广泛传播“家庭财富保障／增值”理念，将个人理财延伸到家庭理财。“银行+家”结合零售理念“光大相伴　阳光一生”，倡导关爱家人，家庭理财的理念。

自2004年“阳光理财”推出以来，光大银行财富管理团队连续创造业内众多“第一”，截至2010年底，光大银行为零售客户和机构客户累计发行理财产品7000多只，发行额1.2万多亿元人民币，余额近1500亿元。目前，光大银行理财产品已拥有包括阳光理财A计划、A+计划、T计划、套餐、“盈”系列等固定收益类产品，同赢、同享、稳健一号、私募基金宝等浮动收益资产管理类产品在内的20多类本外币系列产品，每只产品都是经过精心设计、精细把握客户资产管理需求，最大限度地提升产品收益水平，充分满足了社会大众，特别是中青年客户群体的投资需求。2008年，阳光财富品牌在“阳光理财”的基础上，经历了业务不断发展、高端客户数量不断增长、需求更趋多样化和复杂化的阶段适时推出，专心为资产额500万元以上的个人客户提供财富管理服务。除了将“阳光理财”现有服务升级外，“阳光财富”还在健康关怀、子女教育、投资顾问、艺术鉴赏、爱心慈善等多方面为客户提供全面增值服务。通过持续的产品与服务创新，“阳光理财”和“阳光财富”两大品牌，坚实地奠定了光大银行在商业银行财富管理领域的领先地位。阳光理财业务的持续快速发展进一步优化了光大银行的零售业务结构，丰富了中间业务收入来源，吸引带动了优质客户加入，进一步提升了光大品牌的社会影响力和美誉度。

7年来，由“阳光理财”的一点突破到独具特色的阳光系列品牌基本成型，光大银行的品牌建设构架日益清晰、成熟：阳光一生、E路阳光、阳光存管、阳光信用卡等阳光系列品牌不断为客户所认知、认同，创新的品牌形象不断强化，鲜明的品牌个性正在“共享阳光　创新生活”的理念下不断张扬。2011年，继“阳光理财”、“阳光财富”之后，光大银行零售业务品牌再次整合，提出了“家庭银行”的理念，从对客户个人的关注延伸到对客户全家的关注，出国金融、黄金买卖、助业易贷等贴近生活的理财产品为家庭理财做好了充分准备。①

光大银行能够运用自己的专业人才，帮助每一位客户，将他们的商业眼光和金融愿景变为现实。

在推出这样一个品牌理念的情况下，光大银行对其自身现有的零售产品进行整合，针对不同的产品。推出了不同的主题促销，春节家里有个“银行+家”，国庆银行家双节献礼等等。

①光大银行：您的家庭银行．网易新闻．http：//news.163.com/11/0630/08/77PI8P9G00014AED.html.

图13 “银行+家”品牌理念

口号——光大银行，您的家庭银行

“光大银行，您的家庭银行”，该口号简洁明了，能迅速在消费者的心中留下深刻的记忆，同时其意义充分体现出光大银行“银行+家”品牌不仅仅关心个人理财服务，更加注重家庭财富保障 / 增值的品牌理念。光大银行相信，只要在面对改变时，每个家庭都能拥有财富保值和增值，生活将会更美好。这是关爱家庭关爱自己的点上决定的，同时把银行和家有效果联系在一起。光大银行有很多诠释，比如说“银行+家”像家庭医生关注消费者的需求。“银行+家”也代表一类人，拥有金融知识头脑。“银行+家”可以体现光大银行终端的营业网点，像一个家一样给你温暖。

标志——

标志（Logo）是表明事物特征的记号。它以单纯、显著、易识别的物象、图形或文字符号为直观语言，除表示什么、代替什么之外，还具有表达意义、情感和指令行动等作用。光大银行“银行+家”的标志，由“银行·家”以及一个阳光的理财人组成。其充分体现出“银行+家”为家庭财富保障 / 增值的品牌概念，字体生动有趣，颜色为紫色，比较独特，看着舒服，有贵气。

“银行+家”整合营销传播媒介

光大银行“银行+家”品牌以多种传播形式传播其品牌理念和形象，其目的在于将多种传播形式相结合以将光大银行的品牌形象在客户的心中得到最大提升。其主要分为以下三种途径：

一、产品组合

光大银行为了将整合营销传播效益最大化，首先将目标群体进行细分，针对不同的目标群体采取不同的传播策略。

细分市场可以通过很多种方法来确定，最常用的一种方法是辨认偏好细分市场。这有三种不同的模式。

1．同质偏好。是指所有消费者有大致相同的偏好的市场，因此不存在自然地细分市场。

2．扩散偏好。在另一个极端，消费者的偏好可能在整个范围内四处散布，这表明消费者的偏好存在很大差异。

3．集群偏好。市场可能出现有独特偏好的密集群，称为自然地细分市场。①

企业确定了它的市场细分机会，就应对每个细分市场进行评估。光大银行根据自身的定位将这次整合营销传播的目标群体分为儿童、家庭、老人以及企业家四个目标群体，并在“银行+家”平台上针对不同客户群推出一系列产品：

出国理财相关产品服务，如留学系列。

家庭理财相关产品服务，如长短结合理财产品。

点金通相关产品服务，如基金、保险等。

小微贷款相关产品服务，如小企业产。

出国理财

家庭理财

①科特勒，凯勒，卢泰宏．营销管理（第13版）[M]．北京：中国人民大学出版社，2009：176.

点金通理财

小微贷款

图14　光大银行“银行+家”平面系列广告

二、促销整合

销售促销的目标取决于更广泛的目标，而该目标则来自更基本的产品营销目的。就消费者而言，销售促销的目标包括：鼓励更多的购买；争取非使用者的试用；吸引竞争品牌的使用者。就零售商而言，目标包括：劝说零售商经营更多的商品，维持较高的存货水平；鼓励淡季购买；抵制竞争品牌的销售促销；培养品牌忠诚度；赢得进入新的零售网点的机会。就销售团队而言，目标包括：鼓励他们支持新产品和新型号；鼓励寻找更多的潜在顾客；刺激淡季的销售。①

光大银行为促进“银行+家”品牌的传播效益，开展了一系列针对儿童、家庭、财富人群这三类目标客户的关于“银行+家”品牌促销整合活动。此次促销整合的目标在于鼓励消费者更多的购买，争取非使用者的试用，吸引竞争品牌的使用者以及培养顾客的忠诚度。

1．少儿理财教育活动（小小银行+家）

2011年5—11月光大银行在北京、上海、广州、天津、重庆5个重点城市与全国心系系列活动组委会合作推出“我与孩子共成长”——儿童财商家庭教育系列活动。活动围绕儿童心理、法律法规、习惯养成、财商教育等方面的知识进行教育，推出并宣传儿童财商家庭教育理念，编写并发放少儿理财教材，举办家长课堂，在教育基地开展各具特色的儿童财商体验活动、举办少儿理财绘画大赛等多种形式的活动。

①制定销售促销目标的模型，see David B. Jones, Setting Promotional Goals: A Communications Relationship Model. *Journal of Consumer Marketing*, Vol.11, No.1 (1994): 38-49.

开展互动新体验——“终端少年银行+家儿童理财窗口”为全国首创儿童理财窗口，以吸引客户带小孩来开户，开始理财第一步。开展“少年银行+家儿童理财中心”把VIP接待处粉饰为儿童理财中心，客户可以带同小孩来体验理财教育游戏，在办理个人理财时，小孩可以在这与儿童理财经理有互动。不论成人或小孩，都可享受非一般银行的体验。

该活动得到多角度报道，其中包括全国性报道这次合作，地方媒体配合报道，组委会代表访问光大银行的管理层对家庭理财的信念及理想等。同时建立校园营销渠道，通过家长课堂实践活动的开展，由光大银行理财经理接触客户，收集客户资料，进一步开展销售，推广少儿理财相关的综合零售产品。

根据千龙网安力记者报道：“由全国心系系列活动组委会主办、中国光大银行协办的“心系好儿童之财智人生　快乐启航——儿童亲子理财家庭教育系列活动”取得了优秀的成绩。资深儿童教育专家及财富顾问为近200名家长带来了精彩的家长理财课堂，指导家长帮助孩子认知金钱、养成财富管理的习惯。

光大银行的领导表示，亲子理财教育不仅是指导家长帮助儿童认识劳动的价值和父母工作的意义，还要帮助孩子学习规划梦想、管理人生，更重要的是在亲子理财教育过程中，指导家长如何帮助孩子树立正确的金钱观、价值观，从小养成良好的理财行为习惯。据悉，本活动将在北京、天津、上海、广州和重庆5个城市试点开展，计划组织开展百场流动专家课堂，使家长得到专家们权威的、专业的亲子理财教育指导。第一个五年规划中将使1000万儿童家庭直接受益。

富豪们小时候都在做什么？很多人都听说过巴菲特童年的故事，5岁开始做小生意，9岁时通过废旧的汽水瓶盖做市场调研发现更畅销的饮料，11岁开始在股票市场上有所斩获，2008年成为世界首富和投资界难以望其项背的丰碑。

当媒体聚焦于一个成功人士背后的故事时，他的童年往往占据了很重要的角色。中国有句古谚“三岁看大，七岁看老”，童年所接受的教育往往决定着孩子未来的人生方向，在理财方面也不例外。因此，被称作全球最聪明的民族之一的犹太人从小便很重视对孩子的财商教育。在国内，已经有不少相关的社会机构以及金融机构意识到儿童财商培养的重要作用。

启动式后，儿童思维教育专家陈梅芳老师和光大银行北京分行资深顾问张荣辉为现场近200位家长带来了精彩的亲子理财家庭教育课堂。针对儿童的不同成长时期，专家们系统地讲述了在亲子理财家庭教育活动中应重点关注的内容，如教育孩子给“需要”设底线、学会分享财富，并培养财富修养等等。两位专家的讲座深入浅出，生动科学且具可操作性，家长普遍反映受益匪浅。①

①安力.光大银行积极投入儿童亲子理财家庭教育活动. 腾讯财经. 2011年4月. http：//finance.qq.com/a/20110429/000214.htm.

2．阳光财富品牌推广（财富银行+家）

随着业务的迅速发展，高价值客户数量不断攀升，光大银行推出财务管理品牌“阳光财富”。“阳光财富”主要面向资产额达到500万元以上的私人客户，以“至专、至诚、致远”为宣传理念，展示了光大银行专业、精致和创新的理财品牌形象。由此可见，面对日益复杂和个性化的客户需求，光大银行并不满足于优势品牌阳光理财的现状，而是推出更多相辅相成的业务，形成一个覆盖面广的业务范围和品牌体系。

阳光财富的推出，除了将阳光理财现有服务升级外，还将推出更独特的服务，如为客户提供“一对一”的理财服务、量身定制综合投资服务等，帮助客户更轻松、更便捷地打理自己的财富。在为贵宾客户提供基于资产配置的财富管理产品组合，提供个性化解决方案的同时，将围绕金融资讯、健康关怀、子女教育、投资顾问等多方面提供增值服务。①

作为国内最早开办理财业务的商业银行，中国光大银行通过不断的产品创新与业务创新，在该领域取得了突出的比较优势。截至2008年末，光大银行阳光理财产品累计发行规模已接近5000亿元，理财资产余额超过1400亿元。理财产品种类与结构不断丰富。目前已拥有包括阳光理财A计划、B计划、T计划等在内的十大类本外币阳光理财系列产品。理财产品研发能力、产品收益能力均名列同行业前茅。凭借光大银行的努力，光大银行阳光理财品牌得到了广大投资者的肯定，接连荣获“百姓认可的理财品牌”、“卓越理财奖”、“年度中国银行（行情股吧）业理财最具影响力品牌”等多项大奖。“要理财，到光大”的口号正在众多投资人中间广泛流传。

阳光财富中心的目标客户定位在金融资产100万元以上的高端客户，财富中心不但为贵宾客户提供了舒适、私密、低调的理财服务环境。同时配备专业团队，针对客户的投资理财需求，提供全方位咨询和服务，并为客户量身定制理财组合，为客户带来真正的财富升值。首期即将推出的具体服务，针对私人财富管理领域，“阳光财富”将致力于为投资者提供以下私人理财服务和金融产品：

• 投资咨询：根据投资者的投资偏好和属性，为其提供可信赖的调查研究方案和投资建议。

• 财务规划：以国际金融理财师领衔的顾问团队会根据投资者的家庭财务状况和财务规划目标，为其提供可行的理财规划建议。

• 专业服务：在外汇、保险、税务等其他投资及筹划领域，“阳光财富”的专业化分工会进一步提高投资者的目标达成度。

---

①金苹苹.光大银行“阳光财富”品牌发布会.中国证券网. 2008(11). http://money.cnstock.com/invest/2008-11/14/content_3841090.htm.

• 金融工具：提供专业定制、共同基金、私募计划等金融超市模式的金融产品投资渠道。①

3. 私人银行业务发布（私享银行+家）

中国光大银行副行长林立指出光大银行私人银行的设置采用了挂靠在零售部下的模式，光大私人银行的目标客户也定位在中小企业主上。光大私人银行未来的目标，就是把光大的私人银行办成中小企业主的金融俱乐部。光大做私人银行的优势在于两点：其一是有金融控股集团的平台资源。依据这一优势，光大私人银行可以更多地从客户需求的角度提供服务，这种服务因为是在集团内部完成的，沟通协作起来更顺畅，因此也更能体现客户的意愿，更符合私人银行的特征。其二是有经验丰富的理财团队。光大银行“阳光理财”品牌诞生于2004年，是光大银行首创的自主知识产权的理财品牌，理财业务在国内接连创下多个第一。在理财业务发展的同时，光大银行积累了丰富的产品设计经验、制度和内部程序等等，拥有专业的团队和合作伙伴。这些必将在未来对于私人银行客户的服务中发挥巨大的作用。

光大私人银行在策略定位上将对内开放服务，实现内部资源的整合，包括投行、融资、财富管理等业务；对外通过采购的方式为私人银行提供他们最需要的金融服务。为了最大限度地满足客户需求并发挥光大优势，光大银行设计了一个四步价值链提升工作法，即了解、方案设计、达成执行和跟踪评估，并对每一步提出了详细的要求。以此为基础，光大私人银行将利用光大的整体资源，在专业产品和服务体系上侧重于融资、离岸金融和财富管理。在产品供应上，重点发展离岸金融和另类投资；在服务供应上，重点发展融资和高端保险。②

三、网络等新兴媒体传播

目前，国内外的学者对网络营销的重要性和巨大潜力都给予了充分的肯定。国际营销领域“营销之父”菲利普·科特勒和国内著名营销学者卢泰宏教授均指出，网络营销将引领21世纪营销的未来，是营销实践与理论发展的焦点所在。网络等新兴媒体的传播突破了传统营销中的时间和空间的限制，针对不同的消费者提供个性化的设置，互动性强。与此同时，企业可以将网络营销线上与线下相结合，将营销效果最大化。随着互联网技术的发展和应用，现在人们可以通过互联网、移动终端等设备进行沟通，消费者也越来越多地参与到企业的营销活动过程中。目前直复营销的最新渠道是电子营销。网络给营销者和顾客带来了更大的互动和个性化的机会。

光大银行“银行+家”品牌转播不仅仅利用精准的传统广告媒体选择，影响目标受

---

①中国光大银行广州分行“阳光财富中心”正式开业.网易财经. 2009年3月.

②金立新.中国光大银行副行长林立谈私人银行[N].金融时报，2011年12月.

众，同时也充分结合网上营销，透过门户网站提供销售和推广。光大银行利用线上线下传播相结合的传播途径将“银行+家”品牌活动传播最大程度上传递到目标客户心中。

图15　小小银行家网上营销平台

图16　“银行+家”电视广告

光大银行荣誉榜

光大银行获中国银行业客户满意度第一

光大银行六家网点获评“2011年度中国银行业文明规范服务百佳示范单位”称号

光大银行荣获“2011年度凭证式国债承销优秀奖”

光大银行荣获“2011最佳品牌表现奖”

光大银行被评为“卓越品牌建设银行”

光大银行阳光系列品牌被评为“年度金牌影响力品牌”

光大银行被评为“最具创新力银行”

光大银行被评为“2011年中国最受尊敬中资银行”

光大银行获得“2011年品牌创新奖”

光大银行荣获“2011年度全国支持中小企业发展十佳商业银行”

光大银行网上银行获得“2011年度最佳企业网银奖”

光大银行获“2011 CCTV中国年度品牌”殊荣

光大银行手机银行被评为“最受商旅精英欢迎的手机银行”

光大银行赢得“2011 CCTV中国年度品牌”殊荣

光大银行“光大阳光金管家：着力深耕后来居上”案例荣获“中国最佳品牌建设案例”优秀奖

光大银行“全程通”营销案例获得银奖

光大银行荣登全球1000家银行排名第101位

光大银行荣获“2010—2011年度最佳财富管理机构奖”

光大银行获评“中国银行业2010年度最佳公益慈善贡献奖”

光大银行荣膺“2010年度中国自愿减排先锋企业”称号

光大银行荣获“亚洲银行300排行榜——2011年20大银行荣誉奖”

光大银行荣获“中国银行业2010年度最佳公益慈善贡献奖”

光大银行位居银行品牌十强排行榜股份制同业第二

光大银行中小企业“融易贷”服务套餐荣获“2011年度优秀中小企业服务产品”

光大银行荣获“最佳交易奖”

光大银行品牌简介

中国光大银行成立于1992年8月，总部设在北京，是经国务院批复并经人民银行批准设立的金融企业，为客户提供全面的商业银行产品与服务。

自成立以来，伴随着中国金融业的发展进程，中国光大银行不断开拓创新，锐意进取，在为社会提供优质金融服务的同时，取得了良好的经营业绩，在综合经营、公司业务、国际业务、理财业务等方面培育了较强的比较竞争优势，基本形成了各主要业务条线均衡发展，零售业务贡献度不断提升，风险管理逐步完善，创新能力日益增强的经营格局。2010年8月18日，中国光大银行A股成功上市，迎来又一个崭新发展阶段。

目前，中国光大银行在全国25个省（自治区）、直辖市的60多个主要经济中心城市设有34家一级分行，拥有各级分支机构超过600家，员工超过20000人。

截至2011年9月30日，中国光大银行资产总额1.67万亿元，其中各项贷款8659亿元；负债总额1.58万亿元，其中客户存款总额达到1.18万亿元。实现净利润141.5亿元，不良贷款率降至0.65%，资本充足率为10.93%。在英国《银行家》杂志2011年发布的按总资产排名“世界1000家大银行”中，中国光大银行列第89位。

凭借卓越的创新能力和出色的业绩表现，中国光大银行连续三年被评为“年度最具创新银行”，荣膺“2011 CCTV中国年度品牌”。招牌业务“阳光理财”系列产品家喻户晓，是最具竞争优势的理财品牌之一，先后被评为“百姓最认可的理财品牌”、“最受欢迎的理财产品”；投行业务、企业年金、资金结算等领域也创造了多项行业第一。

在自身发展的同时，中国光大银行不忘履行社会责任，回报社会。连续6年捐助“大地之爱·母亲水窖”公益项目1500多万元，帮助兴建了万余口“母亲水窖”，解决了西北干旱地区上万贫困家庭的用水问题，彰显了企业的社会责任与员工的精神风貌。

强大的股东背景，全国性的经营网络，高素质的员工队伍，卓越的创新能力，中国光大银行以自身的经营优势，正按照“一年奋力起步，三年改变面貌，五年形成自身特色，十年勇争同业前列”的指导思想，落实“更有内涵的发展”，推进模式化经营，努力成为具有较强综合竞争力的全国性股份制商业银行。

第二节　金融品牌的营销类型：事件营销

中信银行董事会秘书、办公室主任罗焱在2010年中国金融品牌论坛上讲道：“事件营销是很重要的一方面，但是它有很多的困难和问题。”

事件营销，是指企业会充分利用资源进行一些策划、组织和执行事件活动，并利用其线上线下的新闻价值、社会影响以及明星效应的人物或者实践，来吸引社会媒体和广大消费者的兴趣和注意，目的是为了提高企业的产品或服务的知名度和销售量，同时亦可以树立企业的良好的品牌形象。这些价值最终都将会以企业的市场份额以及财务收益等方式表现出来。事件营销拥有面向广大受众以及影响显著等特点，所以通常会在短时间内就可以取得良好的传播效果。这种类型的营销活动可以为企业节约大量的宣传成本，并产生良好的影响力。

现在越来越多的企业开始充分利用名人或者微博等社交网络进行事件营销活动。但是在事件营销实施的过程中，由于事件的不可控因素以及存在一定的未知性等特点，因此企业要注意对事件营销进行风险控制。事件营销的风险来自于媒体的不可控制和新闻接受者对新闻的理解程度。企业在知名度扩大的同时也容易在公众面前暴露固有的弱点，从而最终伤害到公司的利益。事件营销应该有明确的目的，这一点与广告的目的性是完全一致的。事件营销策划的第一步就是要确定自己的目的，然后明确通过何样的新闻可以让新闻的接受者达到自己的目的。新闻事业发展到现在，媒体已经非常精确地细分化了。通常某一领域的新闻只会有特定的媒体感兴趣，并最终进行报道。而这个媒体的读者群也是相对固定的。

一、事件营销的驱动力

1．接近某个目标市场或生活方式。可以通过事件的地理特征、人口学特征、心理学特征或行为特征对消费者进行目标定位。也可以根据参与者对于某种产品或品牌的态度或使用来选择事件。例如索尼和百事等广告商在娱乐与体育电视网每年举办两次的X-Games上做广告以接触到令人难以捉摸的12—19岁的受众。

2．提高公司或产品名称的知名度。发起人的地位通常能带来某个品牌的长久曝光，这对于提高品牌识别率来说是必要的。通过技巧性选择要发起的事件或活动，也可以加强人们对某个产品的认可度，从而提高品牌的回忆率。

3．形成或加强消费者对于关键品牌形象联想的认知。事件本身就有助于形成或加强联想。安海斯布希公司选择Bud Light品牌作为铁人赛和其他铁人三项赛的赞助商，是因为公司希望赋予该品牌啤酒“健康”的形象。

4．加强公司形象。利用赞助提高人们对于公司是否招人喜爱、有威望等方面的看法，从而令消费者在今后的产品选择中对其有所偏好。

5. 形成体验，唤起情感。一次激动人心或有收益的事件所引发的情感可能也会与品牌有间接联系。

6. 表达对社区或社会事务的承诺。目标关联营销包括涉及公司与非营利组织和慈善机构相关联的赞助。石原农场、星巴克和美国运通等公司将目标关联营销作为其营销项目的里程碑。

7. 款待关键客户或回报关键员工。很多事件涉及奢华的待客帐篷和其他特别服务或活动，这些只有赞助商及其嘉宾才能够享用，能够产生商誉并建立有价值的业务接触。

8. 有机会进行推销或销售促销。很多营销者将竞赛或博彩、店内推销或者其他营销活动与实践捆绑在一起，正如福特公司和诺基亚公司利用热播的电视节目《美国偶像》一样。事件能否成功是无法预料的，有可能超出赞助商的控制范围，也可能有些消费者对事件的商业化行为很反感。

附录：中国金融品牌“金象奖”获奖案例

2011中国金融品牌十大年度营销事件

信诚人寿“信诚理财童星大赛”：关注理财新一代

营销关键词：

1．事件营销：指企业通过策划、组织和利用社会影响的人物或事件，吸引媒体、社会团体和消费者的关注，以求提高企业或产品的知名度、美誉度，树立良好品牌形象，并最终促成产品或服务的销售的手段和方式。（本案例是以赛事作为事件营销的载体进行多方位的资源配置）

2．信诚理财童星大赛：以关注理财新一代为主题，通过持续的营销力量开展事件营销，有助于信诚提高品牌美誉度和知名度，推动市场业务的进一步发展。

营销背景：关注新一代的市场机会

根据调研结果显示，中国消费者在各项家庭需求当中尤为关注下一代的教育。尤其随着社会竞争的日益加剧，人才培养已成为家庭高消费的主要体现。“授之以鱼，不如授之以渔”，财富的传承更多的已经不仅限于直接的金钱，而更多的是孩子的理财能力。在此背景下，家长对孩子的财商培养也日益关注。信诚一直关注孩子的教育及保障，并推出过众多儿童教育金保障及理财产品，协助各位家长提早为孩子准备教育基金。

自2008年信诚已经在湖北、广东等地试点推出理财童星大赛，鼓励并协助家长从小培养孩子的理财能力——从管理他们的压岁钱开始。大赛在当地都获得了家长及社会媒体很好的反响，并积累了丰富的操作经验。2011年，信诚将这个活动推广至其机构覆盖的区域（全国12个业务省区），在对外推广和对内宣传上都制订了明确的方案。

图17　信诚人寿理财童星大赛广告

2011年，信诚希望能将这个活动推广至可以覆盖的区域（全国12个业务省区）。

对外：关注儿童“压岁钱怎么花”，提出信诚“儿童财商教育应从小培养”的观点，寻找更多有理财潜力的小童星，和更多的家长、小朋友共同聆听及分享来自不同地区的理财童星们的想法；通过与家长和专家共同探讨儿童教育需求及方式，引导家长认识到子女及自身的保障需求，进而了解信诚的产品组合。

对内：尝试通过搭建一个全新的全国性的平台，为营销业务部提供更多与客户接触的机会，收集准客户名单，提升产品销量。

活动流程

信诚人寿希望通过这一次事件营销，提供一个平台，让大家都关注及聆听孩子们的理财想法；提供一个机会，让家长及教育机构可以一起来培养孩子的财商。更重要的是该活动符合公司聆听、关怀的品牌战略，我们希望将理财童星打造成年度活动来长期支持品牌宣传。

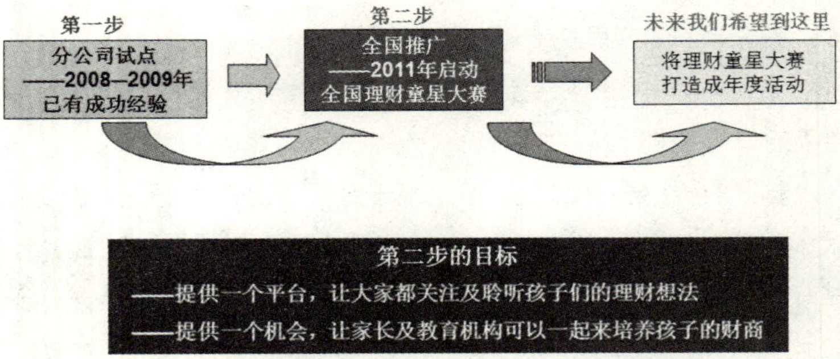

图18 信诚人寿理财童星大赛活动流程

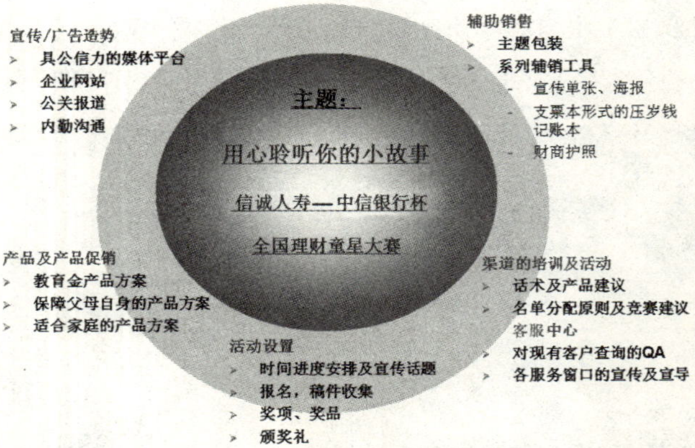

图19 信诚人寿理财童星大赛整体传播

事件（赛事）营销驱动品牌成长

一个品牌要想提高自身知名度，需要大量曝光才能被消费者认知。而赛事的广泛关注度可以转化为品牌的影响力。可以说，这样盛大的赛事，无论从品牌传播还是终端产品销售的角度讲，都具有很大意义。近年来，随着网络传播平台的发展和人们网络使用习惯的变化，网络口碑也成为一支越来越不可忽视的力量。在赛事营销中，充分利用网络口碑平台，将赛事资源与口碑营销相结合，可以使营销效果最大化。①

本次比赛由信诚人寿自身驱动，借由一次或几次自发组织或引发起来的事件，对市场进行消费者教育和大范围的品牌宣传。

事件营销策划要点

事件营销的本质就是把企业想要传播的广告信息，植入经策划、组织的有新闻价值的事件之中，以引起媒体的自发报道，从而达到传播广告信息的目的。所谓新闻价值，就是指凝聚在新闻事实中的社会需求，也就是新闻本身之所以存在的客观理由。换句话说，就是能吸引消费者的注意力。

一件事能否成为新闻被传播，取决于两点：首先是这个事件能够吸引广大消费者的注意力。而要让消费者对事件产生更多的注意力，就要让该事件拥有更多有趣味的事物，或者在感官上能够给消费者一定的享受。其次是要让消费者记住这个事件并对消费者的消费行为产生一定的影响。而让消费者对事件产生联想的一个很重要因素就是要让这个事件以某种方式和消费者产生一定的联系。这些联系既包括经济利益，也包括环保等社会价值利益。在运作事件营销的时候，要注意遵循新闻的传播规律，不可一厢情愿地认为凡是关于自己品牌的都是消费者爱看的。广告、促销等手段只能使消费者被动地接受，在一定程度上缺少主动性。由于事件营销是针对目标群体实施的一些热点的事件话题，而这些话题可以不仅仅局限于名人效应，企业同时可以利用社会化等新兴媒体，让消费者也参与到企业的事件营销活动中。消费者的参与会让消费者产生更多的好感，提高对企业的美誉度，并进行口碑传播。为了增加消费者对企业的信任，在事件营销活动过程中，企业可以利用第三方权威的组织和机构，提高受众对事件营销内容的信任水平和接受度。

要点一：理解媒体特性

事件营销的成功，依赖于媒体的自发传播。因此，理解媒体的特性是进行事件营销的前提。随着我国新闻商品化的进程，媒体之间的竞争越来越激烈。媒体为了立足，也越来越注重媒体相关内容的“可售性”。

---

①靳羽西．如何做好赛事营销[J]．成功营销，2011(09):74.

同时，随着中国经济的市场化，媒体也呈现出细分化的趋势。所以，企业在进行事件营销的时候，还要根据自己的目标受众，选择适合的媒体。

要点二：解读新闻事件

新闻事件，就是新近公众关注的热点，大都是上乘“布料”，即事件营销的“载体”。例如世界杯期间，大街小巷、线上线下，连空气中都飘着品牌与世界杯的“二人转”味道。是否选对了新闻事件，以及是否选对了角度，对于事件营销的成败，往往非常关键。

要点三：制造新闻事件

前面说“布料”可借、可造。制造新闻，就是“制造布料”，又称新闻策划，通过营销人员的策划，赋予某件本来不具新闻价值的事件以新闻性，或经过精心策划，有意识地安排某些具有新闻价值的事件在某个选定的时间内发生，由此制造出适于传播媒体报道的新闻事件。制造新闻事件，要注意事件的新闻性、广告信息植入的自然性、事件与企业的品牌形象保持一致等问题。

本次活动的主题是“用心聆听你的小故事——信诚人寿—中信银行杯全国理财童星大赛”。在宣传造势、产品促销、辅助销售以及渠道培训等方面，信诚人寿都做足了准备功夫。在充分运用所有的宣传工具的同时，信诚人寿将本次活动合理地分为了预热、启动、延伸和结尾四大阶段，有效合理地将活动的进度安排与公司的宣传资源整合起来，不断扩大本次大赛的影响力。

事件营销的原则①

原则一：策划的系统性。企业在实施事件营销的整个过程中，都应该根据自身的总体战略规划和战略目标，进行有针对性、有目的地对事件进行详细而严密的系统规划，并将战略的目的体现在事件营销的整个过程中。以提高企业产品或服务的销售，提高企业的品牌形象。

原则二：利益的均衡性。企业任何的营销活动都会在产生收益的同时消耗企业一定的成本，事件营销自身的传播效果具有一定的局限性，因此还需要利用传统的大众媒体和新兴的网络等媒体来扩大事件营销的传播效果。在这一过程中会产生相应的成本。所以企业在传播的过程中，要重视传播的目的与媒体利益的需求一致性以及与其他企业的差异点，以便找到企业与多种媒体的利益的最佳契合点，以保证事件营销的成本收益效益最大化。

原则三：事件的选择性。由于不同的事件会产生具有较大差异性的事件营销效果，因此事件营销的第一个任务同时也是最重要的任务就是要利用符合企业要求能够体现企

---

①陈爽．论事件营销策略[J]．现代经济信息：经贸论坛，2010（24）:101.

业的诉求的事件进行营销。只有拥有传播价值的事件才能够吸引消费者的注意力，才能够在社会上发挥巨大影响力，从而提高企业的社会影响力。企业可以利用一些机遇性的事件，例如奥运会、世博会等，来寻找这类事件和企业自身的契合点。同时当企业在没有可选择的事件的情况下，企业也可以根据自身的目的和情况，有目的性地创造新闻话题或新闻，并充分利用这一话题或者是新闻事件传播企业的信息和形象，以达到事件营销的目的。

原则四：传播的协同性。企业的形象塑造过程是一个全方位整体的过程。在进行营销活动的时候，各个媒体传播之间要实现协同作用以让传播效果最大化。事件营销中，新闻传播可以增加消费者对广告的信任度。同时由于事件营销可以进行持续性的传播，因此企业应该充分利用传统媒体或者是新兴的网络媒体对事件进行持续性的传播。各种媒体传播之间的协同作用，可以让事件营销的效果更为明显、更为全面，并为消费者形成完整性统一性的感知。

企业中的事件营销将公共关系、社交媒体、广告投放、新闻传播等多种效应相结合，并形成协同作用，这将让营销效果最大化。事件营销目前已经成为多数企业实现市场推广和形象宣传的重要营销手段。同时在实施事件营销过程中，营销人员需要依照社会道德和责任规范，有创造性地将企业或社会事件与企业的品牌传播进行有效结合，从而在真正意义上实现企业品牌形象的最大限度的传播，最终实现社会、媒体以及企业的共赢。

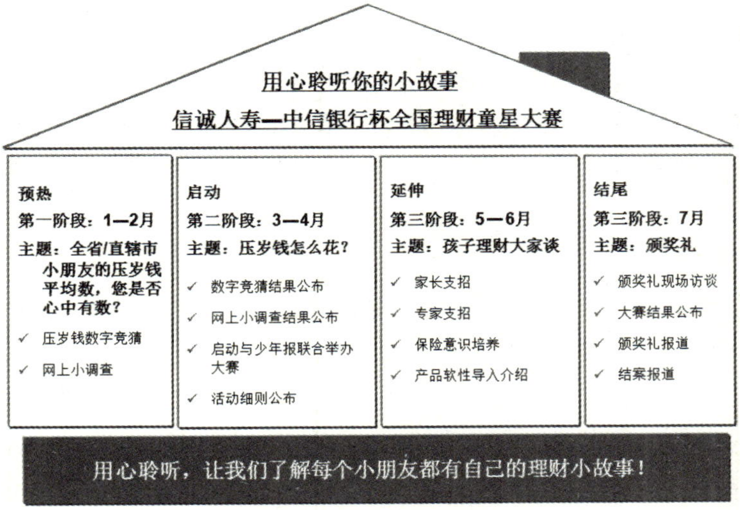

图20 信诚人寿理财童星大赛活动过程

营销事件的流程预热阶段

1. 预热阶段

在预热阶段，信诚人寿推出压岁钱竞猜活动，为营销员创造接触客户的多次机会

（填写单张、结果公布及发奖、后期童星大赛参与报名等），及为下一阶段童星大赛做预热铺垫。

为了解当今少年儿童压岁钱现状，信诚人寿于2011年1月下旬率先启动了压岁钱竞猜活动及网上调查问卷，希望借此让广大家长关注压岁钱背后的话题。竞猜活动初步统计数据显示，在参与竞猜及问卷调查的近千人中，超过30%的参与者的子女在过去5年中的压岁钱平均数为1000—2000元，更有接近40%的人表示子女压岁钱在3000元左右，近八成的父母已经意识到孩子财商培养的意义和重要性，他们希望在孩子9岁以前就开始培养其独立理财的能力。同时，仅有约10%的家长会把压岁钱直接交给孩子做主。信诚理财专家表示，这种现象说明我国大部分家庭仍未能把新式的财商教育理念落实到行动上，“大家还只知道‘给孩子钱’，却不知道怎样‘教孩子合理地花钱’，更别说‘培养孩子良好的理财意识’了。可见，少年儿童的财商教育任重道远。”由此可见，随着中国经济的持续高速发展，未来的社会财富和家庭财富都要远远比今天更加富足，今天的少年儿童不仅要做财富的继承者，更要做财富的创造者，因为唯有创造才是真正的继承。时代对新一代少年儿童的财商教育提出了新的要求。

正是在这样的背景之下，信诚人寿与中信银行联手隆重推出了“信诚人寿－中信银行杯”全国理财童星大赛活动，希望提供更多的财商教育平台，让全社会一起来共同聆听来自不同地区的少年儿童的理财故事，帮助少年儿童树立正确的金钱观念、消费观念和理财观念，让年轻的一代了解如何依靠智慧、知识和劳动来赚钱，如何通过合理的储蓄和投资来管钱，如何使用金融工具和产品来管理风险并使财富保值增值；使孩子们学会量入为出、理性消费；还有更重要的一点，即在力所能及时，捐助需要帮助的人，体验付出带来的快乐，在爱心传递的过程中感受财富带给社会的价值，实现自己的人生梦想。

此次预热活动也帮助各分公司收集到名单18715个及获得超过371万APE转化。

2. 启动阶段

2011年3月9日上午，“信诚人寿—中信银行杯”全国理财童星大赛启动仪式暨新闻发布会在北京大学附属小学成功举行。此次大赛由信诚人寿、中信银行、中国少年报共同举办。中信集团业务协同部金融组负责人潘颖女士、信诚人寿保险有限公司北京分公司总经理齐彤先生、总公司银行保险渠道发展部总经理王旭女士、中信银行总行零售银行部贵宾理财部总经理赵彤玮女士、《中国少年报》主编吴峥岚女士及众多知名媒体、200余名学生和家长出席了启动仪式。①

启动仪式以北大附小六年级八班生动活泼的班队主题活动的形式展开。在两位小主持人的带领下，孩子们表演了丰富多彩、新颖有趣的节目。从孩子们自己创作的情景剧

①搜狐理财. http://money.sohu.com/20110309/n279734917.shtml.

“压岁钱的来历”、“父母和我的心里告白”到辩论会“压岁钱，谁做主”，充满了童真的理财想法和消费观念让现场观众赞叹不已。启动仪式上，信诚人寿还发布了信诚人寿压岁钱竞猜网上调查结果，同时来自信诚人寿的理财师与北大附小校长、《中国少年报》知心姐姐，共同为孩子和家长如何合理地规划压岁钱给出了许多专业性的建议。随着信诚人寿、中信银行的双方领导与孩子们一同敲开六枚“金蛋”，“信诚人寿—中信银行杯”全国理财童星大赛宣告正式启动。随后，六年级八班的同学们齐声宣读了“理解长辈，适度消费，学会理财，追求品味”的倡议书，将现场气氛推向高潮。

赛程主要分为学校报名、稿件收集、专家评选及颁奖典礼四个阶段，持续时间约五个月。大赛将征集儿童理财故事，共同分享他们的理财心得，引领和帮助家长培养孩子合理、健康的理财观念。此次大赛可自拟题目，内容将围绕孩子们亲身经历的理财小故事与心得感悟，字数不超过1000字，同时还可配上图画。大赛期间，信诚人寿、中信银行与《中国少年报》还将举办教育、理财专家专题讲座、发布财商护照、开展主题班队活动等活动。大赛将评出一等奖50名，二等奖100名，三等奖200名及优秀奖、教师辅导奖、组织奖若干名。届时从全国挑选出来的优秀儿童理财作品将被刊登在《中国少年报》上，而最终入围评奖的参赛者更可获得数额不等的奖学金，同时还有机会参加由主办单位精心组织的在北京举行的颁奖典礼。

至活动截稿日，全国共收集35000多份作品，12个省公司共推荐稿件692篇，所有推荐作品均刊登在公司官网活动专题网站上，少年报分六期刊登了24篇优秀作品。

图21　信诚人寿理财童星大赛活动现场

3. 延伸与结尾阶段

2011年8月21日，“信诚人寿－中信银行杯”全国理财童星大赛颁奖典礼在北京师范大学亚太实验学校隆重举行，信诚人寿保险有限公司首席企业发展官王险峰女士、中信银行总行零售银行部贵宾理财部副总经理王梅女士出席了典礼。[①]

①人民网. http://news.china.com.cn/rollnews/2011-08/24/content_9756530.htm.

来自全国各地获得一等奖的理财小童星满载荣誉与梦想，在颁奖典礼上表演了富有创意、新颖有趣的节目。孩子们组成四个小队，分别演出了他们精心准备的短剧《森林学校》、家庭理财故事、三句半和歌舞《种太阳》，展示了自己参加理财童星夏令营的收获，也为他们四天丰富多彩的“知心姐姐”理想之旅夏令营生活画上了圆满的句号。现场的家长和来宾对孩子们精彩的表演和他们灵活的即兴创作报以热烈的掌声和夸赞。

大赛自2011年3月9日正式启动以来，在全国各地掀起了热烈的反响。大赛期间，全国各地还举办了多场与小朋友、家长面对面的活动，包括教育或理财专家专题讲座、发布财商护照、开展主题班队会等活动，各地还请来优秀的老师向小朋友们教授写作知识。信诚人寿还特别制作了专题网站，全程追踪报道活动的进展。

在短短几个月的时间里，大赛共收到来自全国20多个省、市、自治区的多份参赛作品。最终，数百名孩子在活动中脱颖而出，他们中获得一等奖的小童星还有幸参加了四天三晚的“知心姐姐”理想之旅夏令营。评委们从来自全国3万5千多份参赛作品中，评选出了80名一等奖获奖者，其中的40名参加了在北京举办的颁奖礼暨夏令营活动，内容如下：

紧扣理财、保障的主题，举行了各种活动，通过团队合作、价值拍卖、跳蚤市场等主题活动；春秋大梦等心理游戏使营员了解自己的财商，理解“财富”的现实及引申意义。

参观首都北京的著名景点，参观中国科技馆，参观的同时带着趣味任务目标，锻炼营员的团队合作能力、提高创新能力等，把自己培养成财富。

在夏令营中他们通过团队合作、参观采访等知心经典活动，价值拍卖、跳蚤市场等财商体验活动，认识到了“财富”的意义和人生的价值，学会了为了美好的理想而努力，学会了节约，学会了理财，学会了关心他人，学会了做一个诚信的人，学会了用双手为有意义的人生而努力拼搏、创造价值。

最后，小朋友在颁奖礼现场展现各自的理财心得，并获取他们的荣誉，为他们的“信诚人寿一中信银行杯”全国理财童星大赛历程画了一个圆满的句号。

获奖作品示例：理财童星大赛广西赛区一等奖作品①

妈妈的生日礼物

覃琳珊——来自柳州景行小学（东校）

我和妈妈有个约定，每月初妈妈给我些零花钱。今天，妈妈又发零花钱了，我忽然想到，一周后就是妈妈的生日了。拿钱给她买礼物，有何不好？

①资料来源：http://www.gxnews.com.cn/staticpages/20110905/newgx4e641246-4096873.shtml.

在礼物店的售货架上，我发现有一个漂流瓶，里面有一张火车票，是由“幸福”到“永远”的火车票。上面还写了：K1314次，幸福站售。还有一张幸福保险卡，不错，我想妈妈会喜欢的！

一个星期后，妈妈的生日到了，在各种活动开展过后，我才用满是奶油的手拿出了塑料袋。我蒙上了妈妈的眼睛，叫爸爸悄悄地打开塑料袋，妈妈迫不及待地拆开来。顷刻间，我和爸爸哈哈大笑，原来，妈妈的眼眶全是奶油，是我刚才蒙妈妈的眼睛时弄上去的，妈妈摸了摸眼眶也笑了起来。

妈妈边笑边打开了礼物，她惊呆了，原来是一个精美的漂流瓶。顿时，妈妈的眼里充满了泪水，泪水渐渐下滑：“孩子，谢谢你，你真的长大了！”我也哭了，一股脑扑向妈妈的怀抱：“妈妈，生日快乐！这是我第一次给你买礼物，喜欢吗？”“喜欢，当然喜欢，怎么会不喜欢呢？”妈妈边哭边说道。这时，爸爸为了活跃气氛，大笑了起来。我一看，也大笑了起来，妈妈照了照镜子：“这是谁呀？！怎么脸这么花？”“妈妈，这是你呀，这可是你眼泪的杰作哟！”说完，我们一家三口大笑了起来。

其实，零花钱不仅可以买玩具，捐给灾区的小朋友，还可以作你长大的证明。人们常说孝顺！孝顺！我们小孩子能做什么呢？为累了一天的爸爸妈妈端端茶，倒倒水，难道不可以吗……父爱，母爱，是用钱买不到的，但是我们可以用自己的零花钱去好好报答一下为我们健康成长而终日劳作的爸爸妈妈。因为，他们用毕生精力来培育我们。

向我们的老爸老妈致敬！

营销效果

本次活动在宣传上运用了大量的宣传工具，辅以各地各类媒体的大力报道，在一定范围内产生了较大的影响。《中国少年报》全版刊登了活动启动公告，信诚人寿官网和中信银行官网实时跟进活动近况，各类户外广告层出不穷，各类媒体（和讯、搜狐、《中国经济时报》，《中国证券时报》）等争相报道。另外，信诚人寿充分利用搜索引擎的关键字头发（SEM）。

搜索营销与户外广告等结合投放，能达到相互促进和提升的推广效果，在拉升搜索量的同时使搜索广告表现得更好。另外，实时的优化过程在整体投放过程中起到重要的作用。信诚人寿及时根据活动阶段推广目的的变化，配合灵活多变的搜索推广策略。而且在投放过程当中，信诚人寿密切监控推广表现，及时调整，不断优化推广效果。

表4　信诚人寿理财童星大赛营销绩效

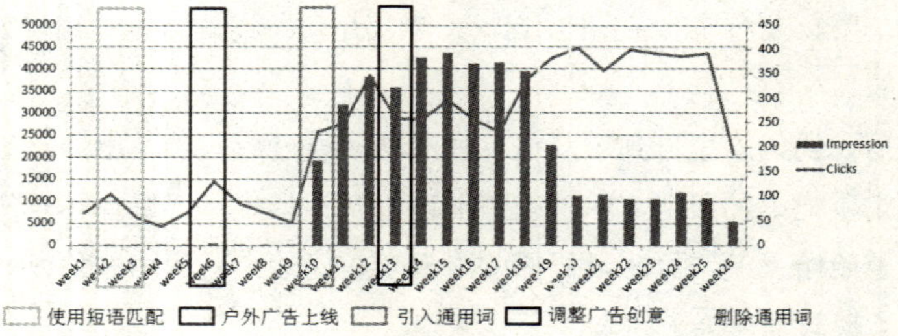

从销售情况来看，根据本次活动的特殊性，并未限制销售的具体产品种类，而是通过儿童活动接近父母人群，进而导入一个概念“要保障孩子，先要保障自身”，进而销售成人产品，渠道的技术设计也是配合这个目标制作的，故全系列的信诚产品都可以被售卖。在实际操作上，超过80%的销售业绩仍是来源于儿童险，但因为打开了捆绑限制，故同时也拉动了部分的投连的销售，以及在项目最后阶段（6月）新上线的万能险的销售。

表5　信诚人寿理财通行大赛产品销售

产品种类	产品名称	占比	占比合计
儿童险	未来有数	43.07%	82%
	金色年华	30.43%	
	安康连连／康赢年年	7.57%	
	宝康	0.65%	
	其他附加儿童险	0.07%	
投连险	慧选投连	5.48%	6%
	其他投连险	0.25%	
万能险	智赢未来	5.36%	5%
传统／分红险	安享未来	4.65%	6%
	“创未来”丰盈	1.68%	
	两全险	0.04%	
意外健康险	安心倚	0.48%	1%
	畅行无忧	0.10%	
	至佳搭档	0.11%	
	意外伤害	0.06%	
	合计	100%	100%

在商业效果方面，本次活动也有可喜的成绩，见证了信诚人寿运用事件营销的娴熟手段与超凡功力。

表6 信诚人寿理财童星大赛绩效总结①

KPIs 项目考核指标		Result 达成情况
Quantitative KPIs 数量化的考核指标:		
参与情况（准客户名单）		全国共收集35000多份作品，共获取线上线下48355个准客户名单。
业绩达成		超目标达成： AG渠道达成率为111%； 中信银行达成率为202%。
投入回报率（ROI）达成		超目标达成： AG渠道达成率为133%； 中信银行达成率为343%。
Non-financial cost / benefits 潜在的不可量化效益:		
平台搭建	搭建一个全国性平台供各分公司收集客户名单并用于全系列产品的销售。	成功搭建全国性的平台及执行模式。
品牌知名度	保持信诚人寿在儿童教育金市场的良好品牌形象及知名度。	与权威机构合作，增强活动的公信力，增强了品牌知名度。

事件营销不能脱离品牌的核心理念，必须与品牌和产品、其他营销活动、目标消费者利益相关联。如果联结过于牵强，就难以让消费者对事件的关注热情转移到品牌，当然也无法提升品牌的知名度。无论是借助已有的事件，还是自行策划事件，事件营销自始至终围绕着同一个主题运作，敏锐地抓住公众关注的热点并进行创造性的对接，从消费者利益和社会福利的角度出发，来实现营销的目的。在营销过程中，营销者要通过事件进行有新闻价值的传播活动，把产品、服务和创意的优秀品质传递给已有和潜在的顾客，从而建立品牌美誉度和企业良好的形象。

信诚人寿很好地运用了事件营销策略，并将其与品牌建设、业务扩展结合起来。而且信诚人寿善于抓住受众需求点，一直关注着少年儿童的财商教育及保险保障，注重引领和帮助消费者正确认识家庭理财需求，建立合理的保障计划。“聆听所至，信诚所在”，越来越多的中国家庭通过切身的体验感受到信诚人寿在儿童成长保障方面的专业和细致。致力于成为中国最好的保险保障及理财方案的提供者是信诚人寿矢志不渝的理想，在中国经济社会的大舞台上，信诚人寿愿与广大中国财富的创造者们携手规划更美好的未来。

信诚人寿品牌简介

信诚人寿保险有限公司（简称“信诚人寿”）成立于2000年，由中国中信集团和英国保诚集团共同发起创建，目前总部设在北京。秉承“聆听所至，信诚所在”的经营理念，开业以来，信诚人寿在产品开发、业务发展、渠道建设、内部管理、保险营销员培训方面开展了一系列卓有成效的工作，迅速建立和完善了内控和公司治理机制，并以优异的市场表现、杰出的专业化运作活跃在中国寿险市场。

顺应国家发展战略和市场监管要求，信诚人寿坚持规模与效益并重，速度与深度兼

①其他来源：MBA智库。

济的地域发展战略，截至2012年5月，公司已在8个省、3个直辖市和1个自治区设立了广东、北京、江苏、上海、湖北、山东、浙江、天津、广西、深圳、福建、河北、辽宁等13家分公司，共在50个城市设立了分支机构，并拥有13000多名员工及保险营销员。截至2011年底，公司总资产逾173亿元人民币。

自成立以来，信诚人寿倾心聆听客户心声，不断推出符合客户需求的产品和服务。目前，公司产品涉及保障、储蓄、投资、养老及医疗等诸多领域。凭借专业的业务运作经验、成熟的管理机制，以及客户为尊的服务理念，信诚人寿正为全国逾75万客户提供丰富、周到、快捷、优质的保险和理财服务。

作为负责任的企业公民，信诚人寿一直用心聆听社会需求，主动承担社会责任，倡导"聆听·关怀"的公益主题，并设立"信诚关怀基金"，积极支持中国教育、健康以及环保事业的发展。如2008年8月，信诚人寿率先响应中国保险行业协会的号召，先后向汶川地震灾区中小学捐赠500套空中课堂教育设备，让灾区300多所学校近9万名学生从中受益。青海玉树发生强震后，信诚人寿迅速发起玉树抗震救灾行动，2010年9月，公司与玉树藏族自治州牧人发展促进会合作，共同启动"点亮酥油灯，我们在一起"爱心公益项目，将所募款项的34万多元用于援建"酥油灯儿童之家"，以支持玉树当地的学前教育及助学工作。2011年，信诚人寿参加"广东扶贫济困日"献爱心募捐活动，为广东省贫困县人民改善生产生活条件，实现脱贫致富目标，累计捐款14万元。迄今，信诚人寿已为救灾、助学、扶贫等领域累计捐款逾478万元，为贫困地区孩子筹得优秀图书21万余册，并免费为公众提供理财教育、职业规划咨询讲座等。

二、事件营销的关键点

事件营销是借最新社会事件、新闻以及其他正在快速传播的东西达到传播目的，它的突发性强，时间紧迫，传播掌控难度大，同时有着大量的公关介入，存在较大的潜在机会并具有广泛的消费者受众面。成功的事件营销一般拥有高频率的媒体助阵，但也存在着信息复杂等问题。事件营销的成功在于成功借势，因此必须有快速反应、精准策划、有效施行以及强力监控等跟进措施。在事件营销的过程中，企业必须把握以下四大关键点。

附录：中国金融品牌“金象奖”获奖案例

关键点1：判断重要性

指事件内容的重要程度。判断内容重要与否的标准主要看其对社会产生影响的程度。一般来说，对越多的人产生越大的影响，新闻价值就越大。

2011中国金融品牌十大年度营销事件
招商证券纪录片《华尔街》：塑造有责任感的券商品牌

招商证券股份有限公司是百年招商局旗下金融企业，经过20年创业发展，已成为拥有证券市场业务全牌照的一流券商。2009年11月，招商证券在上海证券交易所上市（代码600999），截至目前，招商证券成为中证100、上证180、沪深300、新华富时中国A50等多个指数的成分股。

营销关键词

1．《华尔街》：招商证券与国内最权威媒体中央电视台，联合制作大型纪录片《华尔街》，并由此衍生出线上线下系列传播行为。

2．纪录片营销：借助中央电视台强势媒体资源，占领品牌宣传高地，运用纪录片营销策略，扩大招商证券品牌对全社会的影响力，特别是对公司高端客户在内的社会高端财经人群产生影响，塑造专业权威、具有责任感的品牌形象。

营销事件的背景

近年来品牌传播环境发生了很大变化，随着新媒体的不断产生，在传统媒体投放硬性广告的性价比越来越低；随着互联网SNS媒体的广泛兴起，个人自媒体影响力形成的趋势越来越明显，资讯发达的结果导致品牌信息传递很快被埋没；金融服务业品牌的属性和快消品有非常明显的区别，金融服务业服务的是钱，而关于“钱”产品的购买绝不同于购买一瓶水、一件衣服那么简单，金融服务业品牌更需要稳健的深植人心，通过专业和责任感的塑造获得稳定的客户尊重。

与此同时，中国证券市场已经成为中国市场经济的重要力量，在完成中国市场经济的塑造中发挥着举足轻重的作用。2008年的金融海啸，第一次让中国真实地体会了什么是全球范围的金融危机。中国已经走在建立成熟、开放的证券市场的路上，然而与世界上发达的证券市场相比，依然存在着巨大差距。

中国是一个国情复杂的国家，社会观念的修改和推进需要用温和和理性的态度，经过长时间的磨合和反复才可能实现。国家的发展，社会的进步，金融在其中起到重要的推动作用。而金融体系本身的发展与完善也是一个复杂的系统工程，影响到社会各个层面的进步。由此看来，与金融相关知识的普及和推广在当下显得尤为重要，也是极为迫切的。面对金融全球化的趋势，中国只能选择走认识它、学习它、融入它、影响它这样的道路。关照华尔街，关照世界的金融格局，关照它们的昨天，它们的今天，借此瞭望未来成为社会当下的迫切需要。

在这样的背景下，纪录片《华尔街》恰逢其时地接过时势赋予的使命，站在此时此地，厘清彼时彼地，遥望中国未来。它旨在为中国决策者提供依据，为资本市场的实践者提供镜鉴，为中国大众提供关于资本市场的启示。因此，这部纪录片没有在做华尔街的传记，也没有在做世界金融史，而是在中国完善资本市场过程中一次寻找他山之石的行为，探寻中国资本市场发展中迫切需要解决的重要问题，并尽力在华尔街与美国经济的成长历程中，在世界金融发展的历程中找到可供借鉴的方法。《华尔街》就是本着这样的初衷来制作的。招商证券期望能在这个发展的特殊时期发挥出一个具有责任感的券商品牌的社会作用。

基于以上的背景，在品牌知名度、喜爱度已成为中国证券行业佼佼者的招商证券，投资拍摄一部高艺术水准的大众金融知识普及教育纪录片就显得非常有战略眼光。这也是招商证券弱化“佣金战”的竞争模式而转战品牌经营的第一步。招商证券作为中国资本市场一个很重要的力量，希望通过这一部纪录片，进一步借助强势媒体占领品牌宣传高地，通过理清对于资本市场以及作用的认识，向国人展示一个客观的华尔街。同时，《华尔街》是中央电视台年度大戏，中央电视台的影响力是毋庸置疑的，其广告巨大的规模效益可想而知。

十集大型纪录片《华尔街》，是中央电视台首次采用高清格式倾力制作的金融类特别节目，是中央电视台首次全面深入世界各大金融中心，采用以大量纪实为主的拍摄手法，充分体现电视本体语言的全新创作，是在中国金融市场开放过程中，寻找他山之石的重要作品。

影片以华尔街金融危机为契机，以证券市场为中心，梳理200多年来的金融市场概况，道出现代金融的来龙去脉，在为资本市场的实践者提供镜鉴的同时，不断地探寻资本市场兴衰与经济起伏的规律，为大众提供关于资本市场的启示。同时，影片也为中国人全面理解华尔街，全面理解美国，甚至全面理解现代金融与一个国家崛起的关系，提供最有益的帮助。这是中央电视台深入华尔街，在历史坐标中，对资本市场的一次庄重表达。

表7 《华尔街》纪录片的主题安排

集数	集名	主题
1	资本无眠	华尔街成为世界金融中心到底意味着什么？13万亿美元的日交易量是一个怎样的概念？这些钱是属于哪些国家、机构和个人的，又是谁在操纵着这些钱？华尔街这张“网”有多大，有多深，有多大的力量，又有多么的脆弱？只有完整地呈现出这张“网”的形状和作用，才可以体会华尔街如何左右着世界经济，从某种程度上看，世界经济已被华尔街绑架。
2	墙在哪里	现代金融诞生于15世纪的荷兰，诞生的背景与社会的运行方式是怎样的关系？这一套现代金融业的诞生为荷兰的壮大发挥了哪些作用？英国是在怎样的条件下代替了荷兰，成为新的世界金融中心？本集呈现欧洲怎样把金融的接力棒交给美国。
3	两条道路	美国建国后不久，几乎和每一个新建国家的面孔是一样的。如何偿还独立战争期间的债务？如何让一个国家的财政从无到有？美国的国父们开始研究如何建立本国的金融体系，华尔街由此诞生。
4	镀金时代	全面梳理资本市场如何成就美国的崛起，华尔街的第一功能是为企业募集资金，这种方式代替了传统的企业融资方式。从19世纪末到20世纪初，再到今天，华尔街把一个农耕国家推上了工业化、信息化的发展道路。1894年，美国成为世界第一工业强国，到20世纪初华尔街开始为大多数美国企业服务，塑造了洛克菲勒、福特、卡耐基、爱迪生等一大批影响世界的企业家，与之相伴的是世界著名企业的诞生。资本市场为实体经济的壮大发挥了作用。
5	硅谷方程	在20世纪的诸多重大发明中，有将近一半来自美国，除了美国人那源源不断的创新能力之外，最重要的在于资本市场发挥了作用。如果没有资本市场，就不会有微软，也不会有雅虎。华尔街如何帮助美国实现第二次经济腾飞？
6	投资之道	投资者是资本市场当中最为庞大的一个集体，无数个人对财富的欲望和恐惧构成了投资者的面孔，人们在华尔街历史的坐标上，期望用各种代价换来的投资经验，来引导未来的投资方向。
7	阳光交易	麦道夫事件让全世界为之愕然，而这只是华尔街众多丑闻中的一个，而这些也是华尔街受到人们诟病的重要原因。如何才能最大程度地避免人性中的贪婪在华尔街的泛滥？如何才能尽可能地保证华尔街交易的公平？100多年前美国联邦大法官说：阳光是最好的消毒剂，灯光是最好的警察。
8	明暗创新	金融创新是一把双刃剑，它既繁荣了创新产品市场，同时也埋下了风险的种子。在创新的过程中，我们能够做的就是如何更好地利用它活跃市场，并且尽力规避风险。
9	拯救危机	华尔街300多年财富聚集的历史，同时也是危机不断的历史，这些资本市场的泡沫破灭与华尔街的辉煌如影相随。在历次危机中，华尔街都从教训中吸取了经验，危机过后形成严厉的监管体制。
10	资本之河	华尔街的作用是高效融资，分散风险，不可否认，资本市场的繁荣与一个国家的实力已经休戚相关。资本之河从荷兰流经英国来到华尔街，这条资本之河曾经到达过一个古老的东方国家，通过对资本之河的梳理，能更清晰地看到资本已经成为提升国家竞争力的最重要元素。

《华尔街》摄制组前往纽约、华盛顿、洛杉矶、底特律、费城、芝加哥、达拉斯、斯托克顿、阿姆斯特丹、鹿特丹、伦敦等国际重要金融城市，拍摄了大量著名金融机构和博物馆，采访了近百位具有代表性的金融家、学者、企业家和政治家，其中包括国际著名投资家和金融学教授吉姆·罗杰斯，国际著名投资商沃伦·巴菲特，世界上最大的做空投资家、尼克斯联合基金公司的总裁吉姆·查诺斯，《华尔街》、《变形金刚》系列著名制片人艾德·普莱斯曼，美国历史学家、华尔街观察家、《伟大的博弈》的作者约翰·戈登等人。

《华尔街》是中国第一部真正意义上的金融纪录片。在此之前，从来没有同行曾经驾驭过这样专业的题材和如此宏大的视角。如何把金融、历史等抽象概念用影像表现出来，一直是《华尔街》制作过程中的难点。影片的制作团队认真研习国外优秀的同类纪录片，选取真实事件和从具体人物入手，将历史与现实交融在一起，向观众娓娓道来。配合以精彩的特技，使这部影片呈现出一流的表达效果，以发现和探寻的视角建立起叙述平台，既不仰望，也不俯视，既不凌驾，也不示弱，尽力做到精准、客观、诚实，力求制作一部通俗的、朴实有华的金融类电视作品。

图22　第一集“资本无眠”剧照

营销事件的内容

早在2009年，招商证券就冠名赞助了CCTV-2《中国经济季报》特别节目。当《华尔街》横空出世时，此部大型纪录片的联合制作方，该片总监制、招商证券董事长宫少林表示：“当前，对华尔街的各种评论都有。对于中国经济和中国资本市场而言，比起以往任何时刻，我们现在都更加需要冷静、客观、全面地来认识华尔街。中央电视台十集大型纪录片《华尔街》正是这样一部剔除褒贬随意的成见、再现华尔街百年历史的写实之作。同时，上市之后的招商证券更加有责任也有义务联合社会、媒体的力量为大家提供一个研究的平台，为资本市场的实践者提供镜鉴，为中国大众提供关于资本市场的启示。”基于这一考虑，招商证券敏锐地抓住纪录片《华尔街》的拍摄时机，通过精密策划、立体实施，将其成功演绎为一件打造招商证券品牌的营销事件。

第一，深度植入招商证券品牌元素。

《华尔街》中深度植入招商证券品牌元素，包含品牌标志、品牌形象广告、品牌领导者形象，除跟片广告这个直接广告权益外，每集纪录片出现3次联合制作标志，以及带有招商证券名称Logo及落版配音的预告片播出了300多次。广告效果达到了预期，并因《华尔街》纪录片自身的社会影响力和学术价值为招商证券品牌带来了无法计算的品牌好感度。另外，该纪录片截至目前共重播了12次，所有广告权益与首播相同。

第二，针对年轻人群开展试片会即校园讲座。

《华尔街》制作期间，开展了5场以“大型纪录片《华尔街》赏析”为题目的校园讲座，以试片会的形式，吸引3000多名师生参与，每场活动学生到场率高达95%，受到高校师生的广泛好评。讲座期间，与学生互动充分，共收到现场问题近千份，累计问题达2000多个。学生主要围绕金融领域、纪录片领域、招商证券任职要求等方面提出疑问，取得了良好的品牌推广效果。

第三，针对高端人士开展线下活动。

为了让《华尔街》的影响力进一步在各个领域扩展，在天津达沃斯夏季论坛“中国之夜”上召开了《华尔街》首映礼，马云等商业精英出席了该活动，为中国商业界最精锐的人群带去了一场思想与视觉的盛宴。

图23　招商证券宫少林董事长（左二）出席《华尔街》首映礼

从左至右依次为：央视财经频道总监助理闫维毅、招商证券董事长宫少林、央视财经频道总监郭振玺、央视综合频道节目部副主任许文广、《华尔街》总导演李成才

图24　马云出席《华尔街》首映礼

在北京召开的“华尔街与中国——从《华尔街》发现金融力量”高峰论坛，全面阐述了《华尔街》的深远意义，与会人士热烈讨论，使得《华尔街》带来的思考进一步升华。

中央电视台二套《对话》栏目以“端详华尔街”为主题录制了一期节目，播出后反响热烈。

第四，利用新媒体及其他形式开展广泛传播。

《华尔街》建立了官方微博，发布传递有关华尔街的信息，利用新媒体的高传播性加深了该片的解读和影响力扩散。伴随着各类活动的开展，招商证券推出的《华尔街》书碟精装礼盒，作为向高端财富人群传播的文化礼品，收到诸多好评，成为炙手读物，有效延续了该品牌行为的持续影响力。

营销事件的创新性

本次推广对品牌宣传的媒体合作方式进行了创新。传统做法一般都是采用在媒体刊发硬广告或软文的方式。招商证券首开行业先河，与央视联合录制大型金融纪录片《华尔街》，于2010年9月22日在央视二套黄金时间首播，目前已在中央电视台包含高清频道重播了12次，在韩国、日本等四个国家也出版发行。中央电视台二套《对话》栏目以“端详华尔街”为主题录制了专题节目，播出后反响热烈。通过与央视的这种新的合作方式，达到了低成本高效益的品牌宣传模式。

与此同时，品牌宣传的内容载体在这次宣传中也有所改变。企业的品牌宣传，通常是结合公司自身的产品、服务等资源展开。《华尔街》项目，突破了这一传统框架，巧妙地将华尔街发展历史这一本身已极具广泛影响力和品牌价值的社会资源，与招商证券关联起来，将其转化为招商证券品牌宣传的内容载体，使品牌宣传的效力和影响面超常规放大。

1. 植入式品牌宣传的创新

拍摄大型纪录片的方式有别于传统广告直白单一的形式，隐形地植入招商证券的品牌元素，通过引起观众的深入思考，潜移默化地达到品牌宣传的效果，有效地提高了招商证券品牌的好感度和认知率。根据尼尔森公司关于第一认知率的调研，招商证券品牌第一认知率从2007年的第三名上升到2010年的第一名。（调研券商包含中信、国泰君安、国信、广发等12家知名券商的排名）

2. 对《华尔街》同一品牌产品进行多面开发和深度发酵，通过电视播放、发行DVD、书籍、论坛等多种形式的组合运作模式，加强了品牌效果

《华尔街》同名DVD和书籍均荣登卓越、当当热卖音像制品和TOP10排行榜；招商证券推出的《华尔街》书碟精装礼盒，作为向高端财富人群传播的文化礼品，收到诸多好评，成为炙手可热的读物，有效地延续了该品牌行为的持续影响力。

在天津达沃斯夏季论坛“中国之夜”上召开了《华尔街》首映礼，马云等商业精英出席，为中国商业界最精锐的人群带去了一场思想与视觉的盛宴；在北京召开的“华尔街与中国——从《华尔街》发现金融力量”高峰论坛，全面阐述了《华尔街》的深远意义，与会人士热烈讨论，使得《华尔街》带来的思考进一步升华。

3. 品牌宣传时机把握的创新

金融危机发生后，华尔街备受关注，大家也对它充满质疑，招商证券很好地把握了这一时机，使得影片《华尔街》几乎同期播出，并通过网络、论坛等多种形式达到了一个宣传的高潮。这种做法为以后此类专题宣传积累了经验。

4. 品牌宣传定位的创新

借助文化产品蕴涵的思想深度与品牌受众做高层次沟通，提升招商证券品牌在社会主流精英人群的认同感和品牌精神契合度，对公司当前客户和潜在客户都起到了很好的宣传。

5. 品牌宣传与社会责任结合的创新

招商证券抓住时机与社会热点，及时推出《华尔街》，既宣传了招商证券品牌，又普及了金融知识，进行了投资者教育，丰富了社会文化产品，达到了品牌宣传与履行社会责任的双重效果。该宣传材料的影像产品被中国金融博物馆收藏，成为了招商证券一份永久的宣传材料。

营销事件的效果

一部好的纪录片应该是能够经受得住时间检验的。因此，《华尔街》在创作过程中一直坚持着这样的原则。第一，时间维度上，《华尔街》所记录的不仅是金融危机发生

之后的历史，而是华尔街200多年以来的历史风云。第二，体现出多元视角，不轻易得出偏向于任何一方的结论，对每一个重要的观点予以尊重。第三，将纪实作为一种风格的营造，以纪实为主的金融类型的纪录片，是中国纪录片历史的首创，也是该片最基本的创作方法。

一个好的证券公司必须对市场和客户负责，其责任就是帮助客户做资产的增值和保值，因此责任感对于证券公司来说尤其重要。随着《华尔街》纪录片广泛的知名度和引发民众深度喜爱，招商证券已大大提升了公司品牌的知名度，并更有效提升了知名度的品质，不但形成“招商证券是一个专业且权威”的品牌印象，更因该纪录片忠实而全面地记录了世界金融百年历史，具有史料价值而使得客户对招商证券更加的关注和尊重，进一步彰显招商证券是一个具有历史责任感的品牌。①

1.《华尔街》展示了纪录片营销的优势

此次招商证券结合媒体宣传，用一部纪录片打响品牌之战，其中涉及不少有关纪录片营销的策略和方案。纪录片，常常轻而易举就触动了人们心中那根怀旧的神经，勾起人们行动的愿望。由于纪录片超强的信息承载能力，人们逐渐认识到其在宣传方面的优势。而这一特性也可能成为吸引企业营销的又一待掘宝藏。随着娱乐节目的泛滥，高质量的纪录片作品成为中国新兴中产阶级追逐的文化食粮。如何制作出高水准的纪录片，如何让这些纪录片和当下的娱乐节目一样进行市场化运作，获得最大收益，是现在众多传媒和企业可以研究的新课题。

从内容上看，纪录片市场有着长久的生命力。纪录片由于是真实地再现历史，因此受到时间、空间的影响力很小，可以穿过时间的藩篱、民族的隔阂，越是时间长远的纪录片越有保存和存在的价值，因此在营销过程中体现出来长久的生命力，《华尔街》这一部纪录片在内容上无疑成为品牌宣传的重点和观众喜爱的关键元素，其特点如下：

• 通过题材与企业行业属性高度一致的纪录片，隐形传播企业品牌，尚属首次。

• 深度植入企业信息在文化产品中，打破单纯广告、贴片广告的模式，属创新投放模式。

• 整合文化产品衍生品的社会影响力，形成覆盖范围广、持续时间长、影响深入的传播效果，业内罕见。

• 通过输出具有史料价值的知识产品，在宣传品牌的同时彰显了企业社会责任，品牌宣传与社会责任彰显同步，是传播执行上的创新。

从平台上看，《华尔街》的强势席卷，主要得益于招商证券对于营销平台的构建和创新。营销平台是指参与纪录片产品市场需求分析、策划、市场宣传、市场销售的全部

---

①王春雨. 浅谈纪录片的营销策略[J]. 新闻传播，2011(07): 46；李光斗. 纪录片：营销界不可忽视的宝藏[N]，经理日报，2011.

组织，企业、人员、工具和资源的有机集合。营销平台创新是通过对营销环节中的每个要素进行深入分析研究并提出变革方法和措施，最终形成完整的实施方案，其目标就是更好地实现产品的市场价值。它体现了对市场最直接的适应和尊重。

从定位上看，招商证券致力以卓越的金融服务实现客户价值增长，推动证券行业进步，同时建设产品丰富、服务一流、能力突出、品牌卓越的国际化金融机构，成为客户信赖、社会尊重、股东满意、员工自豪的优秀企业。招商证券在用《华尔街》这一部纪录片助力品牌成长的过程中“胆大心细”，对传播方式和内容的选择都有独到之处，体现了其良好的营销平台意识。其品牌建设思路与纪录片的传播方式有较高的兼容性和匹配度：

· 持续建设品牌管理的基础平台，以做到品牌传播有据可依。

· 明确不依靠高曝光、高频次广告轰炸的方式进行品牌传播。

· 根植行业特征，不做华而不实、为传播而传播的动作。

· 注重与目标受众的深层次沟通，注重沟通实效，不浮夸，不张扬。

· 强调传播调性统一性，不哗众取宠，不刻意包装，保持理性、智慧、优雅的传播调性。

· 将社会责任履行与品牌建设有机结合，自然流畅地借助公益行为的传递提升招商证券品牌好感度。

2.《华尔街》营销价值的外延及反响

《华尔街》2010年9月22日在央视二套黄金时间首播，并获得《新周刊》评出的“2010中国电视榜”推委会特别大奖。《华尔街》的播出引起热烈反响，从政府到金融行业再到社会大众对《华尔街》纷纷表示赞赏和关注。国务院发展研究中心研究员吴敬琏先生在《人民日报》发表评论文章《精心〈华尔街〉透彻华尔街》，其中评论道：“中央电视台精心摄制了10集纪录片《华尔街》。这部电视片力求客观全面地介绍华尔街的情况和各方面对它的分析和评论，无疑能为我们透彻了解华尔街提供很大的帮助。”

图25 招商证券“从《华尔街》发现金融力量”高峰论坛

招商证券时任总裁杨鹍（左七）与著名经济学家陈志武教授（左八）等专家学者出席论坛

3.《华尔街》纪录片对公司品牌知名度的拉动

招商证券与央视联合制作高水准金融题材纪录片，在业内尚属首次，《华尔街》的影响力不亚于《大国崛起》带给国人的情感冲击。该片不但在金融行业引发了普遍深度思考，各界均有热议，更引起中央高层的关注。公司董事长、总裁等领导担任该片的制片人和学术顾问，对《华尔街》的拍摄以及宣传推广作了一定的贡献，使招商证券的诸多品牌元素通过《华尔街》得以广泛传播。

根据尼尔森公司提供的调研数据，《华尔街》纪录片播出及开展了系列推广后，大幅拉升了招商证券的品牌知名度，机构客户的品牌第一认知度较2009年上升了8个百分点，位列行业第一名。

附：社会各界对《华尔街》的评价

《华尔街》为真诚、高品质的作品，无论是否是金融行业的人，都能够通过观看《华尔街》“学到很多知识，明白很多道理”——中国视协电视纪录片学术委员会会长、中国纪录片行业的泰斗刘效礼将军

体现了“诚意”和“认真”，而透过片子看到了“尊重”——中国广播电视协会纪录片委员会副秘书长刘洁女士

这部纪录片力求客观全面地介绍华尔街的情况和各方面对它的分析和评论，无疑能为我们透彻了解华尔街提供很大的帮助——国务院发展研究中心研究员吴敬琏

华尔街发展了两个多世纪，经历了一次又一次的金融危机打击，而且一代一代的银行家、投行家的确赚了大量的财富，200多年里从来没有缺少过对华尔街贪婪的指责，但是，众多危机、丑闻都没能阻挡美国金融市场发展的脚步，它每次照样能爬起来更健康地壮大，这本身说明华尔街必然对美国、对世界至关重要，美国经济、世界经济离不开源自于华尔街的金融——美国耶鲁大学管理学院金融学终身教授陈志武

美国的《华尔街》是电影，中国的《华尔街》是纪录片，对于中国观众，了解了解美国金融的历史是非常有好处的——新东方文化发展研究院院长徐小平

这部纪录片值得关注——《华尔街日报》

招商证券品牌简介

招商证券股份有限公司是百年招商局旗下金融企业，经过二十年创业发展，已成为拥有证券市场业务全牌照的一流券商。2009年11月，招商证券在上海证券交易所上市（代码600999）。截至目前，招商证券成为中证100、上证180、沪深300、新华富时中国A50等多个指数的成分股。

招商证券具有稳定的持续赢利能力、科学合理的风险管理架构、专业的服务能力。拥有多层次客户服务渠道，在国内55个城市设有96家营业部，同时在香港设有分支机

构。全资拥有招商证券国际有限公司、招商期货有限公司、招商资本投资有限公司，控股博时基金管理公司、参股招商基金管理公司，构建起国内国际业务一体化的综合证券服务平台。

招商证券致力于“全面提升核心竞争力，打造中国最佳投资银行”，以卓越的金融服务实现客户价值增长，推动证券行业进步，立志打造产品丰富、服务一流、能力突出、品牌卓越的国际化金融机构，成为客户信赖、社会尊重、股东满意、员工自豪的优秀企业。

2011年，招商证券以“优化赢利模式，提升经营质量，争取更大效益”为中心，加快业务调整，努力增加收入，在严峻的市场环境中保持了良好的赢利能力。公司全年完成营业收入52.25亿元，实现利润总额25.65亿元、净利润20.08亿元，每股收益0.43元。根据中国证券业协会的数据，公司营业收入排名行业第7，较2010年提升1名；净利润排名行业第5，较2010年提升2名。

从主要业务指标来看，招商证券主承销家数排名行业第7；主承销金额排名行业第10，同比上升1名，其中股票主承销家数排名行业第4，股票主承销额排名行业第9；二级市场股基交易量市场份额为3.935%，排名行业第6，与2010年持平；期末理财业务受托资金规模为68.13亿元，排名行业第13，理财业务收入排名行业第8，同比上升4名；基金分盘排名行业第7；香港公司二级市场份额为0.354%，排名列香港同业第49；香港市场股票承销金额排名列香港同业第27，较2010年上升5名；研发新财富本土最佳研究机构排名第3，与2010年持平。

关键点2：追求显著性

为了吸引消费者的兴趣和注意力。新闻中的重要元素，例如事件、地点以及人物形象等都要拥有一定的知名度和吸引力。越是知名新鲜的话题，产生的新闻价值就越大。

2011中国金融品牌十大年度广告

兴业证券20周年广告案例：新起步，兴未来

营销关键词

1．兴业证券20周年：以兴业证券创业20周年为契机开展的广告等品牌传播活动。

2．品牌VI（视觉识别）：兴业证券策划设计了创业20周年的视觉标志及形象广告，向金融客户传达出更强大、更专业、更具潜力和生命活力的品牌形象。

品牌VI的背景

品牌VI的发展及趋势

随着消费者消费观念的转变，品牌消费逐渐成为消费的主体动机，这就使企业品牌的建立和塑造变得尤为重要。毋庸置疑，品牌的形象设计在品牌管理中是至关重要的，而视觉识别设计是最外在、最直接、最具有传播力和感染力的部分。最能和消费者发生关系的并不是产品，而是形象视觉设计，你可能不使用它的产品，但避免不了不看到它，视觉设计的好坏直接影响整个品牌的形象。

但是，当下许多品牌的视觉识别性较差，识别度较低，尤其是许多的国内品牌，在创立初期由于不大注重品牌的建设和视觉设计的规范化应用，导致在与其他国外品牌的竞争中处于不利的位置。对于现在国内的品牌，在新的消费浪潮指导下需要面对如何塑造自身的品牌形象问题。在品牌形象设计过程中，品牌的视觉识别是品牌设计的重要环节。

一个良好的品牌视觉识别是构成良好的品牌形象的关键因素，而一个良好的品牌视觉是建立在品牌与其他竞争对手品牌的差异点上而不是相似点上。因此品牌的定位及品牌个性的塑造，会使一个品牌在众多同质、同类品牌中脱颖而出。一个企业品牌对于消费者来说，最大的不同来自于品牌视觉的不同。所以，塑造品牌视觉识别的关键之一就是如何寻找确立企业品牌的差异定位并对品牌进行有个性化的设计。一个企业的品牌视觉识别系统主要由颜色、形状以及与消费者周围的事物的联系程度组成。传统的品牌视觉设计主要以单一的静态为主要的表现形式。而现在随着信息技术的发展，尤其是网络媒体的广泛普及，现在的品牌视觉识别系统逐渐改变了原有的静态形式并丰富了原有的表现形式，使得品牌VI更加动态、多元和可观，更能引起消费者的注意和兴趣，同时让消费者更加容易接受和领悟品牌的内涵。

兴业证券让品牌VI成为市场焦点

在本次20周年系列活动中，兴业证券充分利用与品牌视觉有关的营销策略。品牌视觉是品牌理念的视觉化，通过品牌名称、标志、标准字、标准颜色等视觉要素在各种视觉载体上的应用，及对各种载体进行创意设计，把品牌理念以视觉方式传达给消费者。品牌视觉是品牌向消费者进行传播的有效方式。其构成部分如品牌基础视觉中的品牌名称、品牌标志、标准字、标准色等，以及品牌办公事务视觉、品牌产品综合视觉、品牌展示环境视觉等。其中品牌标志是品牌VI中最常用的关键元素。

图26　兴业证券创业20周年视觉标志设计及创意过程

品牌视觉设计是以达成沟通为目的，未达成品牌与消费者沟通的设计永远是失败的。兴业证券在创作20周年品牌标志的过程中，很好地考虑了受众的直观感受，并在此基础上结合了自身的品牌历史和金融定位，展现了一种观赏性强、互动性强且具有金融特色的品牌定位。

品牌VI的关键点①

强势品牌除了要有准确的品牌价值理念，还要有有效的视觉创意设计进行有效的传播。品牌视觉设计不是简单的创作。一个具有价值的品牌VI必须具备以下两个条件：

1. 以品牌核心价值为中心。这就要求品牌的视觉设计必须建立在对品牌价值理念有充分理解的基础上，在设计的各种元素使用上，充分体现品牌的价值内涵。

2. 以传播品牌信息为目的。这就要求品牌的视觉设计充分体现出对目标市场和受众心理的认识，从渠道入手，创作出有利于传播的品牌。

兴业证券在实际的操作过程中，充分考虑了以上两大条件，以丰富的核心视觉元素

①谭悦．企业品牌视觉设计的趋势[J]．科技风，2010（22）：85.

体现沟通价值，通过多元化的品牌传播途径将价值传递给消费者，以技术与专业服务为支撑专注于金融业务，向市场展现了一个高品质的金融品牌。

丰富的核心视觉元素

品牌视觉元素设计是品牌形象设计中关键的组成部分，在传统的企业品牌形象视觉设计中，企业的品牌形象的核心视觉元素主要为具有标志性的图像和文字或者是符号等。而企业则通过各种措施来强化企业品牌形象的传播效果，进而达到建立品牌视觉形象的目的。现在，随着科学技术的发展以及各类新兴媒体的广泛应用，产生了越来越多的电子动画等新的动态技术。而这些新的动态技术被大量应用在建立企业品牌形象视觉元素构建中，由于这种多元化、动态型的视觉表现形式能够更好地满足消费者的审美需求，所以传统的单一、静态表现形式的视觉元素，正在向多元化、动态型的视觉表现形式转化。①

兴业证券利用品牌VI的关键点，借助成立20周年的契机，根据“立足客户、内外兼顾、艺术维度、形文相得”的四大标准，策划设计了20周年的视觉标志、广告口号、平面形象广告、专题网页、动画格式等系列视觉。

1. 兴业证券创业20周年的品牌VI内涵

图27　兴业证券创业20周年的视觉标志

一个简单的数字符号，一段精练的广告口号，向消费者、企业员工和金融市场展示了兴业证券创业20周年的这一庆典时刻的到来。数字符号以及广告口号的选取，最大程度地浓缩了兴业证券的过去、现在和未来。创业20周年的标志解读如下：

1991—2011：20周年，数字20是直观感受。数字0用逗号表示，寓意20年是短暂的停留，未来还需继续前行，追求永无止境。

新起步，兴未来：兴业的新未来，生机勃勃，一语双关。

New Step，New Future：Step指过去的脚印，又指现在大踏步地往前走；Future既有未来的意思，又有财富的意思，即财富未来。

广告口号结构上用简洁有力的短语，突出力量和节奏；对比的使用，展现出对未来的向

①谭悦．企业品牌视觉设计的趋势[J]．科技风，2010（22）：85.

往；中英文结合，相互增益。

2. 平面广告的文案创意和诉求点

兴业证券在此次20周年传播活动中投入了精致的平面广告。其广告目标受众是广大客户和公司员工。广告任务旨在对内提升品牌自豪感和员工凝聚力，对外提升品牌知名度和美誉度。平面广告的相关解读如下：

广告元素：选择雄伟的大山，建立品牌可靠稳健的形象。

广告表现：通过山外有山、路径分明的形象，给受众塑造公司是有序发展、不断前进的形象；通过人物站在前景山峰的高点，眺望下一个山峰的形象，展现公司对未来前程的信心、信念和勇气。

图28　兴业证券创业20周年的平面广告

诉求重点：过去20年风雨兼程、硕果累累，兴业证券达到一个高度；兴业证券将继往开来，站在更高的起点，为未来而奋勇前行。

文案与画面的有机结合，让创意诉求更能打动人心。

多元化的品牌视觉传播途径

在以企业视觉识别为核心依据的企业品牌视觉传播活动中，企业视觉核心要素需要反复展示并强化传播。消费者虽然已经认识了部分品牌视觉特征，但由于表现形式上的不足，有时也会容易对单一的传播方式产生单调、厌烦的感觉，很难对品牌产生更加深刻的印象。因此，在保持平面视觉媒体宣传的同时，利用多元化的品牌视觉传播途径和方式是非常关键的。首先，企业需要增加电子互动媒介的应用，加强界面设计的视觉传播作用，给消费者带来更多便捷性、互动性和观赏性。其次，通过线上线下活动相结合的形式，积极展示品牌的视觉形象以及所要表达的营销意愿，可以使消费者由被动的吸收转变为主动的交流。被动与主动的转化，使消费者的个人意识受到最大限度的尊重，在提高品牌知名度的同时，又获得了消费者的好感，增加了消费中的乐趣感，增强了品牌美誉度。最后，在传播过程中，不同的渠道需要不同的产品类型，如在线上渠道公布文化读物及品牌手册，在线下活动给予消费者更多包含品牌个性的服务，或者与员工和消费者在线上线下同时进行互动，创造能供分享和媒体报道的品牌故事。

图29　广告类型：户外媒体　投放地点：福州火车站和福州国际机场等

图30　广告类型：网络媒体

投放地点：东方财富网、金融界等

其他投放地点：《证券时报》、《新世纪周刊》、《福建日报》、《东南快报》等

图31　兴业证券创业20周年的专题网站—首页

为了进一步推广应用20周年的视觉标志、广告口号和广告形象等系列品牌视觉，扩大兴业证券创业20周年的对外影响力，兴业证券进行一系列多元的品牌传播活动，既展现了兴业证券的独有品牌气质，也表达了以20年为契机，在公司发展的新起点上更好地服务客户的美好愿景。这些活动具体可分为“文化产品”、“庆典活动”和“责任兴业”三大模块。

1. 文化产品：丰富品牌内涵，以多元渠道传播企业文化

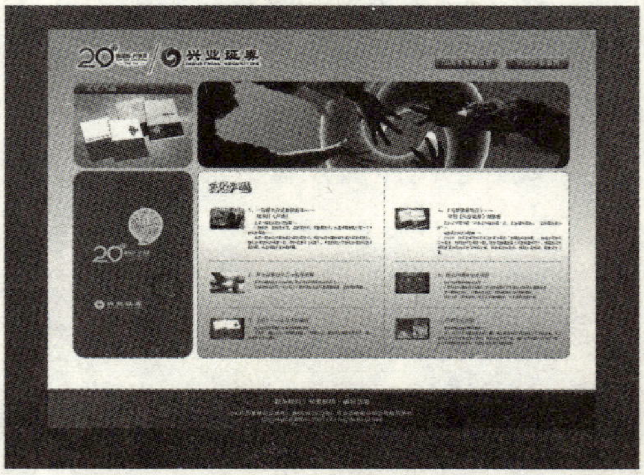

图32　兴业证券创业20周年的专题网站—文化产品

一起看兴业证券的成长——纪录片《兴路》

·这是一部关于成长的故事。

·一路走来，这里有欢笑、这里有泪水，更重要的是，这里承载着每一个兴证人的梦想。

·这是一部兴业证券创业20年的发展史，同时也是中国资本市场20年的发展史，在兴业证券创业20周年之际，制作纪录片《兴路》，不仅是对创业20年成长历史的回顾，也是对美好未来的希冀。

《与梦想者同行》——司刊《兴业证券》精选集

·兴业证券司刊获“中国企刊金质奖”时，专家评语：让财富滋养心灵。

·这是兴业证券的人文精神。

·2011年，兴业证券司刊《兴业证券》荣获“中国企刊金质奖”，适逢兴业证券创业20周年，司刊创刊7周年之际，推出司刊精选集《与梦想者同行》，精编历次司刊刊首及司刊中的文学类文章，并出版对外发行，展现兴业证券人文精神，凝聚文化力量。

《势》——企业文化解读

·企业文化在哪里？这本书会给你答案。

·《势》通过生动、详实的故事，“感动兴业”案例及文学报告等形式，深入解读兴业证券企业文化理念。

创业20周年纪念画册

·兴业证券的辉煌和成就在这里。

·兴业证券创业20周年纪念画册，全方位地展示创业20周年业绩和成就。

·那一瞬间的记忆，让镜头告诉你，兴证曾经走过的精彩瞬间。

·创业20周年，栉风沐雨，有太多的激情瞬间，有太多的动情时刻。

文化走廊

·体验兴证走廊文化的别样感受。

·从一方六尺台到现在的证券大厦，兴业证券的办公环境发生了质的变化。为了使员工的办公环境更加人性化，突出企业文化元素，在创业20周年之际，兴业证券从公司总部办公楼开始，推动走廊文化的传播。

2. 庆典活动：提升品牌互动性，以人为本助力品牌发展

图33　兴业证券创业20周年的专题网站—庆典活动

光荣与梦想——创业20周年“兴业二十年，杰出二十人”庆典活动

·兴业证券于2011年10月29日举行了创业20周年“光荣与梦想”庆典活动，表彰和奖励在创业20周年中为兴业证券各项事业的发展作出贡献的优秀人员，激励员工，传承文化。

找寻身边的感动瞬间——创业20周年“感动兴业”系列活动

·20年的栉风沐雨，20年的拼搏历程。兴业证券创业20年的发展和进步，凝聚了每一个兴证人的智慧和汗水。

·在20年里，散落着许多感人的故事，这些故事不仅体现了兴证的价值观，更传承了公司优秀文化和精神特质。让我们拾起20年的回忆，走近你我，在平凡中共同讲述心中的感动。同时评选出兴业证券创业20周年“十大感动人物”。

激情与梦想——兴业证券携手中国国家交响乐团特别奉献“新年交响音乐会”

·年轻、激情、成就是这次音乐会的主题，突出对未来的期许、对梦想的追求。

·李心草，中国交响乐团常任首席指挥，通过激扬高雅的音乐及少年钢琴的协奏，突出未来概念，将引领着我们追求卓越，追寻梦想。

创业20周年员工代表座谈会

·兴业证券各个层面的员工代表汇聚一堂，倾听彼此声音，以互动性、头脑风暴的方式共看历史，憧憬未来。

责任与梦想——兴业证券创业20周年特别奉献“巴伦博伊姆与西东合集管弦乐团音乐会”

• 一位世界级别的大师，一场精彩绝伦的“夏日贝多芬”音乐盛宴。巴伦博伊姆及其乐团所倡导的“责任与梦想”的理念，与兴业证券持续倡导的“做务实的社会责任践行者”的责任理念相得益彰。

• 兴业证券创业20周年之际，特别赞助了本场演出，作为创业20周年的特别奉献，答谢客户，回馈社会各界。

3. 责任兴业：塑造公益形象，以金融价值驱动社会服务

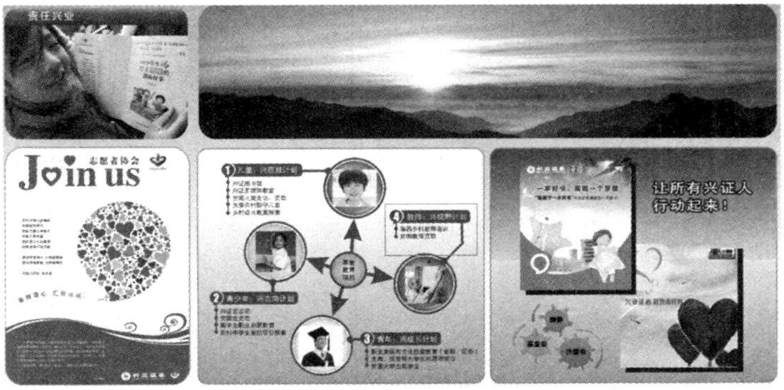

图34　兴业证券创业20周年的专题网站—责任兴业

兴业证券创业20周年以来，始终坚持“做务实的社会责任践行者”的责任理念，通过设立基金项目和志愿者团队，对儿童、青少年及教师进行多方位的帮助。2011年6月，兴业证券继续开展“给孩子一本好书”的社会责任品牌活动，为期两个月的活动总共募集图书53000多本，并在各地成立志愿者协会分会35个，招募志愿者1200多名，开展内外部活动60多场，并在全国建立20多家兴证图书馆。

以顾客为导向，以技术与专业服务为支撑

归根到底，好的品牌VI关注的是顾客，而品牌VI的实现需要更多新技术等参与。无论是动态视觉核心元素的展示，还是突出人机互动界面交流的品牌传播形式，都得益于在设计过程中广泛应用的新技术。企业能够实施丰富的视觉设计效果的重要因素之一就是要有技术条件作为基础和保障。随着移动互联网技术的发展，可以是消费者利用网络渠道及时了解信息发布，把握多媒体终端设备所引发的更强、更便利的交流机会，从而了解更多关于品牌的信息，实现消费者对品牌的立体认知。

另外，在进行企业品牌视觉个性的建立过程中，要时刻与消费人群的集体共性保持一致，营造与其他消费人群消费诉求的明显差别。在利用新的技术与消费者沟通时，最大程度地创造与相应消费人群消费个性相符合的产品风格与服务特色，不断满足市场客户的需求。

（1）金融平台：优策峰会专业服务

为了加强对客户的专业服务力度，满足客户的服务需求，兴业证券以创业20周年为

契机，精心打造了优策峰会服务营销平台。通过有效组织大型客户投资报告会、专家连线和“冬日阳光”系列峰会等活动，为客户提供专业的服务支持与指导。其中，2011年11—12月，“冬日阳光”优理宝财富管理系列峰会已累计举办10场，覆盖12家营业部。由公司总部的专项小组，深入到各地营业部为中高端客户答疑解惑，指导合理的大额资产配置。“冬日阳光”活动的举办，获得了广大投资者的好评，有效提升了客户对兴业证券专业服务的满意度。

（2）客服热线：多媒体客户服务中心95562

为了使客户更快、更好地享受到我们的服务，推动公司战略转型，兴业证券对客服系统进行全面升级，在创业20周年之际，正式启用95562为公司全国统一客服热线。95562是兴业证券推出的具有全国性、集中式、智能化的多媒体客户服务中心。其人性化的设计和全方位的金融功能能够让客户充分享受操作简便、安全高效、专业贴心的服务。

营销效果及结语

2010年10月，兴业证券在上海证券交易所上市；2011年兴业证券创业20周年，20年持续发展，兴业证券成绩斐然。站在创业20周年的新起点上，兴业证券正在全力推进以财富管理为核心的二次战略转型。但在竞争日益激烈的金融市场中，兴证品牌必须传递出兴业证券特有的品牌气质，展示更强的综合实力、更高的专业水准的品牌形象，助力业务拓展与企业发展。

兴业证券在这次20周年系列活动中，最大程度地利用20周年的视觉标志、广告形象等各种品牌视觉。我们知道，品牌视觉的竞争是品牌竞争中相当重要的部分。对于消费者而言，现在的消费观念以及传播手段都经历了巨大的改变。只有多元化的品牌视觉表现形式才能吸引消费者的注意力和兴趣，让消费者产生好感，并拥有亲身感受品牌的互动传播的机会。因此，兴业证券通过了解品牌视觉发展的新趋势，并在这次20周年系列活动中巧妙运用，正确地把握住了品牌新时代发展的脉搏，迎合消费者不断变化的审美需求，不断改善和丰富企业自身品牌形象，从而使品牌给消费者留下正面、积极、健康的印象。

兴业证券品牌简介

自1991年成立以来，兴业证券历经20年的发展，从一家银行的证券业务部发展到全国综合类券商和上市券商，取得了长足的进步。兴业证券是福建省财政厅直接控股、海峡西岸经济区规模最大和最有影响力的上市证券公司。截至2012年6月30日，公司总资产约222亿元，净资产约86亿元，主要从事证券经纪、投资银行、投资咨询、资产管理、固定收益与衍生品、融资融券、场外业务等中国证监会批准的所有证券经营业务。

经过20年坚持不懈的努力，兴业证券今天已发展成为拥有24个职能部门、1个派出机构、6家分公司、62家证券营业部、4家金融控股子公司的中大型上市证券公司，业务涵盖证券、基金、期货、直接投资和跨境市场等多个领域。近年来，尤其是2010年公司上市后，兴业证券抓住市场机遇，取得优良的经营业绩，主要业务和经营指标进入行业20强，在海峡西岸经济区经济、社会和资本市场建设中发挥了重要的作用。

兴业证券不断推进变革转型，提出以服务客户金融资产为核心，努力建立投资服务业务模式，并取得明显成效。公司经营管理风格稳健，高度重视合规管理、业务自律、风险防范，建立起一整套完整的合规风险监管体系，风险管理和市场应变能力处于证券业先进行列。

兴业证券坚持“提升员工价值，创造客户价值”的核心价值观，持续推进队伍转型和建设，通过多种方式改善队伍结构，提升队伍专业素质。公司积极履行社会责任，鼎力支持社会公益事业。截至2010年，公司及职员个人累计捐赠总额3000余万元，荣获2010年度“中国最具社会责任证券公司”称号。公司还发起设立福建省内证券行业首家慈善基金会——福建省兴业慈善基金会，持续开展社会公益事业。

展望未来，兴业证券力争用10年左右的时间，完成公司二次战略转型，打造投资服务业务模式的核心竞争力，使综合实力进入行业前10强，实现将兴业证券打造为中国最优秀的证券金融服务公司的愿景与理想。

20th 新起步·兴未来
New Step, New Future
—1991-2011—
新起步·兴未来
攀登是智者的路径，超越是志者的态度
信念
毅力
坚持
梦想
自1991年创业以来，兴证人一路前行，不断攀登，追求卓越。
梦想，照亮了前行的道路；坚持，孕育了丰硕的果实；
毅力，鼓舞着超越的勇气；信念，拓展着无限的潜能……
20年，新起步，新前程，共携手，兴未来！
兴业证券
INDUSTRIAL SECURITIES
95562 Http://www.xyzq.com.cn

关键点3：保证趣味性

大多数消费者会对具有新奇特点的事物产生更多的兴趣。有关专家曾指出人类天生就拥有好奇心的特点，一件事件要达到宣传的目的，首先要引起消费者的兴趣和好奇心，让消费者有进一步了解事件的欲望和想法。所以要让一件事件拥有较高的新闻价值首先要保证新闻事件的趣味性。

2011中国金融品牌十大年度营销事件
华侨银行（中国）春天论坛：让品牌如沐春风

春天论坛

“春天论坛”是华侨银行落地中国后的首场大型品牌论坛，通过邀请专家学者以春天为视角，分析当前经济环境，研判年度金融趋势，有针对性地分享演讲嘉宾在各自领域内的真知灼见，共同探讨后金融时代的商业机遇。同时，“春天论坛”还积极宣传华侨银行与中国人共享“诚信、人员、团队及谨慎承担风险”的核心价值观，以求达到提升整体品牌形象，巩固客户关系，拓展新的利润增长点这个目标。

为什么要在2011年举办“春天论坛”

成功的事件营销包括选择合适的事件，设计关于该事件的最佳赞助项目以及衡量赞助效果。

选择事件机会。成功的事件营销首先需要选择一个良好的事件机会，例如颇受广大受众喜爱的奥运、世界杯等比赛。在“春天论坛”活动中，华侨银行（中国）选择在春天这个万物复苏的时候举行，意味着以春天为视点，共同探讨中国金融市场的希望所在等多重含义。

设计赞助项目。在事件营销过程中，企业为了让事件营销达到最大的效果，在事件的过程中会采用多种方式来突出自己，如广告、标牌和节目等。为了得到更有力的影响，赞助商通常辅之以样品、广告、产品推广和宣传。

事件创造。开发出一系列特殊事件，包括周年庆典、艺术品展览、拍卖、竞赛等。某种事件刚被创造出来，竞争对手一般马上就会推出模拟新版本。

赞助活动的衡量。衡量赞助活动效果有两种基本方法：供给面方法（supply-side method）通过评估媒体覆盖度来关注品牌的潜在曝光程度；需求面方法（demand-side method）关注来自消费者报告的曝光程度。①

华侨银行及其子公司向客户提供全方位专业金融和财富管理服务，包括个人业务、

①科特勒，凯勒，卢泰宏．营销管理（第13版）[M]．北京：中国人民大学出版社，2009：449.

公司业务、投资业务、私人银行业务、交易银行业务、资金业务、保险、资产管理和股票经纪业务。

华侨银行的主要市场包括新加坡、马来西亚、印尼和中国。华侨银行在15个国家和地区拥有超过500个分行和代表处，这其中包括华侨银行在印度尼西亚的子公司OCBC NISP大约400家分行和办事处。

华侨银行的附属公司大东方控股（Great Eastern Holdings），从资产规模和市场占有率方面都是新加坡和马来西亚最大的保险集团。其旗下的资产管理公司利安资金（Lion Global Investors）是东南亚最大的资产管理公司之一。私人银行服务则由子公司新加坡银行（Bank of Singapore）提供。新加坡银行在2011年屡获行业的肯定，并被《国际私人银行家》杂志评选为亚太区2011年度杰出私人银行。

2007年8月1日，华侨银行（中国）正式成立法人银行，品牌推广工作也随之启动。华侨银行（中国）的第一场大规模品牌战役于2008年第三季度拉开帷幕，先后在《21世纪经济报道》、《上海证券报》等主流财经媒体上刊登了广告。随后的主要品牌宣传活动包括：通过国内主流平面媒体与网站发布新闻，推广新产品与服务，通过活动践行企业社会责任，对所获得的重要奖项进行宣传与推广。经过3年来的努力，华侨银行（中国）已经获得了一定的公众认知度。

自2007年成立法人银行以来，华侨银行（中国）的总资产规模达到340亿元，各主要业务的收益均呈现出良好的增长态势。华侨银行（中国）在中国的网点数量不断增多，已经在包括上海、北京、广州、天津、厦门、成都、重庆和青岛等城市开设了16家分支机构，员工数量从100人增长到800多人。经过华侨银行（中国）团队过去3年的努力，华侨银行（中国）已正式步入中型外资银行的行列。

华侨银行（中国）在华侨银行集团内表现活跃，华侨银行集团也在2010年将一份满意的成绩单提交，在全球金融危机当中复苏，再创营业额与收益历史佳绩，这恰好认证了华侨银行在业务、客户关系与员工上的强大实力。整个集团全年的盈利收入达到266亿元人民币，净利润突破133亿元人民币，更为重要的是华侨银行持续保持稳健的资金水平，一级资本充足率高达16.3%，整体资本充足率高达17.6%。华侨银行集团的财务管理业务在亚洲名列前茅，华侨银行的附属公司大东方控股是新加坡和马来西亚的最大保险集团，从2010年初开始，集团引领私人银行服务发展，华侨银行收购了私人银行，并改称为新加坡私人银行。①

2010年，华侨银行进入新的历史发展阶段。相比2009年，个人银行创收增长了190%，跨境贸易人民币结算业务方面更是成绩斐然，华侨银行（中国）此项业务的增幅与增量均居沪上前列。资金部也取得了历史性的突破，通过与各业务部门的紧密合作，

①春天论坛专题. 东方财富网. http: //topic.eastmoney.com/hqyh2011/.

客户数量和销量都达到了数倍增长。金融机构部作为银行间合作共赢的领先者，实至名归，取得了总体业绩增长四倍的新高度。这样的一份成绩单有力地证明了华侨银行集团投资中国市场战略的正确性，也使得华侨银行（中国）对接下来的前景充满信心和期待。

因此，2011年，华侨银行（中国）下一个3—5年发展计划即将实施。为了给华侨银行（中国）实现下一阶段发展目标注入新的动力，华侨银行（中国）希望通过在华的首场品牌论坛进一步加强品牌推广，巩固客户基础，为未来的发展奠定坚实的基础。

而之所以建立“春天论坛”，主要出于三个战略目标考虑：

1．华侨银行自2007年成立法人后，品牌宣传一直以比较低调的方式在比较小的范围内实施，以与客户和业界代表活动、分享为主，而大规模的线上线下宣传活动几乎没有做过。

2．2010年底，华侨银行的总资产规模已经较初入中国时翻了三到四倍，这使得华侨银行已经正式进入中型外资银行的行列，而其规模也在上海法人化外资里排名第十一，公司有能力也有必要开拓新的市场，增加收入渠道。

3．2011年，在第三个三年计划中的华侨银行，有拓宽渠道的发展目标，但是同时也需要一个事件来全面推动实施，因此，有必要在这个时点做一次大型的品牌亮相。

这也就是为什么华侨银行（中国）选择在这个时间点举办“春天论坛”的原因。同时也为“华侨银行（中国）春天论坛”做了以下设定。

让专业形象化为春风

“春天论坛”为华侨银行落地中国后的首场大型品牌论坛，论坛中华侨银行（中国）将邀请国内知名经济学家、资深学者与专业研究人员发表独立演讲，这些专家均在中国的经济学领域享有极高的知名度，对金融市场的真知灼见和对金融趋势的专业预测，往往对中国投资者具有广泛的影响力。

华侨银行首席执行官康大为先生表示：“华侨银行（中国）在过去的3年间取得了傲人业绩，尤其是2010年表现非常卓越。借此时机，我们首度举办如此盛大的金融论坛，既是和各界分享近百年来立足亚洲所取得的金融智慧，也代表了华侨银行对共创中国经济美好前景的一份贡献。”

图35　“春天论坛”Logo

华侨银行（中国）邀请的顶级专家包括：中国银行业协会首席经济学家巴曙松教授及独立经济学家谢国忠博士。巴教授长期致力于为中国的经济战略决策提供专家级意见，他对宏观经济形势和金融市场有很高的敏感度和卓越的洞察力；谢博士则对世界金融环境尤其是东南亚金融市场有充分的发言权。这些专家对此次论坛的支持将极有力地提高华侨银行中国的品牌认知度并证明华侨银行（中国）的实力。

华侨银行集团首席执行官钱乃骥先生表示："中国作为被全球瞩目的崛起中的经济体，其市场机遇和未来空间不可估量，作为华侨银行集团'新地平线战略'中一直列入战略重点的大中华市场之一，华侨银行在中国就人员、品牌、网络、系统和流程进行了大量投入，扩大了我们产品和服务的范围，整体提升了华侨银行的竞争力。"①

这样一来，既可以向已有的客户来一个集体亮相，让大家知道，华侨银行在最近几年所做的事情，以及将来打算做的事情，又没有设定规定的专题演讲方向，能够在这个平台上听到大家的声音。而整个论坛直接嫁接的就是新加坡银行，将其积淀百年的智慧和谨慎承担风险的核心价值观再次强调。

华侨银行（中国）"春天论坛"旨在分析当前经济环境，研判年度金融趋势，有针对性地分享演讲嘉宾在各自领域内的真知灼见，共同探讨后金融时代的商业机遇。论坛将由《第一财经日报》编委杨燕青女士主持，独立经济学家谢国忠先生、中国银行业协会首席经济学家巴曙松先生以及北京师范大学金融研究中心主任钟伟先生将分别以"通胀时代和投资策略"、"中国宏观经济与金融政策走向"及"稳定金融调控预期，促进经济结构转型"为题发表独立演讲。三位演讲者的背景互为补充，以期对当前经济形势传达出更为全面的声音。之后，将有一个嘉宾与听众思想碰撞的圆桌互动。

作为论坛的前期预热，在新闻发布会上，华侨银行（中国）资金业务部总经理张方田先生带来的主题演讲"升息快结束了吗"，以及华侨银行全球资金战略与研究部经济分析师谢栋铭先生的主题演讲"全球热点问题对中国经济的影响"，展现了华侨银行对于世界金融业以及中国市场的深刻理解，同时让人们对即将举行的论坛充满期待。②

搭建分享金融平台，加强客户关系管理

"春天论坛"将加强华侨银行（中国）与现有客户、潜在客户及媒体的联系，并搭建一个分享金融智慧的广阔平台。

在过去的3年中，华侨银行（中国）已经为加强与客户和媒体的联系而作出了诸多努力，曾开展多项活动，但这些活动在规模上仍比较有限。而此次的春天论坛不仅为华侨

---

①华侨银行（中国）"春天论坛"召开　中外专家热议中国经济．网易新闻．http：//news.163.com/12/0422/11/7VMLBI7J00014AEE.html.

②华侨银行（中国）春天论坛举行启动新闻发布会．东方财富网．http：//finance.eastmoney.com/news/1585，20110411129414749.html.

银行（中国）与现有客户及媒体提供了一个分享经验、交流见解的平台，吸引更多的潜在客户，同时也能与公众探讨如何更好地满足客户需求，提高华侨银行（中国）的竞争力。

华侨银行作为一家于1912年由华裔设立的金融机构，成功立足于亚洲市场。华侨银行（中国）董事长兼首席执行官梁炜宁女士表示："华侨银行（中国）'春天论坛'是一个互相分享观点、共同畅想经济的平台，希望各位嘉宾畅所欲言，为大家提供更多的智慧灵感。今后，华侨银行（中国）将延续'春天论坛'的精神，集思广益，博采众家之长，为客户创新出更为满意的产品和服务。"①

事件营销主题

活动品牌定位

定位思维的精髓在于，把消费者的观点（认知）当作现实来接受，然后重构这些观点，以达到你所希望的境地。仅仅让消费者的大脑里存有你的名字是远远不够的，如果你的名字跟其他一大堆名字没有什么区别，要不了多久就会被消费者当作垃圾丢到大脑里一个阴暗的角落，从此难见天日。②

"春天论坛"将华侨银行的品牌定位"谨慎承担风险"，和华侨银行的品牌基调"个性化、真诚、自信、高贵、典雅、时尚、国际的、专业的、尊贵感"相结合，最后形成华侨（中国）"春天论坛"的品牌含义。

华侨银行品牌定位：

华侨银行是一家来自新加坡，运用国际金融智慧，协助亚洲地区的个人及企业实现梦想的外资银行。作为一家1912年由华商创立的银行，多年以来，华侨银行成功立足于亚洲重要市场，形成与中国人共享"诚信、人员、团队及谨慎承担风险"的核心价值观。

华侨银行的品牌基调：

个性化、真诚、自信、高贵、典雅、时尚、国际的、专业的、尊贵感！

华侨银行（中国）"春天论坛"的品牌含义：

1. 突破品牌在本土发展近百年带来的沉重感，力图创新突破，为品牌带来春意盎然的生机和活力。

2. 做集团最年轻的市场，希望华侨银行在中国如春天一样蓬勃发展。

3. 以春天为视点，共同探讨中国金融市场的希望所在。

---

①华侨银行"春天论坛"共话通胀下的中国金融. 凤凰网. http: //biz.ifeng.com/finance/detail_2011_04/25/22686_0.shtml.

②侯惠夫. 重新认识定位[M]. 北京：中国人民大学出版社，2007: 23.

嘉宾邀请

华侨银行（中国）为提高对中国投资的影响力以及品牌知名度，在“春天论坛”中邀请国内知名经济学家、资深学者与专业研究人员发表独立演讲。

邀请的嘉宾包括：中国银行业协会首席经济学家巴曙松，独立经济学家谢国忠，复旦大学经济学院副院长孙立坚教授。三位嘉宾将分别以官方、学术和自由经济学家的角度阐述对于金融市场的观点和研判，从结构上互为补充，力求向受众传达全方位的声音。

论坛主持人

杨燕青 女士

《第一财经日报》副总编辑，中欧陆家嘴国际金融研究院特邀研究员，第一财经频道高端对话节目——《经济学人》栏目的创始人和主持人，复旦大学经济学博士；拥有丰富的媒体和研究经验，十多年密切跟踪中国的经济金融转型、制度变迁和金融行业发展，擅长从全球视野讨论中国问题。

演讲嘉宾

巴曙松 先生

国务院发展研究中心金融研究所副所长，研究员，博士生导师，中国银行业协会首席经济学家，并在中国科技大学、北京大学、华中科技大学等多所高校任兼职教授，主要研究领域为金融机构风险管理与金融市场监管。

孙立坚　教授

复旦大学经济学院教授、复旦大学经济学院副院长，复旦大学经济学院证券研究所常务副主任、复旦大学世界经济研究所副所长、《世界经济文汇》编辑、复旦大学金融研究院兼职研究员以及日本一桥大学国际共同研究中心兼职研究员。

谢国忠　先生

独立经济学家和金融投资顾问，摩根士丹利原董事总经理及亚太区经济首席分析家，并在世界银行工作了5年，后来加入新加坡的Macquarie Bank，职位为企业财务部的联席董事。谢博士对世界金融环境尤其是东南亚金融市场有充分的发言权。《机构投资者》杂志在2000—2006年评选谢国忠博士为亚洲最佳经济学家。世界经济论坛和中央电视台在2003年评选谢国忠博士为十大未来领袖。①

论坛上，中国银行业协会首席经济学家巴曙松表示，现在美欧日修复资产负债表，

①华侨银行（中国）“春天论坛”议程与演讲嘉宾. 网易财经. http: //money.163.com/11/0420/13/723BK9V000254M1P.html.

主要依靠资产方的上涨，即资产价格上涨，而要维持资产价格的上涨，可能就要保持宽松的流动性和低利率环境，这样的环境对于中国的下一步宏观政策和货币政策决策，会带来深远的影响。巴曙松同时表示，社会融资总量的提出，蕴含着一系列新的政策趋势。[①]

客户邀请

"春天论坛"筹备工作开始后，华侨银行（中国）企业传播部与各业务部进行了为期约6周的客户邀请工作。计划参加论坛的人数为550人，最终的实际确认人数为511人，其中接受邀请的客户数约为400人，受邀媒体约为60家。

新闻发布会

2011年4月8日，"华侨银行（中国）春天论坛"新闻发布会在上海思南公馆成功举办，作为论坛的前期预热拉开了"春天论坛"的序幕。资金业务部总经理张方田先生与集团经济分析师谢栋铭先生发表了主题演讲，展现了华侨银行对于世界经济以及中国金融市场的深刻理解。来自全国的41家媒体出席了新闻发布会，既包括新华社等新闻机构、《第一财经日报》等主流财经媒体，也包括了新浪、网易等知名门户网站与和讯、东方财富网等财经专业网站。到场媒体对新闻发布会及嘉宾的精彩观点进行了关注，报道总数达44篇。

广告刊登

为了配合论坛的宣传，华侨银行（中国）在2011年4月15日和活动当天即4月22日的《21世纪经济报道》和《每日经济新闻》上分别刊发了广告。华侨银行（中国）特别预订了4月15日的《21世纪经济报道》和《每日经济新闻》报纸各100份，分别摆放在了办公室的共同区域供浏览；同时预订了4月22日的《21世纪经济报道》和《每日经济新闻》各600份在论坛现场发给每一位到场的嘉宾、客户与媒体。中国网络电视台（CNTV）、东方财富网及网易对本次论坛进行了专题报道，并对论坛作了全程现场直播。

①华侨银行（中国）"春天论坛"近日举行. 上海金融新闻网. http: //www.shfinancialnews.com/xww/2009jrb/node5019/node5036/node5040/userobject1ai75654.html.

图36　“春天论坛”活动广告

活动当天

2011年4月22日，春天论坛在上海丽思卡尔顿酒店正式举行，活动现场布置整齐有序，既凸显着华侨银行大气、专业的风格，又展现了春天的生机勃勃。近500位参会客人在各部门同事的陪同与指引下有序签到、落座。论坛过程中，三位演讲嘉宾对当前中国金融市场趋势、货币政策等问题进行了大胆预测和细致的分析。

在此次论坛中，中国银行业协会首席经济学家巴曙松在演讲中，大胆预测了2011年中国经济增长趋势及本轮通胀周期，并就目前推行的货币政策及财政政策进行了深刻的分析。复旦大学经济学院副院长孙立坚就金融海啸后全球流动性问题及当今货币政策问题进行了详细阐述，并认为只有创造经济活力才能抗衡通胀。独立经济学家谢国忠则分别围绕近期热点的通胀问题，以“通胀时代和投资策略”为主题，从全球流动性泛滥，到目前中国通胀的成因、发展趋势、抗衡措施及风险避让以及新财富创造等方面带领大家共同探讨了后金融危机时代的创富机遇。

中国银行业协会首席经济学家巴曙松：外储压力加重　汇率或进一步提速

今年的一季度，中国的贸易收支出现了六七年来的首次季度逆差，但是中国的外汇储备还增加了2000亿美元，所以意味着即使是贸易的逆差，但是依然有大量的国际资本，在国际主要经济体保持宽松的流动性的背景之下，流入中国。如果二季度贸易逐步从逆差变为轻微的顺差，资本流入的速度不加速或者不变的话，那么最终流动性和外汇储备的压力还要加大。

在利率政策上，中国学者经常批评为什么不大幅度加息，如果把银行间市场利率，人民币银行间市场利率和美元或者欧元银行间市场利率做一个逆势的历史对比，不难发现，我们现在人民币兑美元的银行间利率逆差已经属于历史比较高的水平。如果大幅度加息的话，可能这个吸引资本流入的刺激就减弱了。

我们的汇率可能会动得快一点儿，这个和国际的压力有关，也是和中国通胀压力有关；2005年和2008年危机之前，人民币兑美元的升值在6%，而去年到今天升值在5%，由此看来汇率会用得越来越多，非常重要的一点就是央行目前开始用社会融资总量这个工具。这个工具意味着我们会更多地看到政策的一些变化，其中讲到一个非常重要的变化，就是价格型的工具，而不是数量型的工具在未来将用得越来越多。

复旦大学经济学院副院长孙立坚：加速市场经济活力　必须宽松民企生存环境

最近货币政策的调子，实际上是三个节奏，第一步就是整顿市场，甚至干预一些商品的炒作现象，看看有没有囤积商品的问题等等；炒作楼市的问题，市场的利率整顿一下，不断地加大，甚至是行政的问题，目的是在这样一个成本推动型的通胀当中，打击借机获取暴利的投机行为。

还有引导性的资金进入央行的货币当中，到期之后发行更高的利息，或者更多数量的央票来吸引它到期的资金，现在通过加息和IPO同时进行，就是驱使资金进入国家可控的金融体系。

我们看到存准利率不断上涨，这样的做法带来的效果就是实体经济资金层面成本不断上升，套利套汇的问题不断严重，贸易逆差和外汇储备增长。当前货币政策有效性最大的问题，就是银行管理层也在讲吸收存款，尤其做信贷的，吸收存款非常困难，股市里面没有看到大量的投入，体系之外的资金非常富裕。

所以今天能不能加速中国市场经济的活力，关键还在于政府应对成本推动型的通胀，不在于金融和货币的手段，更多的可能还是要给民营企业一个正常的生存环境。

独立经济学家谢国忠：中国房价已见顶　拐点在负利率时代结束时

中国楼市调控已一年有余，对于这个老百姓最关注的房价问题，对于已经涨了二三十倍的房价来说，出现下跌50%的现象并不困难。“今年房价已经见顶，我们可以看到目前房地产交易量非常小。房价已经在下跌，虽然速度比较慢。”同时他认为目前房价面临的压力是由限购所导致的。而最终房价的拐点会出现在负利率时代结束时。当加息直至通胀之上、负利率结束之后，房价就会进行自我调整，房产泡沫届时将破裂。

对于老百姓如何抗通胀，谢国忠给出的答案有些新颖。他指出去美国买房是一个很好的选择，虽然美国5年内房市不会上涨，但正处于价值洼地，有很好的保值功能。除此之外，他对长期持有黄金也持乐观态度。[①]

---

①华侨银行携专家举办“春天论坛”共探通胀下金融格局. 新浪财经. http: //finance.sina.com.cn/roll/20110425/12409746113.shtml.

图37 “春天论坛”活动现场

就是这样，首次“春天论坛”汇集了优秀的专家学者，对后金融危机时代中国经济的走势、抵御通胀的措施以及新形势下的创富机遇进行了深入探讨，精彩演讲与细致探讨博得了现场观众的阵阵掌声。

事件效果

专题报道

华侨银行（中国）“春天论坛”得到了监管、客户和媒体等社会各界的热烈反馈，中国网络电视台（CNTV）、东方财富网及网易对本次论坛进行了专题报道，而其中CNTV更是对论坛作了全程现场直播。

以下为三家媒体专题报道的链接。

中国网络电视：http://jingji.cntv.cn/special/hqctlt/01/

东方财富网：http://topic.eastmoney.com/hqyh2011/

网易财经：http://money.163.com/special/ocbc-spring-forum/

媒体出席及报道情况

50家全国主流媒体出席了此次论坛活动，并对活动现场情况与嘉宾演讲等进行了相关报道，新闻稿总数多达155篇。连同新闻发布会的报道在内，本次论坛共有200多篇次的新闻报道。

有客户在活动后表示提前预订下一次论坛的席位。来自广东银监局的潘红丹女士特地写邮件表示：“论坛上董事长梁炜宁的发言，让我更深地体会到华侨银行独特的定位和异质化发展的特色，感谢华侨银行（中国）提供的这场智慧盛宴，思想的碰撞产生了更多的思路。”华侨银行（中国）“春天论坛”是这个近百年历史品牌在中国的一次华丽亮相，内部评估其达成了预期的传播效果。

业绩提升

2011年，华侨银行个人银行着力拓展客户的投资渠道，相继研发了更多的结构性投资项目，银行保险服务，推出了QDII产品，还相继在上海和成都推出了商业地产按揭贷款业务。在华侨银行遍布亚洲的网络优势基础上，2011年，其跨境贸易人民币业务获得了154%的大幅增长。同时，日益丰富的品牌宣传，也使得其分支网点迅速扩展至全国8个城市的16家，华侨银行“新地平线战略”迈出重要一步。

华侨银行（中国）有限公司董事长兼首席执行官梁炜宁女士表示：“作为集团‘新地平线战略’中一直列入重点的大中华市场之一，华侨银行在中国就人员、品牌、网络、系统和流程进行了大量投入，扩大了华侨银行（中国）产品和服务的范围，以满足不同客户群体的金融需求。特别值得一提的是，华侨银行（中国）在不同产品和销售平台及客户群体之间系统地建立了财富管理能力，形成了比较理想的整体服务链，其中包括保险、基金管理、股票经纪、资金业务以及私人银行业务等。”

而伴随“春天论坛”的举办与华侨银行大中华区业务的迅速拓展，华侨银行集团战略中被列为主要市场之一的大中华地区（包括中国香港、中国台湾和中国内地）对业绩的贡献度也有所提升，其中华侨银行（中国）表现最为突出，相比2011年度呈现飞跃增长，税前利润约为4.5亿元人民币，增长幅度超过3倍，为历年来最好业绩；总资产规模为520亿元人民币，较2011年增长54%。华侨银行（中国）更是在2011年净利润首次突破亿元，约为3.4亿元人民币，客户总数也上升了53%。可见，品牌的构建与强势推广，已收到目标成效。①

后续发展

首届华侨银行（中国）“春天论坛”的如期举行，吸引了中国媒体和观众，而客户、监管和媒体的良好反馈也使得集团坚定了对中国市场一如既往地加大投资的决策。

2012年4月20日，2012年度华侨银行（中国）“春天论坛”再次启动。这次论坛邀请了中国银行业协会首席经济学家巴曙松、著名经济学家郎咸平，以及华侨银行全球资金战略与研究部经济分析师谢栋铭。他们分别从境内、境外的视角全面诠释了当前的经济形势，共同探讨突破复杂市场环境的出路问题。同时，华侨银行集团新任首席执行官钱乃骥也在此次论坛中公开亮相。

一场名为“2012年，如何实现资产最优配置”的圆桌讨论也在现场展开，受邀嘉宾都在结合自身多年的专业资产管理的基础上，预测了未来市场存在的投资良机，与到场听众共同分享最优资源配置的解决方案。

作为东南亚的第二大金融机构，华侨银行集团2011年度总体业绩达到净利23.12亿元新币。同时，在华侨银行集团战略中被列为主要市场之一的大中华地区对业绩的贡献度也有所提升，其中华侨银行（中国）表现突出，相比2011年度呈现飞跃增长，增长幅度超过3倍，为历年来最好业绩；总资产规模为520亿元人民币，较2010年增长54%。

---

①华侨银行中国市场业绩实现超3倍增长达历史新高点. 东方财经网. http: //finance.eastday.com/Business/m2/20120224/u1a638314 4.html.

2012年伊始，美国经济恢复疲软，欧洲主权国家的债权危机重重，世界几大主要的经济体，包括中国在内，政治周期与经济周期的相互影响，使得2012年成为非常特殊的一年。中国政府将GDP定在了7.5%，这是8年来GDP首次低于8%。中国经济在经历了几年的紧缩性政策之后，又将面临艰难的结构性转型的关键之年。这些因素的叠加，更使得中国经济的未来走向成为焦点问题。华侨银行（中国）“春天论坛”的再度举行，旨在更为全面地为当前经济提供新的思路和灵感。

中国银行业协会首席经济学家巴曙松的主题演讲“利率市场化：国际经验与推进路径”，详细讲解了各主要经济体利率市场化的演变进程，并就中国利率市场化中的核心问题进行了深入剖析。华侨银行全球资金战略与研究部经济分析师谢栋铭以“境外投资者眼中的中国”为题，表达了对境外投资者对中国输出通胀的担忧。著名经济学家、香港中文大学首席教授郎咸平则是延续了其一贯犀利的风格，提出中国产能过剩形势严峻及劳动力成本上升后对制造业产生巨大冲击的观点。

华侨银行集团首席执行官钱乃骥先生表示：“中国作为被全球瞩目的崛起中的经济体，其市场机遇和未来空间不可估量，作为华侨银行集团‘新地平线战略’中一直列入战略重点的大中华市场之一，华侨银行在中国就人员、品牌、网络、系统和流程进行了大量投入，扩大了我们产品和服务的范围，整体提升了华侨银行的竞争力。”

华侨银行（中国）董事长兼首席执行官梁炜宁女士表示：“搭建思想碰撞平台，分享百年金融智慧，这是我们举办‘春天论坛’的初衷。作为一家历史悠久并与中国市场渊源深厚的金融机构，华侨银行除了分享多年经营所获得的行业经验，同时也乐于搭建思想碰撞的平台，力求各路精英集思广益、各抒己见，为当前热点经济问题提供新的思路和灵感。”

华侨银行（中国）有限公司董事长兼首席执行官梁炜宁女士表示：“作为一家长期以稳健经营和强大抗风险能力而被认可的金融机构，华侨银行愿以积极的姿态，借助“春天论坛”的再次举行，为中国市场带来一些生机。”①

不仅仅局限在“春天论坛”，华侨银行还做了更多品牌建设的尝试。2012年初，华侨银行（中国）针对上海市部分农民工子弟小学举办的“华侨银行（中国）小小辩论赛”以“小声音，大梦想”为主题，最终胜出的两所学校获奖学生于2012年3月1日前往新加坡进行城市参观和学术交流。

关注孩子潜能开发，分享精彩思想火花。华侨银行（中国）有限公司董事长兼首席执行官梁炜宁表示：“华侨银行（中国）小小辩论赛旨在为上海农民工子弟小学的孩子们搭建一个表达观点的平台，鼓励孩子们树立信心，勇于表达自己的想法，以便更好地融入到美好的城市生活中去。能够组织获胜的孩子们去新加坡看一看，我想对他们也是

---

①华侨银行“春天论坛”召开中外专家热议中国经济．和讯网．http://bank.hexun.com/2012-04-22/140662192.html.

一次有意义的体验，希望此行给他们留下美好的记忆。”梁炜宁还感慨道：“我们希望通过这个企业社会责任项目的具体实施，以期呼吁更多的社会力量来共同关注农民工子弟孩子的成长环境，给予他们更多精神和情感方面的关怀。孩子们发挥出来的潜力让我们对小小辩论赛充满期待，他们在比赛中的优秀表现，让我们相信在将来世界级的舞台上，也会听到他们的声音。”

上海宋庆龄基金会副主席兼秘书长邹蔚也表达了对选手们的殷殷期望，作为联合主办方，本着继承和发展宋庆龄女士毕生关心妇女和热爱儿童的精神，通过他们对上海农民工子弟学校的了解，推荐了本市12所学校参与比赛。并在致辞中说道：“通过与华侨银行一起策划小小辩论赛，希望有更多的人来关注上海农民工子弟这个群体，也希望通过参加这次活动让孩子们获得一笔宝贵的人生财富。”

新加坡驻上海总领事馆池兆森副总领事代表主办方对冠亚军的新加坡之行发出了热情的邀约，在对孩子们的优异表现赞赏有加的同时，也对此次活动的社会意义深表赞同。

“教育事业功在当代、利在千秋，华侨银行长期以来坚守饮水思源，回馈社会的企业理念。继承并发扬创始人李光前先生专注社会慈善的精神，致力于与社会共同发展，积极履行社会责任。”华侨银行（中国）有限公司董事长兼首席执行官梁炜宁女士在出席“华侨银行（中国）小小辩论赛”时说道。[①]

从这样的后续活动可以看出，华侨银行也在继“春天论坛”之后，通过不断的品牌宣传事件，强化着自己的形象，传播着自己的价值观。

华侨银行品牌简介

华侨银行是新加坡成立时间最早的本土银行，在1932年由三大华资银行合并而成，当中最早的成立于1912年。以资产规模来说，华侨银行目前是东南亚第二大的金融服务集团，也是世界上最高评价的银行之一，拥有穆迪Aa1级评级。在2011年和2012年，华侨银行被《彭博市场》杂志评为全球最强银行。

华侨银行及其子公司向客户提供全方位专业金融和财富管理服务，包括个人业务、公司业务、投资业务、私人银行业务、交易银行业务、资金业务、保险、资产管理和股票经纪业务。

作为东南亚第二大金融机构，华侨银行集团2011年度总体业绩达到净利23.12亿元新币，主要市场包括新加坡、马来西亚、印尼和大中华地区。华侨银行在15个国家和地区拥有超过500个分行和代表处。这其中包括华侨银行在印度尼西亚的子公司OCBC NISP大约400家分行和办事处。而其中国公司——华侨银行（中国）有限公司于2007年8月1日于

---

① “华侨银行（中国）小小辩论赛”成功举办．凤凰网财经．http://finance.ifeng.com/roll/20120330/5830305.shtml.

上海正式成立。自1925年在厦门设立第一家分行起，华侨银行一直保持在中国的持续经营。在这87年内，华侨银行在中国的业务和服务不仅没有间断过，也是1949年后在中国内地连续经营的四家外资银行之一。

华侨银行（中国）的注册资本为人民币35亿元（约合新币6亿9800万元）。在集团的强大支持下，华侨银行（中国）自开业以来便积极地扩展网络和业务。为了能更好地服务顾客，公司着重在长江三角洲、珠江流域、环渤海湾及中国西部展开布局。目前，华侨银行（中国）已经在上海、厦门、成都、天津、北京、广州和重庆等城市设立了十几家分支机构，聘有超过700名员工，

至目前为止，华侨银行个人银行部位于上海、成都和重庆的分支行都已获得银监会批准经营全面人民币业务的许可。随着人民币业务的展开，华侨银行已经推出了针对个人客户的人民币产品和服务，包括人民币外币活期存款、定期存款、人民币一天及七天通知存款、人民币以及外币的结构性理财产品、银行保险、外汇买卖、网上银行、借记卡及周末银行等产品与服务。

华侨银行企业银行利用覆盖全球网络，特别是亚洲地区的网点优势，为所有企业客户，包括中国本土企业、三资企业及台资企业、华侨银行集团的客户和房地产企业及金融机构和非银行金融机构客户，提供存贷款、企业融资、现金管理、国际结算、投资理财和跨境贸易人民币结算等金融服务，并开通了企业网上银行。

关键4：考虑接近性

当某个事物与消费者在心理上、利益上以及地理上拥有更多的可接近以及相关的事实后，该事物会对消费者产生更大的影响，从而产生更大的新闻价值。据统计显示，一般的消费群体会对自己的出生地，或者是曾给自己留下美好的回忆以及有过某种特殊感情的事物产生更多的可接近性。由于事件的可接近性对事件营销效果具有明显的影响作用，因此企业在策划实施事件营销时需要考虑到消费者的特点。通常来说，事件关联点越集中，就越能引起人们的注意。

2011中国金融品牌十大年度营销事件
光大保德信：基金耀达人

金融品牌也要学会亲近消费者

崔建章曾指出目前中国的金融营销存在以下四个缺点：

1．思维和观念仍然陈旧。在金融业务活动中，一些银行的领导与营销人员对市场营销观念的认识仍较为落后，有的人把营销看作推销金融产品，有的人把金融片面地理解为做广告，也有人把营销看作仅仅是营销部门的事，而没有认识到全员营销的重要性。

2．市场营销认识不全面。有些在经营策略上虽也借用了营销的概念和手法，但往往又把推销当营销，只有在推销自己企业产品时才零星地使用广告、宣传公关策略，各项宣传缺乏整体性和一致性，没有将银行产品和银行经营理念等形象宣传结合起来，更缺乏整体营销。

3．市场营销缺乏战略目标。普遍缺乏从长远角度来把握对市场的分析、定位与控制，在改善服务态度、优化服务质量、提高服务水平等方面的工作尚未与营销的战略目标和营销策略联系起来而缺乏针对性、主动性和创造性，虽在渠道设计上利用了高新技术，但分销渠道的扩展策略仍以增设营业网点为主要方法，难以形成高效的营销渠道。

4．缺乏专业金融营销人员。由于金融营销在我国起步较晚，目前金融企业的员工知识构架基本是金融专业，很少有市场营销专业人员进入企业，而且企业在招聘和选拔的过程中也大多偏向金融专业。而对于金融和营销结合型人才更是少之又少，但这种“新型复合型人才”正是当今金融企业所需的主力军。①

目前中国基金公司多以传统、稳健的面目进行沟通，以相对直接的投资教育的方式进行宣传。基金公司的品牌及产品已渐无明显差异，同质化现象严重。且在2008年股市大跌后，越来越多的人对基金失去或减退好感和兴趣。光大保德信基金管理有限公司为建立具有独特性的品牌形象以及长期稳定的客户关系，着力于将品牌定位在专业、稳健

①崔建章．金融营销的现状与发展策略研究[J]．现代营销．

的基础上，衍生出积极向上、努力拥抱未来、充满希望、有进取心的品牌形象，更进一步地靠近更多客户，推崇积极的生活价值观，建立客户人生事业伙伴的品牌印象。

营销事件整合传播

营销事件目的

营销事件的目的主要包括：接近某个目标市场或生活方式，提高公司或产品名称的知名度，形成或加强消费者对关键品牌形象联想的认知，加强公司形象，形成体验，唤起情感，表达对社区或社会事务的承诺，款待关键客户或回报关键员工，有机会进行推销或者销售促销。光大保德信基金管理有限公司此次营销事件的目的在于建立具有独特性的品牌形象以及长期稳定的客户关系，着力于将品牌定位在专业、稳健的基础上，衍生出积极向上，努力拥抱未来，充满希望，有进取心的品牌形象。更进一步地靠近更多客户，推崇积极的生活价值观，建立客户人生事业伙伴的品牌印象。

传播对象

“基金耀达人”活动充分考虑媒体特性，实现媒体的差异化覆盖。在网络碎片化时代，各类媒体的用户群重合度低。“基金耀达人”活动传播充分考虑此特性，在落地媒体主题设计上完全与此媒体的用户群特性相吻合，注重各分站的主题能覆盖该媒体相对有优势的用户群体。

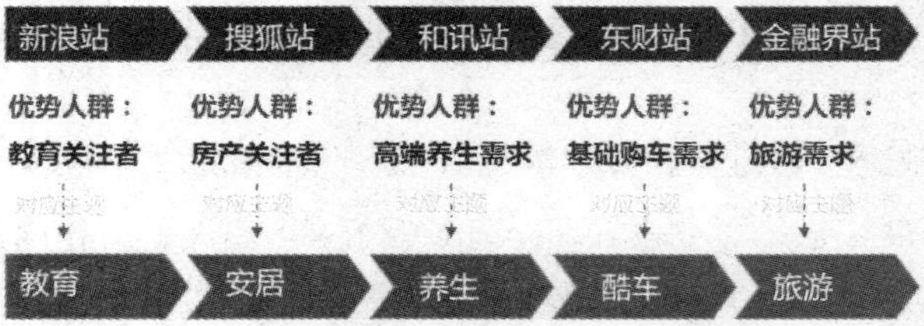

图38　光大保德信“基金耀达人”传播对象

传播内容

光大保德信基金管理有限公司采用创新的赛制和理念将“基金耀达人”活动分为台历“耀”个性、××“耀”测试、好书“耀”分享、××“耀”计划、幸运“耀”相伴以及最终决赛六大部分。每个活动分支都以光大保德信基金管理公司的主题字“耀”命名，将“耀”品牌理念植入、全局贯穿，进一步强化公司VI的群众印象，提升客户对光大保德信基金管理有限公司的品牌认知。

光大保德信基金管理有限公司在“基金耀达人”活动里同时将“贴近生活、投资者教育、品牌建设”三大要素相结合，通过活动，光大保德信基金管理有限公司可以提高投资者的基金理财水平，并生动地让投资者感受到，投资基金是生活中有趣的一部分。

让客户和公司走得更近，从而更好地了解光大保德信基金管理有限公司的品牌形象。

传媒渠道

“基金耀达人”活动融入光大保德信基金管理有限公司多种业务，且在形式上保持线上与线下的有效结合。在活动开展过程中，将公司定投业务传播、公司“耀”品牌传播、耀乐子互动游戏、公司台历定制、媒体关系联络、奖品供应商合作、渠道关系提升、客户关系联络等诸多元素整合，再结合线上及线下的方式，最佳放大整合营销的效果。

线上传播

该活动为分站赛制，共设置5大分站，每分站7天时间，共计35天，各分站具体时间如下：

表8 “基金耀达人”活动分站活动

分站名	分站主题	分站目标优势人群	时间
新浪分站	基金·教育耀达人	教育关注者	2010-12-13—2010-12-19
搜狐分站	基金·安居耀达人	房产关注者	2010-12-20—2010-12-26
和讯分站	基金·养生耀达人	高端养生需求者	2010-12-27—2011-01-02
东财分站	基金·酷车耀达人	基础购车需求者	2011-01-03—2011-01-09
金融界分站	基金·旅游耀达人	旅游需求者	2011-01-10—2011-01-16
总决赛	达人总决赛		2011年2月

“基金耀达人”活动依托新浪网、搜狐网、和讯网、东方财富网和金融界网这五大主流网站，分别以投资者日常生活中的教育、安居、养生、汽车、旅游为主题，设置5个分站，每站持续7天时间。在活动过程中，5个子活动将通过相似的环节过程遴选出5位不同类型的基金投资达人，并最终颁发活动大奖。其中，5个分站子活动的达人类型设置与落地媒体的特性相吻合，以最大限度地调动受众的参与积极性。

每个分站活动设置都将设置若干环节，参与者可通过这些互动环节获取“耀积分”，分站活动结束后，该站“耀积分”最高者为本站冠军。各分站前三名可参与最终的线下总决赛。

台历“耀”个性

参与者可上传6张个性化照片定制台历，系统会每天从所有参与者当中随机抽取50名幸运者，并将其公布于获奖名中，再由光大保德信基金管理有限公司将其上传的照片制作成2011年的个性化台历（包含光大保德信基金管理有限公司Logo的实物），并将其寄送给该活动的参与者，从而进行2次传播。与此同时，每成功上传6张个性化的照片并填写寄送信息就可以获得50个“耀积分”。

××“耀”测试

该环节为可变环节，不同分站子活动对应的名称及内容不同。比如教育“耀”测试，理财“耀”测试等。养生“耀”测试该环节主要是对活动参与者进行简单的问答，设置题库，提供相关知识点在官方网站上，对投资者进行潜移默化的投资基金教育。

表9　各分站“××测试”活动主题

分站名	活动主题
和讯网	养生“耀”测试
新浪网	教育“耀”测试
搜狐网	安居“耀”测试
东方财富网	酷车“耀”测试
金融界网	旅游“耀”测试

参与者进入此活动环节进行主题达人测试。每天有一次机会回答系统随机抽取的5道题目，每正确回答1道题目，可获取100个“耀积分”。若5个题目全部回答正确，共计可获取800“耀积分”。

好书“耀”分享

参与者推荐相关书籍以获得积分，进行理财书籍普及。参与者可在本环节推荐优秀理财或养生书籍，推荐的书籍每获取1个支持点击，推荐者即可获取1个“耀积分”；同时，推荐的书籍若被专家认可，还可获取300“耀积分”的奖励。

××“耀”计划

××“耀”计划根据不同网站特点制定了不同的活动主题，每种计划的实施都需要有足够的财力做基础。基金作为重要的投资手段之一，实现达人梦想。鼓励参与者开户，奖品设置定投计算器、收益率计算器以及电子记账本（嵌入每月光保产品定投）等，将基金投资由意识慢慢演变成实物。参与者每天只要参与体验计算器，当日即可获取30个“耀积分”奖励。单日重复使用不额外获取“耀积分”。

表10　各分站“××计划”活动主题

分站名	活动主题
和讯网	养生耀计划
新浪网	教育耀计划
搜狐网	安居耀计划
东方财富网	酷车耀计划
金融界网	旅游耀计划

幸运“耀”相伴

在“光大保德信基金——2010·基金耀达人”活动中设置10个图标，该10个图标分别以光大保德信基金的10只基金（或其收益率）作为主元素，参与者每天有5次机会转动幸运大轮盘，只要转到幸运大轮盘上的光大保德信基金产品名称，当次即可获得30个“耀积分”。每天公布一次当天的幸运图标，让投资者更熟悉光大保德信的基金。

线下活动

光大保德信基金管理有限公司开展线下活动作为线上活动的有效延续及提升，进一步扩大公司品牌影响力。通过线下的形式最终遴选出活动的最终获胜者。并将活动倡导的耀达人理念进行更为广泛的传播。活动决赛在宁夏卫视和财富天下播出，宁夏卫视由亚太1A卫星覆盖全国及东南亚、南亚地区。现已在上海、北京、广州等28个省会城市、50多个地级市落地，可接收人口超过2亿人次。2010年，宁夏卫视结盟第一财经频道，利用后者优势，增强财经报道，显著提高自身收视率及影响。

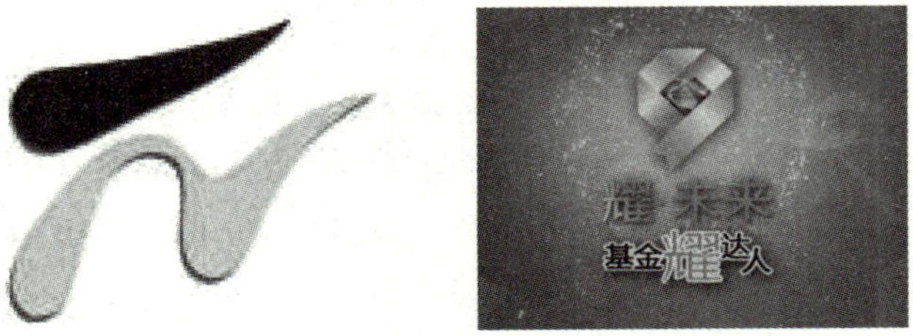

图39

为了提高线下活动的影响力，光大保德信基金管理有限公司结合时代媒体特点，将线下活动在新浪微博上进行全程直播。

线下预选赛及推广——积极与消费者微博形成互动

微博作为新兴媒体，它的出现和发展受到了很多人的关注。由于其具有传播广泛，定位精准和传播实时等特性，微博营销在新媒体时代已经成为电子商务中新颖的、独特的一种营销模式，是新媒体时代的有效营销手段。DCCI互联网数据中心预测，中国互联网实际不重复微博独立用户数，2011、2012、2013年底预计将分别达到1亿、1.68亿、2.53亿人左右。微博的出现，让个人和群体都开始思考新传播方式带来的改变和可能。微博的营销核心是人，影响力来自人的聚集。

微博流行的原因

如果要评选当下最受欢迎的互联网新应用，微博客绝对会高票当选，且排名会很高。较之传统博客，微博草根性更强，操作更简单方便，且广泛分布在桌面、浏览器、移动终端等多个平台上，有多种商业模式并存，或形成多个垂直细分领域的可能。以下原因让微博如此受欢迎。

1. 简单易用：首先，相对于强调版面布置的博客来说，微博的内容组成只是由简单的只言片语组成，从这个角度来说，对用户的技术要求门槛很低，而且在语言的编排组织上，没有博客那么高；其次，微博开通的多种API使得大量的用户可以通过手机、网络等方式来即时更新自己的个人信息。

2．人际圈的影响力：相对于博客来说，用户的关注属于一种“被动”的关注状态，写出来的内容其传播受众并不确定；而微博的关注则更为主动，只要你愿意接受某位用户的即时更新信息即可；从这个角度上来说，对于商业推广、明星效应的传播更有研究价值。同时，对于普通人来说，微博的关注友人大多来自事实的生活圈子，用户的一言一行不但起到发泄感情、记录思想的作用，更重要的是维护了人际关系。

微博营销的优势主要表现在传播性、互动性和精准性等方面

传播性：转发方便，用户可随时将感兴趣的内容转发给自己的粉丝，且由于是“一句话”博客，借助手机渠道传播更加可行，具备病毒式传播的前提。

互动性：在微博平台上，每个人既是传播者，又是受众，两种角色交错，极大地提高了多方交流的互动性，且企业可利用这种交互性，加强对目标用户的舆论引导。

精准性：由于只有对企业感兴趣的用户才会去关注企业的微博，因此受众都是企业的相关用户，精准性强。由此看出，微博营销的确是一条低成本拓展和主动管理目标客户的全新营销方式。[①]

光大保德信基金管理有限公司，将线下活动在网络上通过微博积极地和大众产生良好的互动，使活动影响力和关注度大幅提升。

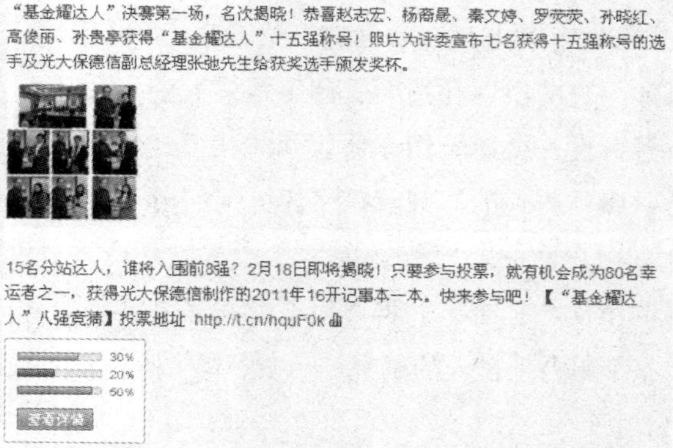

图40　总决赛15进8

①李翠，曾文静．浅析微博营销[J]．现代经济信息．

图41　总决赛及决赛视频

活动创新

赛制创新

赛制形式创新开行业先河，首创媒体循环赛制，诸多创新让活动成为基金业的一个标杆。“基金耀达人”活动首创分站递进赛制，该赛制具有人气累积效应好、环节设置灵活、活动持续性新鲜以及用户参与活跃等特点，是大型网络互动活动发展的一个趋势。

“耀”品牌理念深度植入

光大保德信基金管理有限公司充分将“耀”品牌理念全局贯穿于“基金耀达人”活动过程中。活动环节及所有的细节设置围绕“耀”字展开，让参与者在活动参与过程中潜移默化地接受光大保德信基金管理有限公司的“耀”品牌理念并对该理念产生深刻记忆。

密切渠道关系

“基金耀达人”活动过程中积极与银行渠道联动、密切代销关系。光大保德信基金管理有限公司借助本次活动，强化了与银行代销渠道的关系。通过鼓励银行客户经理积极参与本活动，使得建行、农行、招行、交行等渠道的客户经理对光大保德信基金产生更高的认同感，进而有利于旗下基金产品销售。

整合营销的典范

光大保德信基金管理有限公司在“基金耀达人”活动开展过程中，共计整合了公司定投业务传播、公司“耀”品牌传播、耀乐子互动游戏、公司台历定制、媒体关系联络、奖品供应商合作、渠道关系提升、客户关系联络等诸多元素，结合线上及线下的方式，最佳放大整合营销的成效。

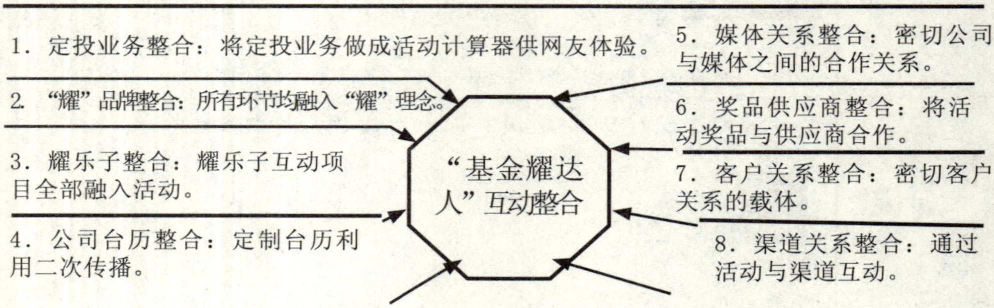

图42　“基金耀达人”活动整合营销传播

首度曝光与二次传播紧密结合

“基金耀达人”活动中植入二次传播元素，意在长远。“基金耀达人”活动首度曝光的关键用意在于积累人气，而二次传播则在高人气的基础上实现信息载体的持续可保存性，发挥长期营销效果。“基金耀达人”活动中植入光大保德信。

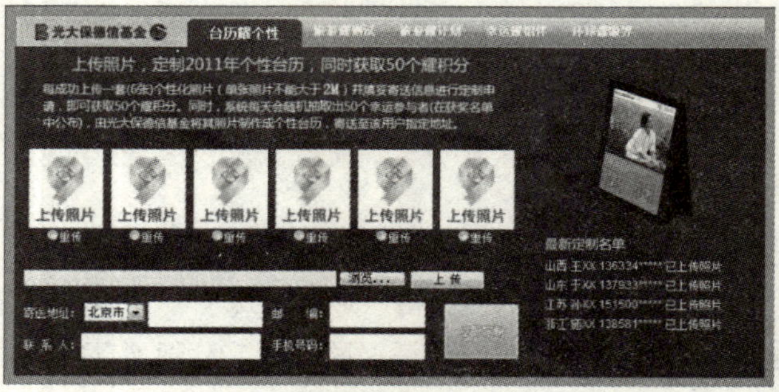

图43　“基金耀达人”网上活动

活动互动创新

“基金耀达人”活动将互动性和投资者教育结合，寓教于乐，实现基金投资价值的挖掘、传播。活动环节设置难易结合，适宜各类投资人群的参与。其中，五个分站活动主题的设置，充分凸显五种基金投资的主题。寓教于乐，在互动中实现投教。

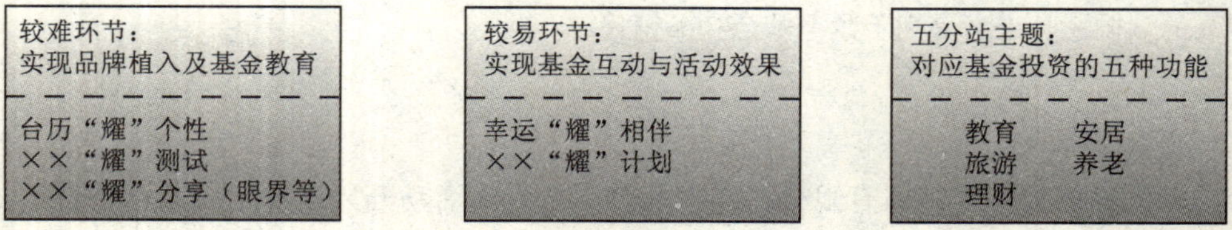

图44

页面素材突破创新

“基金耀达人”活动在页面及素材设计完全摆脱传统局限，以创意彰显创新。

创意说明：

在页面的表现力上，完全突破了基金行业传统活动中规中矩的设计风格，而是以大胆的视觉冲击力为表现点，凸显光大保德信基金的积极姿态和创新意识，彰显充满活力的企业形象。

创意说明：

在细节上，追求亲和体验。达人的舞台呈现出无尽的多姿多彩。“基金耀达人”重在体现出万众瞩目的耀眼姿态，出类拔萃的品质才是光大保德信“基金耀达人”的寻觅对象。拒绝平庸，追求万众喝彩。页面的舞台感设计正基于此。

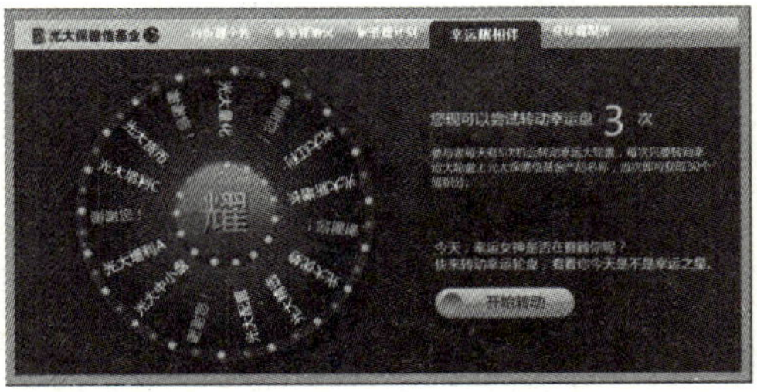

创意说明：

设计中更要追求品牌的融合。在幸运转盘的设计上，不但体现出光大保德信基金产品信息，而且围绕“耀”字的中心位置凸显视觉关注，从感官上制造品牌印迹。

图45

广告创意说明

课堂版：以鲜明的对比画面展开叙述，讲述了设施落后的山区学生对学习的向往与渴望，光大保德信基金公司对改善孩子们的成长环境而付出的努力。用Logo里的钻石为主线，看到孩子们满足的笑脸，对光大保德信的努力正面回应。从纪事的角度出发，以社会话题入手，也反应了企业对慈善事业的积极态度。

图46

黑板画版：海报设计从孩子的视角出发，将他们心里的世界描绘出来，以孩子画出的被捐助的情景为主要画面元素，包括了安装电缆、争相上网、老师上课，大家一起搬运捐赠器材以及安装灯泡等场景，来表现孩子对实现梦想的喜悦之情。既感动了孩子也感动了读者，让更多人愿意也更有动力去伸出援手。

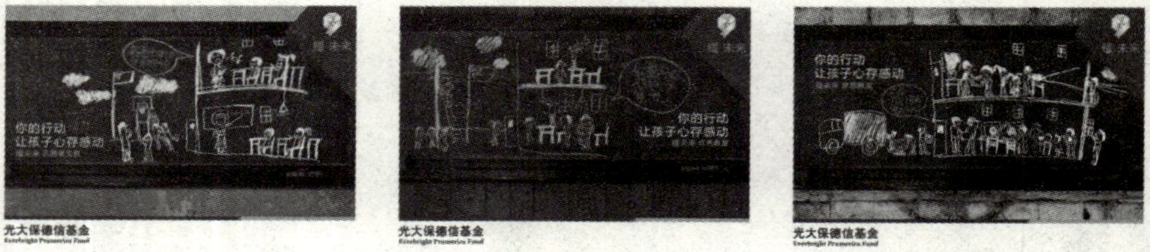

图47

事件营销的效果评估体系

事件营销是近年来国内外十分流行的一种公关传播与市场推广手段，是企业通过策划、组织和利用具有名人效应、新闻价值以及社会影响的人物或事件，引起媒体、社会和消费者关注，以求提高企业或产品的知名度、美誉度，树立良好品牌形象，并最终促成产品或服务的销售目的的手段和方式。

事件营销本身集新闻效应、广告效应、公共关系、形象传播、客户关系于一体，是一种快速提升品牌形象的营销手段，那么企业如何衡量事件营销的效果？企业最初的目的是否达到？公众对此的看法如何？对品牌的评价又会产生什么样的变化？类似问题可以通过对事件营销效果的评估来回答。

事件营销效果的评估，主要分为两个阶段：第一阶段是对事件本身的评估，第二阶段是对品牌影响的评估。对事件本身的评估可以从事件的知晓率、认知渠道分布和对具体内容的评价等指标来衡量；对品牌影响的评估可以从认知、情感和意愿三个方面来反映，具体指标如品牌认知率、品牌认同感、品牌推荐等，如图48所示：

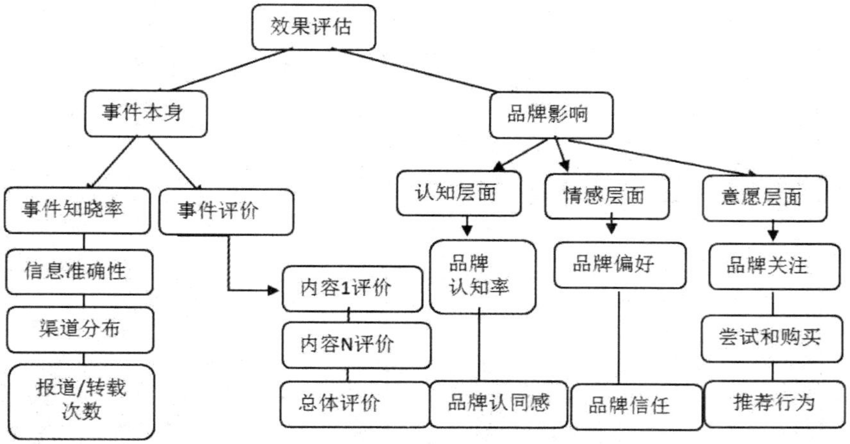

图48　事件营销效果的评估体系

对于评估的方法，我们可以从静态和动态两个角度来进行评估。静态评估是指经过此次事件后受访者对于相关品牌的评价，侧重的是目前的状态，便于进行长期的品牌监测；动态评价是指事件前后受访者态度改变的情况，侧重的是变化的程度。

对于调查对象的选择，可根据调查目的和企业的行业，有区别地进行选择，例如有些希望针对目标群体进行调查，有些则希望对于广大社会公众进行调查。从研究的角度出发，一般分为两类：（1）固定群体，适合对那些有准备的事件进行评估，便于事件前监测与事件后监测结果对比，可以连续操作进行长期的品牌监测；（2）随机群体，适合对那些突发事件进行评估，这些事件往往无法事前监测，因此可以重点测量经过事件的影响，受访者态度变化的情况。调查的样本量一般在300个左右，可根据情况予以调整。对于评估的时间，应遵循迅速、及时、有效的原则，一般来讲最佳的评估时间通常是在活动结束的一周内进行。①

“基金耀达人”活动影响力大，塑造最佳口碑得到业界奖项、媒体声音以及群众口碑三维口碑效应。“基金耀达人”活动荣膺2010年度和讯网最佳创意营销大奖、荣膺2010年度搜狐网最佳创意营销大奖、最佳SNS营销奖。与此同时光大保德信基金管理有限公司荣膺2010年度中国最佳品牌建设基金公司，在11家获此称号公司中，光大保德信基金管理有限公司排名第三。

媒体热情赞扬本次活动的创意和火爆人气。线上互动的整体浏览量逾124万人次，注册人数近13万，影响人数接近3.97亿人次，同时推动光大保德信基金管理有限公司官方微博的人气，官方微博粉丝增加数共计11764人次。活动奖品覆盖2834人次，包括活动大奖奔驰Smart及各分站其他活动奖项共计286人次，定制台历发放及意外险发放共计2548人次（台历及意外险发放数量以活动规则为准）。

---

①事件营销的效果评估. 店长网. http://www.linkshop.com.cn/web/ShopBell_Info.aspx? nbr=7070.

表11 光大保德信基金管理有限公司官方微博粉丝增加数

时间	粉丝量
2010-12-13	356
2010-12-19	2333
2010-12-26	3375
2010-12-31	4384
2011-01-09	6068
2011-01-16	9167
2011-01-26	12120
增加量：11764	

光大保德信基金管理有限公司开展的“基金耀达人”活动收获了广大投资者的热情反响，活动仅开始一周就已吸引了逾2万名投资者注册参与。而与新浪网合作的首站活动已圆满结束，“教育耀达人”分站冠军被来自江苏的网友“自由地飞翔”摘得。该网友叫齐亚东，是某银行金融理财师，他对基金理财与家庭教育的关系也有着独到见解，而“教育达人”的冠军称号也可谓实至名归。

这位冠军获得者对理财的见解与不少基金业内的投资专家不谋而合，在低利率时代与通胀压力日益加大的环境下，依靠传统银行储蓄为子女教育储备资金的方法已经不能满足现代家庭的需求。因此，家庭教育急需基金理财助力，比如基金定投就是不错的选择。其积少成多、摊薄成本、分散风险的优势，也更有利于普通家庭进行子女教育金的储备。

作为本次“基金耀达人”专家评审，银河证券基金研究中心总监王群航也指出，定期定额投资基金的方式，十分适合在未来某一时点需要支出大笔资金的人群，而父母为子女支付教育经费就是其中之一。此外，基金理财不但符合长期投资理念，而且相比股票投资等高风险方式，也更为稳健。

一项研究报告显示，在接受调查的9200多户家庭中，高达51.8%的受访家长表示尚未实施子女教育金准备计划。而绝大多数受访者家庭每个月抚育孩子的费用占家庭可支配收入的10%—30%，从孩子出生到大学毕业的平均教育费用至少在30万元，加上家庭其他开支，未来孩子教育费用与家庭现有资金之间存在较大缺口。报告同时显示，53.7%的受访者将基金定投作为优先考虑的子女教育理财方式，其次是保险和储蓄。

光大保德信相关负责人表示，公司此次举办的“基金耀达人”系列活动，较为贴近投资者日常生活，并通过饶有趣味的答题与互动游戏形式，帮助他们更好地认识到基金投资的意义。比如此次以教育为主题的首站比赛，就能较好地推广基金定投的理财方式。为此，光大保德信还特意设计了“耀未来要定投”的品牌口号，希望更多家庭能够参与其中，让基金理财为子女教育出一份力。

该活动联合了国内5家主流网站，分时分阶段地招募教育达人、安居达人、养生达人、酷车达人以及旅游达人，每站持续7天，参与者通过6个互动环节获取“耀积分”，最终以“耀积分”来评选冠亚季军。而各分站的前三甲，将冲级“达人总决赛”。该活动在奖项设置上饶有新意。最低奖项是互动参与奖，每天50个名额为参与者定制个性化台历；而最高的终极大奖是1辆奔驰Smart汽车。①

后续传播

继去年举办的“光大保德信—基金耀达人第一季”取得巨大成功之后，2011年的“光大保德信—基金耀达人第二季”将继续，第二季将强化结合贴近生活、基金知识教育、理财技能挑战等诸多元素，为投资者带来不一样的精彩体验。

此次“基金耀达人”活动分为网络比赛和线下总决赛，在2011年12月12日至2012年2月间举办，依托多个网络主流媒体，分别以“耀挑战”、“耀组合”、“耀辩论”、“耀上镜”、“耀幸运”为主题设置5个环节，全面考验参赛者的理财素养和理财生活。投资者可通过参与5个环节的活动获取“耀积分”，“耀积分”最高的分站三甲将参与最终的线下总决赛。

“通过‘耀达人’系列活动，光大保德信基金管理有限公司希望能让一批懂基金知识、会基金理财、富生活乐趣的新一代‘基民’参与进来。”作为“耀达人”活动的总策划，光大保德信基金的品牌策划副总监温宏超认为，经过这几年市场的发展，基金已经走入了千家万户。光大保德信不断通过类似“基金耀达人”这样的活动平台来提高投资者的基金理财水平，也能让客户和公司走得更近，从而更好地了解基金公司的品牌。此外，通过这样的方式，可以生动地让投资者感受到，投资基金是生活中有趣的一部分。

温宏超同时透露，“基金耀达人”只是光大保德信“耀未来”系列品牌活动中的一个，围绕着“耀未来”还有“耀定投”品牌的推广，通过品牌口号“耀未来要定投”，建议投资者选择更合理的方式投资基金。在国内相对波动性较大的市场环境中，坚持基金定投是实现资产保值增值的良方，所以光大保德信希望通过这样的产品品牌让大家清晰地认识到定投的重要性。此外，光大保德信基金一直以来在一线城市地铁报上推出的“耀乐子”金融互动游戏也受到了广大城市白领的欢迎。

事实上，面对投资市场的复杂多变，很多普通投资者越发显得力不从心。对此，温宏超建议，对于普通投资者而言，可以把投资的问题交给值得托付的基金公司，只要学会挑选好的基金和基金公司来为自己服务，就可以享受真正的轻松理财生活。②

---

①光大保德信基金“教育达人”冠军揭晓．一财网．http://www.yicai.com/news/2010/12/637190.html.

②光大保德信“基金耀达人”第二季活动今日揭幕．东方财富网．http://fund.eastmoney.com/news/1593.20111212181829147.html.

光大保德信基金管理有限公司品牌传记

光大保德信基金管理有限公司成立于2004年4月，由中国光大集团控股的光大证券股份有限公司和美国保德信金融集团旗下的保德信投资管理有限公司共同创建。公司致力于以科学理性的投资管理，帮助客户实现资产的保值增值，成为最受投资者信赖的资产管理人之一。

光大保德信的注册资本为人民币1.6亿元，中美两家股东分别持有55%和45%的股份。公司总部设在上海，在北京及广州设有分公司。

公司已具有丰富的产品线，截至2012年7月，旗下共管理着涵盖股票型、债券型、混合型、货币型及短期理财产品等12只开放式基金。此外，公司于2008年获得了专户理财（特定客户资产管理业务）资格及QDII（合格境内机构投资者）资格。

“耀未来”是光大保德信自2010年启用的品牌口号，口号使用由剔透钻石与金黄缎带两部分构成的标志。其中，钻石是尊贵财富的象征，寓指定期定额投资所带来的投资增值收益。缎带将钻石收纳其中，象征着选择光大保德信“耀未来”服务享受投资资产的低风险与收益平稳的增长。整体则象征投资财富是无止境的，整体色感紧扣“耀”字，相互映衬。标志所采用橙黄色蕴涵尊贵而亲密的表现价值，蔚蓝色则示意纯净沉稳，对比鲜明的冷暖色调搭配，传递了一种前景明朗且值得信赖的企业承诺。

光大保德信基金管理有限公司的竞争优势

中美两大金融巨擘强强联合，从技术、人员到网络全方位支持合资公司的发展建设；

代表国际先进水平的科学的投资管理和风险管理模式；

适应中国市场环境并满足客户不同需求的个性化产品；

兼具全球视野和本土经验的优秀团队；

“为客户创造价值”的服务支持体系。

光大保德信基金管理有限公司大事记①

2012年5月21日，公司的第十二只开放式基金产品——光大保德信添天利季度开放短期理财债券型证券投资基金获得同意募集的批复（中国证监会证监许可〔2012〕672号），并于2012年5月28日至2012年6月12日在全国发售。2012年6月19日基金合同正式生效，总募集规模为823786627.31元人民币。
2011年8月24日，公司的第十一只开放式基金产品——光大保德信行业轮动股票型证券投资基金获得同意募集的批复（中国证监会证监许可〔2011〕1341号），并于2012年1月4日至2012年2月10日在全国发售。2012年2月15日基金合同正式生效，总募集规模为925897664.07元人民币。
2011年3月30日，公司的第十只开放式基金产品——光大保德信信用添益债券型证券投资基金获得同意募集的批复（中国证监会证监许可〔2011〕465号），并于2011年4月11日至2011年5月11日在全国发售。2011年5月16日基金合同正式生效，总募集规模为2627358006.58元人民币。
2011年1月，公司发布公告，中方股东光大证券股份有限公司向外方股东保德信投资管理有限公司转让光大保德信12%的股权，双方股东的持股比例变更为：光大证券持有55%的股份，保德信持有45%的股份。
2010年1月20日，公司的第九只开放式基金产品——光大保德信中小盘股票型证券投资基金获得同意募集的批复（中国证监会证监许可〔2010〕98号），并于2010年3月8日至2010年4月9日在全国发售。2010年4月14日基金合同正式生效，总募集规模为888592845.80元人民币。
2009年8月6日，公司的第八只开放式基金产品——光大保德信动态优选灵活配置混合型证券投资基金获得同意募集的批复（中国证监会证监许可〔2009〕753号），并于2009年9月2日至2009年10月23日在全国发售。2009年10月28日基金合同正式生效，总募集规模为733193496.79元人民币。
2008年10月31日，公司的第七只基金产品——光大保德信均衡精选股票型证券投资基金获得同意募集的批复（中国证监会证监许可〔2008〕1249号文），并于2009年2月2日至2009年2月27日在全国发售。2009年3月4日基金合同正式生效，总募集规模为1040503238.27元人民币。
2008年7月28日，公司的第六只基金产品——光大保德信增利收益债券型证券投资基金获得同意募集的批复（中国证监会证监许可〔2008〕983号文），并于2008年9月22日至2008年10月24日在全国发售。2008年10月29日基金合同正式生效，总募集规模为1366024807.30元人民币。
2007年8月6日，公司的第五只基金产品——光大保德信优势配置股票型证券投资基金获得同意募集的批复（中国证监会证监基金字〔2007〕223号文），并于2007年8月21日在全国发售。2007年8月24日基金合同正式生效，总募集规模为9905973604.86元人民币。
2006年7月3日，公司的第四只基金产品——光大保德信新增长股票型证券投资基金获得同意募集的批复（中国证监会证监基金字〔2006〕129号文），并于2006年8月7日至2006年9月8日期间在全国发售。2006年9月14日基金合同正式生效，总募集规模为409913619.78元人民币。
2005年12月21日，公司的第三只基金产品——光大保德信红利股票型证券投资基金获得同意募集的批复（中国证监会证监基金字〔2005〕206号文），并于2006年2月9日至2006年3月17日期间在全国发售。2006年3月24日基金合同正式生效，总募集规模为532471074.61元人民币。
2005年11月18日，公司发布公告，经公司二届五次董事会审议通过，同意汤臣先生（Paul Thompson）辞去公司总经理职务，聘任傅德修先生担任公司总经理。傅德修先生的总经理任职资格已获中国证监会核准。
2005年10月12日，公司发布公告，公司注册资本由人民币1亿元增加到人民币1.6亿元。原股东持股比例保持不变，仍为：光大证券股份有限公司67%，保德信投资管理有限公司33%。

①光大保德信基金管理有限公司官网. http: //www.epf.com.cn/gywmnew/aboutus04.jsp.

（续上表）

2005年4月25日，公司的第二只基金产品——光大保德信货币市场基金获得设立批复（中国证监会证监基金字〔2005〕69号文），并于5月16日至6月3日期间在全国发售。6月9日基金合同正式生效，总募集规模为1439643105.95元人民币。
2005年4月1日，公司发布公告，经中国证监会的核准，由林昌先生担任光大保德信基金管理有限公司董事长。
2004年10月11日，经中国证监会批准，公司英文名称由“EVERBRIGHT PRUMERICA FUND MANAGEMENT CO.，LTD.”变更为“EVERBRIGHT PRAMERICA FUND MANAGEMENT CO.，LTD.”，公司中文名称维持不变。
2004年6月11日，经中国证监会证监基金字〔2004〕85号文件批准，公司首只基金——光大保德信量化核心证券投资基金获得设立批复，并于2004年7月20日至8月20日发售；8月27日基金合同正式生效，总募集规模为2544287215.94元人民币。
2004年3月24日，公司获得了中国证监会（证监基金字〔2004〕42号）发布的“关于同意光大保德信基金管理有限公司开业的批复”；4月22日，公司获得上海市工商行政管理局企合沪总字第035703号“企业法人营业执照”；4月23日，公司获得中国证监会颁发的编号为A036“基金管理公司法人许可证”。自此，公司可以正式从事基金业务，此举成为公司业务发展的重要标志。
2004年1月16日，光大保德信基金管理有限公司（筹）向中国证监会递交了开业申请报告。
2004年1月12日，光大保德信基金管理有限公司（筹）通过了中国证监会上海证监局的现场检查。
2003年12月28日，光大保德信基金管理有限公司（筹）由汇丰大厦迁往上海市延安东路222号外滩中心46—47楼新址办公。
2003年4月3日，光大保德信基金管理有限公司（筹）通过中国证监会专家评议会答辩；8月4日，经中国证监会批准，获准筹建合资基金公司。
2002年6月，双方股东共同组建”光大保德信基金管理有限公司联合筹备小组”，筹备小组于9月30日正式向中国证监会提交筹建申请报告。
2001年6月，公司的中方股东——光大证券经董事会批准，正式确定与美国保德信投资管理有限公司合作设立公司；同年11月，光大证券与保德信投资管理有限公司签订了筹建公司的《顾问意向书》以及旨在设立公司的《合作意向书》。

2011中国金融品牌十大年度广告
宁波银行“金色池塘”：小企业大讲堂

金色池塘

宁波银行零售公司“金色池塘”是针对广大小企业客户开发的集融资、理财等于一体的金融服务品牌，以提供小企业全面金融服务为品牌核心价值，依托充满活力的客户服务团队、标准化的金融产品和业务流程，为小企业提供专业、高效的金融服务。旗下产品包括信用类产品诚信融、透易融，抵押类产品贷易融、便捷融、定期融，保证类产品友保融、专保融、联保融，贸易融资类产品业链融、贸易融，区域特色产品设备融、科贷融等。通过多样化融资类产品，为客户提供更便捷的融资新渠道、现金流增值新方式，有效地解决了广大小企业主融资过程中融资难的问题。同时通过“即时灵”账户信息服务，为小企业及时提供账户变动情况和账户管理服务。通过“小企业大讲堂”的创新模式，为小企业提供多维度的专业知识，方便客户不断提高资金管理能力和企业营运能力，真正实现零成本财务顾问功能。

“金色池塘”品牌具体来讲体现了以下四个方面的特色。

1. 专注于目标市场。宁波银行对服务的小企业在消费规模、资产规模和融资总额上面都进行严格的限制。2007年初定下来的限制，与当年9月份银监会出台的指导意见竟完全吻合。专注的目标市场，实际上等于宁波银行用零售的模式去经营。

2. 标准化的产品和流程。到现在为止，宁波银行开发了11款标准化产品。其特点在于一次授信，一定时段内有效，简化审批流程，节约审批时间。例如宁波银行最简洁的一款产品，授信有效期3年之内，客户可以从网上银行直接提款，不需要审批。其他的几款产品也是一次授信一年有效，审核提款，不需要审批。宁波银行开发的账户透支产品——透易融，是小企业专属的信用卡。产品设计体现了宁波银行完全考虑以客户为中心这种思想要求。

3. 实现零售模式的销售体系，以前宁波银行在做公司批发业务的时候，公司业务都是一对一的服务，一个客户经理去服务一个客户，现在零售模式的销售体系，就是要强调批量化营销来取代一对一的传统模式。

4. 专业化的风控体系。宁波银行把额度控制在1000万元人民币以内，只有这样才符合银行风险控制的要求，因为宁波银行不是传统模式一笔业务，而是组合的管理模式。在准入方面依赖于打分卡，可在管理上面通过组合管理去发现风险，宁波银行要防范的是系统性风险，并不是个案风险。

通过以上四个做法，宁波银行希望找到一种既定模式，一种可复制的模式，通过这种模式将宁波银行零售公司业务跨区域经营推而广之。

小企业的“免费午餐”

定位中小企业，不断提升品牌

宁波银行自成立以来，一直专注于中小企业融资市场的开拓和服务工作。为贯彻差异化经营的战略决策，推动小企业业务专业化经营，宁波银行从2006年底成立了小企业部门，实行独立考核，单独管理。为进一步推进小企业全面金融服务，2008年7月经董事会批准，总行小企业部从二级部门升级成为一级部门，同时改名为零售公司部，确立了以零售模式经营小企业的基本理念。

截至2012年9月底，宁波银行共有中小企业客户近10万户，授信客户6000多户，中小企业的贷款余额占宁波银行整个全行贷款规模的七成以上。宁波银行在服务中小企业当中获得最佳金融品牌营销活动奖、最佳中小企业服务奖以及最佳小企业贷款中小银行等荣誉。

从中国目前的众多政策可以得出，中国中小企业发展潜力巨大。发展中小企业融资服务，是宁波银行的一项长期战略。近年来，宁波银行进入了跨区域发展阶段，即使这样，中小企业仍是其战略选择。第一，发展中小企业融资服务是宁波银行根据自身特点，主动寻求差异化经营的品牌之路；第二，发展中小企业融资服务是宁波银行未雨绸缪，主动应对金融脱媒、利率市场化等外部环境变化的前瞻之路；第三，发展中小企业融资服务是充分学习战略投资者先进经验的借鉴之路；第四，发展中小企业融资服务也是宁波银行响应党和政府“保内需、调结构、促增长”号召的责任之路。宁波银行在推出“金色池塘”中小企业全面金融服务品牌的基础上，采用各种有利措施，全力促进中小企业发展。

开展中小企业金融服务对银行及团队的专业性有着较高的要求，宁波银行坚持明显区别于公司银行、个人银行的中小企业业务运营模式，持续推进金融产品和服务创新，打造专业化的中小企业业务团队和运营模式。近6年来，已初步奠定了专业化的竞争优势。

洞察时事发展，讲堂应运而生

随着小企业客户对于自身管理能力提升的需求日益强烈，银行也一直在努力探索除支付中介、融资中介等方式外的增值服务渠道的现状。宁波银行根据自身特点，迎合金融脱媒、利率市场化等外部环境变化，充分学习借鉴同行先进经验，响应政府号召关心关注积极扶植小企业发展，于2010年启动“金色池塘”小企业大讲堂。“金色池塘”小企业大讲堂模式于2009年在杭州首次试水，一经推出即获得小企业的广泛好评，被称为小企业“免费的午餐”。为了给大讲堂备足持续开讲的资源，宁波银行还与多家机构结成战略联盟，从而完善充实了师资库。

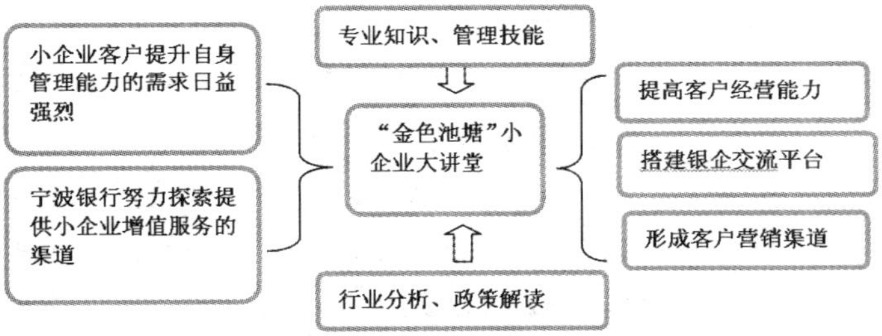

图49 “金色池塘”小企业大讲堂

“金色池塘”小企业大讲堂的目的一是提高客户经营管理能力，提升综合市场竞争力，为企业实现转型升级提供智力支持；二是搭建银企交流平台，减少信息不对称性；三是形成有效的客户营销渠道。预期每年提供500多场免费讲座培训，使10000多家中小企业受益。

图50

事件与体验营销

借势大讲坛，聚焦目标客户

宁波银行主要目标市场为中小企业，“金色池塘”小企业大讲堂计划全面启动后，宁波银行不定期邀请各界知名讲师为宁波、杭州、南京、深圳、苏州、温州等地的广大小企业面授技艺，内容不仅涉及财务、融资管理、营销管理等小企业所需的多维度专业知识，例如“小企业税务筹划”、“小企业用人之道”、“小企业常见法律纠纷”等，也包含如“房地产行业走势分析”、“钢铁行业近期政策分析”等热点行业分析或政策解读。

首先，借势“金色池塘”小企业大讲坛，宁波银行可以有效地聚焦目标客户——广大小企业。选择目标消费群体解决了事件营销中“对谁营销”的问题。品牌营销的基本原则是选择有利可图的目标客户，集中力量在他们脑海中占据独特的位置，与他们建立起情感联系。任何营销活动，由于人财物等方面的限制，只有聚焦到目标客户才能获得事半功倍的效果。

其次，宁波银行通过面向小企业免费开展“金色池塘”小企业大讲坛活动，可以在其目标客户即小企业中建立起“一家以客户为中心的小企业的专业特色银行”的形象。在“金色池塘”小企业大讲坛活动中，体现出宁波银行以金融服务和客户为中心的专业形象。

社会责任营销，建立良好社会形象

对于品牌形象，则可分解为品牌属性形象、品牌市场形象和品牌社会形象。实际上，一个企业要想树立良好的品牌形象，必须在多方面作出努力，见表12。无论是建立品牌属性形象，还是市场形象，还是社会形象，都与企业社会责任密切相关。一个品牌的形成与存在，需要经过各种社会力量的认可，而履行社会责任是大前提。

表12　品牌传播对象与传播手段

品牌形象	传播对象	传播手段
品牌属性形象	企业内部员工及企业外部各种社会力量	多种传播手段
品牌市场形象	联盟伙伴（如合作企业、金融机构）、股东股民、供应商、渠道商、顾客、竞争对手等	产品销售、广告、公关、口碑传播等
品牌社会形象	政府机构、协会组织、新闻媒体、业内专家、社会公众等	政府公关、媒体公关、大众公关等

把企业社会责任文化化

与其说企业在履行社会责任，不如说是品牌在履行社会责任。对很多企业来说，品牌就是企业的全部。诸如可口可乐，最大的价值就是品牌价值，比公司还要大100倍。另外，企业履行社会责任必须是一种自愿、主动、长期的行为，而不是把其视为一种负担或成本，而是应把其视为投资，作为一种积极主动的品牌战略行为。诺基亚的成功经验告诉我们，只有通过战略性地承担社会责任，企业才能对社会施以最大的积极影响，同时收获丰厚的商业利益。诺基亚始终把环境保护提高到企业发展的战略高度，作为品牌的核心价值之一，长期致力于环境保护事业。

不过，企业若要把承担社会责任战略化，其前提就是把企业社会责任文化化或价值化。阿里巴巴CEO马云认为，企业社会责任不应该是一个空的概念，也不单纯局限于慈善、捐款，而是与企业的价值观、用人机制、商业模式等息息相关。惠普公司认为其整个品牌由四部分组成：科技创新能力、管理精神和理念、企业社会责任方面的成绩和执行、产品和服务。惠普公司认为其品牌的支柱就是创新、管理、CSR、产品和服务，尤其CSR是密不可分的品牌的一部分。尽管还很难量化一个企业在CSR方面的行为对品牌的贡献，但惠普公司通过履行社会责任来丰富品牌，并传达品牌理念，使消费者从一个利益相关者的角度来认识惠普公司，了解惠普的品牌内涵，增加惠普品牌的美誉度，让消费者更能接受惠普品牌。①

开展小企业金融服务是宁波银行响应政府号召关心关注积极扶植小企业发展的社会责任营销。随着大众广告的影响力逐渐减弱，营销者开始更多地通过公共关系营销或社

①企业社会责任：品牌形象的“加法器”. e-works. http: //articles.e-works.net.cn/marketing/Article71717_1.htm.

会责任营销建立品牌知名度和品牌知识，并到达当地社区或特殊的受众。

宁波银行在杭州分行率先推出了小企业大讲堂活动，通过向杭州市各主要企业协会、商会等发放调查问卷的形式，深度了解中小企业主对于当前经营中所遇到的困难。通过对500多份有效问卷的分析，杭州分行有针对性地推出了理财、房产、管理、融资以及法律等20多场讲座，收到了客户良好的反馈效果和各大媒体的争相报道。

这项名为“金色池塘”的小企业大讲堂活动旨在帮助小企业提升日常经营管理水平，宁波银行杭州余杭支行不定期邀请各界知名讲师为余杭地区广大小企业面授机宜，内容不仅涉及财务、融资管理、营销管理等小企业所需的多维度专业知识，还包含诸如“房地产行业走势分析”、“钢铁行业近期政策分析”等热点行业分析或政策解读。

“这既是我们宁波银行作为‘中小企业成长专家’应该承担的责任，也是实现银企双赢的有效途径。”宁波银行杭州余杭支行专门从事小企业信贷工作的李经理告诉记者，小企业因为本身存在规模小、培训意识弱等问题，通常没有系统的培训方案。该行正是基于小企业的这一特点，着力打造一个小企业专属的免费服务平台，企业家不仅能从中获得亟须补充的管理知识，也能交到未来的生意合作伙伴。记者在现场看到，此次主题为“税务筹划”的大讲堂活动引起小企业主的浓厚兴趣。“增值税一项就占营业额的10%，还有消费税、所得税、土地使用税等，还要为职工缴纳五险一金。”从事纺织制造的企业家黄女士说，“种类繁多的税费合计要占到公司营业收入的近40%。”而听完这次讲堂，黄女士觉得“很受用”，“至少我们知道了通过税务筹划，可以强化资金的运作效率，节约管理成本”。

据统计，广大中小企业为中国提供了60%以上的GDP、80%以上的城镇就业人口、50%以上的缴纳税收，小企业发展对经济的发展起着巨大作用。帮助企业实现财务资金的有效配置，既是解决企业现实问题的关键途径，也是宁波银行履行社会责任、扩大中小企业服务面的重要表现。①

通过在杭州分行的实践，宁波银行得出“金色池塘”小企业大讲堂的开展不但能为银行提供与企业交流的平台，也能为银行带来大量的潜在客户群体，更是宁波银行企业社会责任的体现。宁波银行副行长侯畅表示：“宁波银行一直致力于与广大的小企业共同成长，因此，我们希望在为客户提供优质全面金融服务的同时，也帮助企业加快推进转型升级，提升经营管理水平和核心竞争力。”

宁波银行积极履行企业社会责任将促进宁波银行建立良好的企业社会责任公民形象，得到客户、政府和社会的广泛认同。相关的地方政府不但为小企业大讲堂提供免费的授课场地，还通过有关渠道将小企业大讲堂的授课信息下发到各企业，极大地提升了

①宁波银行启动“金色池塘”小企业大讲堂. 余杭新闻网. http: //www.eyh.cn/class/class_24/articles/62480.html.

小企业大讲堂的品牌深化度。各地政府部门积极支持宁波银行开展“金色池塘”小企业大讲堂活动，通过文件下发、媒体推广、官员讲话等多种形式帮助宁波银行推广“金色池塘”小企业大讲堂；同时各类媒体也都正面报道了“金色池塘”小企业大讲堂活动，有效提升了该活动的市场影响力，以及宁波银行的企业形象。

提升客户满意度，进行口碑营销

随着市场竞争的日益激烈，传统的市场营销方式已无法满足企业生存发展的需要。口碑营销作为营销传播的一种新思维，由于其独特的优势，已引起许多学者和企业家的关注。口碑营销可通过酿造口碑点、确定口碑传播主体、选择口碑传播途径等策略来建立。信息传播渠道多元化、信息超量冗余的传播环境，加大了消费者对产品品牌选择的难度，造成信息传递收效不足。同时，伴随着消费者自主消费意识的增强和消费方式的多样化，以企业为传者、消费者为受者的传统营销传播已远不能吸引消费者的眼球和满足企业的发展需要，而流传于消费者之间的口碑传播，深受企业的重视和运用。①

口碑传播是公众之间对某企业或组织相关信息的任何非正式的交流或传播过程和状态。口碑对消费者购买决策有着显著的影响，积极的口碑可促使消费者作出对一种新产品的购买决策；②消极的口碑则促使消费者转换产品或品牌。③因此，口碑营销被现代营销人士视为廉价的、可信度高的宣传媒介，且被誉为“零号媒介”。而口碑营销作为营销传播的一种新思维，是指企业运用各种有效手段，引发顾客对其产品服务及企业整体形象的谈论和交流，并极力使顾客向其周边人群进行介绍和推荐的市场营销方式和过程。④良好的消费体验可以使消费者自动传播公司产品和服务的良好评价，从而让人们通过口碑了解产品、树立品牌、加强市场认知度，最终达到企业销售产品和提供服务的目的。

宁波银行在“金色池塘”小企业大讲坛活动中，注重提升客户满意度，因此在小企业大讲堂的设计、讲堂具体实施过程，包括完善的需求调查、良好互动性的课堂环境、优秀的讲师团队以及完善的过程管理等方面注重客户需求，努力提高客户满意度为宁波银行的小企业大讲堂赢得了良好的客户口碑，提升宁波银行品牌形象。

“金色池塘”小企业大讲堂吸引了国内主流媒体的相关报道，包括文字稿、图片、视频等宣传材料的广泛传播，为“金色池塘”小企业大讲堂以及宁波银行品牌知名度的迅速提升起到了如虎添翼的作用。

---

①熊超．口碑营销——营销传播的新思维[J]．长沙大学学报，2012(26).

②Rogers Everett M. *Diffusion of Innovations*[M]. New York：The Free Press，2003.

③Bone Paula Fitzgerald. Determinants of Word-of-Mouth Communications during Product Consumption［J］. *Advances in Consumer Research*，1992（19）.

④李一楠．新市场环境下口碑营销模式的构建及应用研究［D］.济南：山东大学硕士学位论文，2006.

活动的风险管理

风险管理当中包括了对风险的量度、评估和应变策略。理想的风险管理，是一连串排好优先次序的过程，使当中的可以引致最大损失及最可能发生的事情优先处理，而相对风险较低的事情则押后处理。

为了确保活动顺利实施，宁波银行对“金色池塘”小企业大讲坛活动做了全面的风险防控工作。各分支机构在执行过程中均设置了责任人，具体负责执行过程中的危机管理，应对营销活动开展过程中的意外事件。

在活动全面实施前，先在部分地区作了试行。在效果得到验证的情况下，又针对全行实际情况，专门制定“金色池塘”小企业大讲堂实施细则，供分支行在实际操作过程中借鉴。

在实施过程中，宁波银行做好过程管理和课后客户口碑管理，通过引导正面案例，积极做好宣传，提升“金色池塘”小企业大讲堂的影响力。

在课程实施后，宁波银行积极通过后评估的方式，及时了解客户的反映与需求，确保活动效果的贯彻。

事件营销效果分析

直接面向目标客户，提升经济和品牌双重效益

宁波银行通过“金色池塘”小企业大讲坛探索出了一条获取潜在客户、推进客户交流、提升品牌的有效路径。截至2010年12月，宁波银行共开展小企业大讲堂活动500多场，使10000多户小企业受益；该活动为宁波银行带来了100多户现实客户和近千户潜在客户信息。同时也在帮助中小企业提升经营管理水平、加快推进企业转型升级、提升企业核心竞争力的同时履行了企业自身的社会责任，赢得了客户、政府和社会的广泛认同，获得了经济效益和品牌效益的双丰收。通过3年的努力和探索，宁波银行中小企业业务得到了市场和社会的广泛认可，先后被有关权威机构评为年度公司金融服务品牌、金融产品十佳奖、最佳金融品牌营销活动奖、最佳中小企业金融服务奖、优秀小企业融资产品等奖项。自2008年以来，新华社、《亚洲银行家》杂志等知名媒体对宁波银行中小企业金融服务作了专题报道，其品牌知名度得到进一步提升。

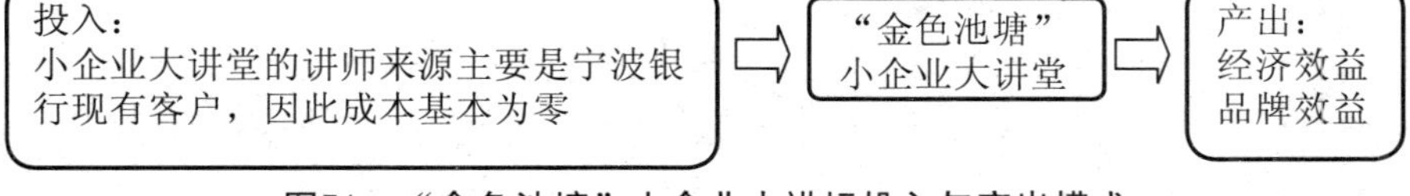

图51　“金色池塘”小企业大讲坛投入与产出模式

E公司是世界领先的数码影像企业，在全国有200多家授权经销商，其下属华东区一级总代理E公司也有100多家授权经销商。宁波银行结合对上海IT产品销售市场的了解和对总代理商以及一级代理商的详细调研，从公司旗下的代理商入手，把“金色池塘”小

企业大讲堂开进企业，将宁波银行“金色池塘”品牌下的诚信融产品向总代理商E公司进行产品推荐和分析，双方达成共识后宁波银行选择了该总代理商下属的4家一级代理商进行诚信融的第一批批量授信合作。

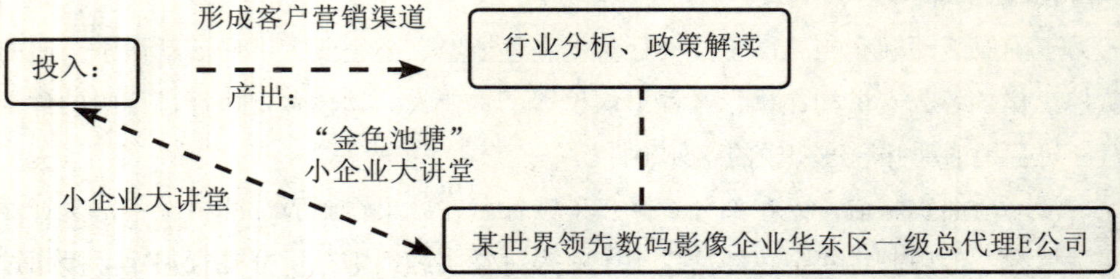

图52　“金色池塘”小企业大讲坛经济效益案例

提升客户经营管理水平，实现长期双赢

当今的银行面对着客户、竞争和变化这三个主要方面的挑战。在银行与客户的业务关系中，决定的权力掌握在客户手中，客户占据了主动地位，客户的选择决定了银行的成败；银行竞争的焦点归根结底是对客户的竞争；在动态的市场竞争和变革环境中，不变的是银行寻求满足不断变化的客户需要。满足和超越客户期望，实现客户满意，造就忠诚的客户成为了现代银行的核心使命之一。①

近年来，随着中小企业法律问题的日渐突出，占中国企业总数99％以上的企业因为不熟悉国家法律法规政策，在办理征地拆迁手续、与商家签订合同时，不断发生各类经济纠纷案件。现在广大中小企业可以借助宁波银行的“金色池塘”小企业大讲堂这个平台，充分学习各种相关法律知识，提升企业经营质量，银行也可以因此获得了长久的利益。

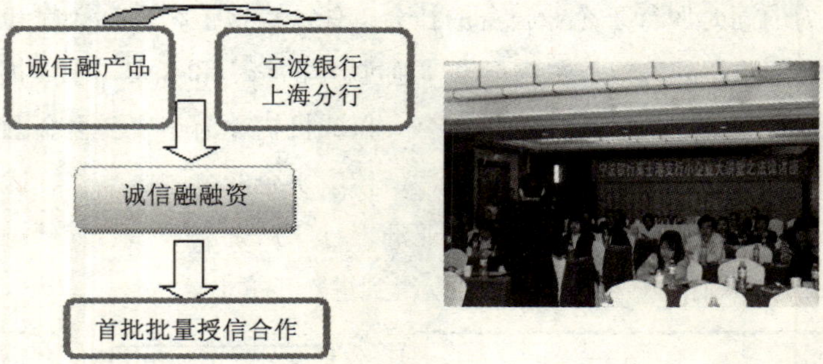

图53

宁波银行“金色池塘”小企业大讲堂事件营销成功地在目标客户、社会以及政府心中建立起良好的企业形象，得到了客户、政府和社会各界的多方认同，反响热烈，有效提升了宁波银行的品牌影响力，为今后发展多元化金融服务提供了渠道支持，并为打造

①陈悦．以客户为中心提高银行经营管理水平［J］．管理观察，2011(20).

专业化的小企业服务品牌奠定了基础。

宁波银行以“金色池塘”中小企业全面金融服务为主打品牌，致力于为中小企业提供更好更专业的金融服务。同时，以零售模式的销售体系和专业化的风险控制体系为核心竞争力，结合以风险和收益相匹配的定价体系，全面降低企业融资成本，以标准化的产品和流程提高服务效率，帮助中小企业破解融资困境。2010年，宁波银行制定了中小企业金融服务的下一个中长期发展规划，围绕产品创新、销售模式、团队建设和风险控制等方面，继续增强在中小企业金融领域的核心竞争力，进一步巩固和完善品牌，实现经营效益的显著提升。①

宁波银行自成立以来一直专注于中小企业市场的开拓和服务工作，并结合经济及市场的发展和中小企业客户的群体特征，为其提供更适用的产品，更贴心的服务。主打品牌“金色池塘”中小企业全面金融服务，是对中小企业金融服务的一大创新，是资金融通新渠道，零成本财务顾问，现金流增值新方式。宁波银行的“金色池塘”中小企业全面金融服务方案不但将小企业的各项结算和融资需求进行了汇总分析及细化，而且专门成立了经营中小企业业务的独立团队，并辅之以专业的考核办法和完整的产品体系，能更好地满足中小企业的金融需求。

中小企业客户具有“数量众多、分布广泛”等特点，根据小企业的生命周期，融资需求有“短、小、频、急”的特点，该目标客户群在消费流程中存在着尽可能掌握现金的消费心理，对资金周转速度要求较高。

“金色池塘”为宁波银行针对广大中小企业客户开发的集融资、理财等于一体的全面金融服务产品，具体包括业链融、透易融、诚信融、友保融、专保融、便捷融、贷易融、押余融等融资类产品、即时灵账户信息服务和特色积分增值服务。通过一系列融资产品，为客户提供更便捷的融资新渠道、现金流增值新方式，较有效地解决了广大中小企业主融资过程中融资难的问题。同时通过“即时灵”账户信息服务和特色积分增值服务为客户及时提供账户变动情况和账户管理服务，方便客户不断提高资金管理和营运能力，真正实现零成本财务顾问功能。具体融资产品一览表如表13。②

①宁波银行股份有限公司．专业化团队差异化管理持久性服务——宁波银行“金色池塘”中小企业全面金融服务[J]．中小企业板，深交所，2010年5月．

②宁波银行“金色池塘”业务介绍．东方财富网．http：//bank.eastmoney.com/200907021，25，2766057568.html．

表13 宁波银行融资产品一览

产品	定义	融资额度	融资期限	担保方式
便捷融	向企业名下有房地产的小企业提供的抵押项下的公开授信额度	最高可达500万元	授信期限最长为两年	企业自有房地产抵押
贷易融	对于企业名下没有房地产的小企业提供的，可由第三人（包括自然人和其他企业）房地产进行抵押的公开授信额度	同上	同上	房地产抵押
押余融	针对已在宁波银行取得抵押授信的小企业，对应抵押差额部分，只要提供相应的保证担保的循环授信额度	最高可达抵押物评估价值与他项权利价值差额部分的100%	授信期限最长为一年	由抵押物所有权人提供保证担保
友保融	向小企业发放的，由一般企业保证的循环授信额度	友保融额度最高可达300万元	授信期限最长为一年	具有担保能力的企业担保
专保融	向小企业提供的，由与宁波银行签约的担保公司保证的授信业务	专保融业务敞口金额最高可达200万元	业务期限综合确定	担保公司保证担保
诚信融	向小企业发放的短期信用贷款	最高达50万元	业务期限综合确定	连带责任担保
透易融	核定账户透资额度，允许企业在结算账户存款不足时直接透支	最高达50万元	额度有效期最长为一年，额度在有效期内循环使用	/
业链融	向为优质大中企业、政府机关、事业单位提供商品和服务的小企业提供的，以应收账款进行质押并作为主要还款来源的短期流动资金贷款	单笔贷款最高可达应收账款的80%	额度最长达一年，单笔贷款最长达6个月	应收账款质押、连带责任担保

宁波银行推出“金色池塘”系列产品，尽力满足中小企业多样化的融资需求。根据中小企业金融需求的特点，宁波银行推出了“金色池塘中小企业全面金融服务”，并参与了“中小企业转型与升级援助计划”，全力支持中小企业发展成长。“金色池塘中小企业全面金融服务”不仅推出了诚信融、透易融、业链融、专保融等更便利、更全面的小企业信贷产品，而且实施了更为优惠的特色积分增值服务，将“打分卡”机制引入企业的信用评定，建立起庞大而科学的企业信用档案库；而且针对小企业运营的“小快灵”特征推出了贴心的“即时灵”账户信息服务。几年来，“金色池塘”已得到了市场广泛的欢迎和认可。[①]

①宁波银行助推中小企业快速成长. 中国新闻网. http: //www.shm.com.cn/economy/2012-02/17/content_3700283.htm.

“金色池塘”小企业大讲堂建立战略伙伴联盟

宁波银行杭州分行与裕兴不动产集团在维景大酒店“正式联姻”——签署《“金色池塘”小企业大讲堂战略伙伴合作协议》。至此，裕兴不动产集团正式成为“金色池塘”小企业大讲堂首个战略合作伙伴。

改版后的“金色池塘”小企业大讲堂在历经4个月的实战之后，不仅在演讲主题上大获丰收，更与师资合作机构建立了包括核心业务拓展、品牌运作等方面长期性的战略合作。继裕兴不动产集团后，宁波银行杭州分行零售公司部还将陆续与市场导报社、浙江泽厚律师事务所等5家行业内知名机构签署战略合作协议。“金色池塘”小企业大讲堂在讲课主题上日渐形成以战略性合作机构为主、参与性合作机构补充的师资库，为大讲堂的持续开讲备足“弹药”。改版后的“金色池塘”小企业大讲坛每周邀请杭州各界知名讲师开题授课，内容涉及小企业主普遍关心的法律实务、企业经营、投资管理、房产价格等，旨在帮助杭城小企业健康成长。①

宁波银行大事记

1997年4月10日，宁波城市合作银行正式成立，成立时注册资本为2.38亿元，总资产44.46亿元，不良贷款率达40.8%。
1998年6月2日，经人民银行浙江省分行批准，宁波城市合作银行更名为宁波市商业银行。
2001年9月4日，中国人民银行宁波市中心支行批复同意宁波银行增资扩股。宁波银行资本金总额达到4.2亿元。
2003年9月8日，宁波银行推出汇通借记卡、汇通贷记卡、汇通国际卡，成为全国第二家获得贷记卡发行权的城市商业银行。
2006年1月10日，宁波银行与新加坡华侨银行签署战略合作协议。华侨银行向宁波银行认购股份，持股比例为12.2%，并向宁波银行提供技术协助以及管理培训。
2006年12月8日，宁波银行96528客户服务中心投入试运行。
2007年1月5日，中国银监会批复同意宁波银行筹建上海分行。5月18日，上海分行正式开业，宁波银行成为全国第一家在上海开设分行的城市商业银行。
2007年2月13日，中国银监会批复同意宁波银行更名。宁波银行中文名称变更为宁波银行股份有限公司，简称宁波银行；英文名称变更为：BANK OF NINGBO CO.，LTD.，简称BANK OF NINGBO。
2007年4月18日，宁波银行举办“金色池塘”中小企业授信产品新闻发布会，并向社会推出六类中小企业授信新产品诚信融、便捷融、贷易融、专保融、友保融、押余融。
2007年7月19日，宁波银行正式在深圳证券交易所中小企业板成功挂牌上市，公开发行股票4.5亿股，发行价为9.20元。
2008年8月8日，宁波银行大学成立。
2008年10月，因业务发展需要，宁波银行资金运营部、市场风险管理部乔迁上海新址。
2009年11月18日，宁波银行手机银行正式上线，标志着宁波银行成功搭建起包括网上银行、电话银行、自助银行、手机银行在内的全面电子银行服务架构。
2010年9月28日，宁波银行总行乔迁至宁波市鄞州区宁南南路700号鄞州大厦新址办公。

① “金色池塘”小企业大讲堂建战略伙伴联盟．宁波银行官网．http: //www.nbcb.com.cn/fxwl/fxzy/hz/fxyx/02/9441.shtml

宁波银行行徽释义

Logo以水波涟漪为基本要素，水是宁波的特质，水能生财，是财富的象征，暗示宁波银行资产的不断积累。

宁波银行
BANK OF NINGBO

Logo采用圆形的基本图案，体现了宁波银行的包容性和融合性，也诠释了宁波银行“融合”的企业文化精神。水波涟漪的交汇，其含义：一是宁波银行与客户的水乳交融的密切关系；二是表示不断增强的内部向心力与凝聚力，员工与企业的不可分割的密切关系。

水波涟漪不断向外扩散，体现了宁波银行积极进取、不断开拓的创新精神。其一，宁波银行不断进行产品创新、流程创新、管理创新，积极开拓各项新业务；其二，宁波银行不断提高综合竞争力，积极探索适合自身发展的路子，通过经营地域范围的逐步扩大，使宁波银行的金融服务功能辐射范围越来越广。

宁波银行品牌简介

1997年，背负着历史沉重的包袱与使命，满载着社会殷切的希望与梦想，宁波银行有限股份公司在宁波市17家城市合作社的基础上诞生。此后十余年，历经更名改制、增资扩股、引进战投、公开上市和跨区域经营，宁波银行逐步成长为一家具有一定品牌知名度的区域性上市银行。

多年来，宁波银行以发展为主题，坚持改革创新，积极调整经营战略，不断探索具有自身特色的管理体制和经营机制。宁波银行的事业就是通过全行员工的努力将宁波银行建设成为一家令人尊敬，具有良好口碑和核心竞争力的现代商业银行。以此为基础，经几代员工的努力奋斗，宁波银行成为一家卓越的百年金融企业。2009年荣获“中华慈善突出贡献单位（企业）奖”；2010年被授予英国《金融时报》中国银行业成就奖“最佳城市商业银行”称号；英国《银行家》杂志的“2012年全球金融品牌500强”榜单，宁波银行位列第263位，获A+级评级；品牌价值3.21亿美元。

第四章　寻找中国金融品牌的价值主张

第一节　金融品牌定位的三大主题

我国金融机构要想更好地捕捉消费者行为的差异，用以指导营销方案的修订，就必须重新考察每一个市场的品牌定位，其中界定品牌核心价值尤为关键。

当金融品牌进军海外市场时，多处于初步发展阶段，所以首先要建立品牌认知和关键的共同点，然后才考虑其他的竞争因素。事实上，在全球品牌营销战略中，需要建立品牌联想的架构，从而确定不同国家消费者适用的品牌联想。同时，还必须决定在不同市场上如何创建这些联想，以适应不同消费者的感知、偏好以及他们所处的环境。因此，营销者必须认清各市场的相似点和不同点。

一、全球化还是本土化

近年来，我国金融业“走出去”的步伐越来越快。1985年中国银行业海外资产仅90多亿美元，到2009年已超过了2700亿美元。2009年末，中国银行业海外机构数量已超过1200家，业务覆盖32个国家及地区。

然而从品牌定位的角度看，我国金融业在全球化和本土化的取舍平衡，不是一道有标准答案的单项选择题。当我国的经济体量越来越大，发展模式也在面临转变的转型时期，金融企业就有到其他市场寻找新盈利点的自然冲动，但为了构建基于全球顾客的品牌的资产，在制定有关战略战术之前，品牌营销方案标准化还是定制化仍然需要进行仔细考察和比较。

在不同的国家和地区间将营销方案标准化（或定制化）到何种程度，是一个涉及根本的问题，因为这会导致整个金融机构的战略定位、组织架构以及服务流程等一系列要素作出相应的调整，尤其对于本身就体量庞大的金融巨头而言不是一个简单的决策。

金融品牌营销视野8　汇丰银行：The world's local bank

汇丰于1865年3月3日，在香港皇后大道中1号成立，同年4月在中国上海和伦敦设立分行，时称香港上海汇丰银行。并且在之后的90多年里一直沿用这个名称。

从1959年收购英属中东银行开始，汇丰银行收购了许许多多的银行，由于被收购的银行都沿用原来名称继续营业，导致汇丰银行的品牌形象大大受挫。据当时的调查显示，汇丰的品牌并不被人们理解，人们认为花旗银行是美国银行，德意志银行是德国银行，汇丰是国际银行。但是，这些银行在调查人群中并没有什么区别。

人们对汇丰的认知不够促进了汇丰的品牌行动，汇丰银行建立的品牌目标就是"高度差异化"，HSBC巧妙地利用人们对汇丰的国际银行印象，创造出"环球金融，地方智慧"（The world's local bank）这样的品牌形象。

1998年开始，汇丰有了全球通行的品牌——HSBC。由于汇丰银行收购了78个银行并拥有了众多银行的品牌，因此要在当年将其全部进行改造。从那年起，汇丰花费5000万美元，对旗下的大部分银行进行统一品牌行动，全部采用HSBC的名称，六角形标记的徽标。所有分行招牌、内部标志、网站、公文、信笺、信用卡等也全部改款改名。

从此，本土化和人性化的"地方智慧"加上全球通行的"环球金融"成为汇丰富有竞争力和价值的品牌定位。2010年《银行家》揭晓的全球金融500强排名显示，汇丰以285亿美元的品牌价值，第三年蝉联全球最具价值的金融服务品牌。

资料来源：黎稚平. 统一78个"汇丰"[J]. 品牌，2005(9).

金融品牌营销视野9　我国银行业"走出去"

推动我国银行业"走出去"的动力主要体现在四个方面：一是改革开放30多年来中国经济实力大幅上升，2010年经济总量超过日本居全球第二位。二是我国外汇储备规模继续保持全球第一，截至今年6月月末达到2.45万亿美元。三是中国金融机构经过注入资本金、股改上市后，盈利能力不断上升，不良率大幅下降，并经受住了国际金融危机的考验。四是中国企业"走出去"方兴未艾。

可见，银行业"走出去"已势在必行。一是中国经济结构转型和内外部均衡发展的需要。转变经济发展方式，迫切要求把扩大内需与拓展外部战略空间和增加对外直接投资有机结合起来。我国银行业在这一进程中应该担当起自己的责任，银行“走出去”，不仅有利于促进经济转型，也有利于自身发展。二是服务企业“走出去”的需要。相对于中国近14亿人口而言，我国的资源非常有限，对外部资源的需求比较大。企业“走出去”，既可向外转移生产能力，充分利用外部资源和外部市场，也有利于实现国际收支的均衡。近年来，中国企业“走出去”步伐不断加快，企业直接投资、产品出口、承包工程等均呈现持续增长的局面，中国企业已成为世界经济发展中一支不可忽略的生力军。这需要商业银行提供全方位的优质金融服务。三是人民币逐步国际化的需要。有着较强的国际化银行体系的国家，其货币的国际化相对容易。人民币跨境结算、境外融资和离岸市场的发展，离不开我国商业银行的大力推动。四是银行业自身发展壮大的需要。随着中国利率逐步市场化和资本账户可兑换，中国商业银行竞争将越来越激烈，积极实施国际化战略，可以充分利用两个市场、两种资源，拓展全球化的服务网络和服务能力，增强可持续发展的后劲与长远的获利能力。

资料来源：肖钢.后危机时代我国银行业走出去的战略思考[J]. 中国金融，2010(10).

二、全能高手还是专业冠军

对于我国金融业的机构来说，另一个关乎企业战略命运的营销决策是公司创造价值的业务范围。更具体来说，这是对金融机构尤其是银行业在何种程度上进行混业还是分业的问题。当目前中资银行拼命向混业靠拢、向全能化发展的时候，来自美国方面的领先银行却反其道而行，例如1998年因并购旅行者而引领全球银行混业浪潮的花旗近年来又逐步剥离、出售了当年收购而来的保险、资产管理等业务。与此同时，美国运通也分拆了旗下的资产管理业务，向信用卡核心业务聚焦。

金融品牌营销视野10　专业化银行挑战

在谈到美国的金融体系时，人们更多地被全能银行、混业经营及花旗等银行航母所吸引，但实际上，从美国金融体系的发展经历看，在金融创新与脱媒威胁下，只有少数银行走向了“大而全”，更多银行则走向了地区化或专业化。

20世纪70年代以来，随着电子化和全球化的推进，金融创新速度加快，金融产业链被重新分解和再造，在此过程中多样化的专业银行诞生。信用卡和应收账款证券化的创新，使个人消费贷款业务从传统银行链中分离出来，产生了专业化的信用卡公司，其中最著名的就是美国的运通公司；而抵押贷款证券化的诞生则将房地产贷款从传统银行链中分离出来，出现了专业化的抵押贷款担保银行（GNMA）、专业化的抵押贷款零售银行（Countrywide）、专业化的抵押贷款证券化银行（Freddie Mac）；此外还有专业化的教育贷款银行（SLM、Student Loan Corp.）；专业化服务于金融机构的清算行（如美国的State Street Corp.）；专业化发行和管理支票的First Citizens Bancshares Inc.；专业化发放汽车贷款的Americredit Corp.；专业化的中小企业融资银行（美国的Capital Source Inc.，MB Financial Inc.，德国的Volksbank）；专业化的零售银行（美国的First Commonwealth Corp.，Coutts）；专业化的中长期项目贷款银行欧洲复兴银行；专业化的农业贷款银行（Federal Agricultural Mortgage Corp.）；专业化的金融产品分销商（Charles Schwab）；专业化的船舶融资银行挪威银行……

上述银行都将某一特殊金融服务从传统的银行价值链中分离出来，通过专业化的风险控制能力降低资金需求和运营成本，并凭借创新的金融手段来转移、分散风险，以提高资本杠杆，最终实现更高的资本回报和更快的规模扩张。

可见，在金融创新与脱媒过程中，现代金融体系的功能已经被分化为多个专业化的领域，这些银行在专业化领域挑战着传统综合性银行的市场地位，从而出现了传统综合性银行的业务“空心化”趋势。为了抵御这种威胁，综合性银行开始通过并购等手段增强自己在每个专业化领域的竞争力，形成新形式的全能银行，花旗并购旅行者、苏格兰银行，瞄准荷兰银行的公司金融业务——建立在专业化分工基础之上的综合性银行正努力通过并购手段来拓展自己的竞争力范畴，只是这种拓展并不是简单的业务相加，而是在更大范围内进行金融资源的有效配置，金融资源配置边界的拓展成就了新型的全能银行；而金融协同则成为新型全能银行业务并购与剥离的最重要标准。

资料来源：杜丽虹. 中资银行全能化突进花旗样本[J]. 证券市场周刊，2007(7).

金融品牌营销视野11　花旗银行：全球化与全能化的先驱

花旗集团发展模式是建立在它强大的主营业务、良好的品牌、优质的服务和现代企业管理体制基础上的全球化，它在长时间里的扩张主要以在全球设立分支机构营销其零售银行业务为主，并在此基础上走向全能化的服务定位。

从其发展历史看，有五个重要的里程碑。一是初期阶段——国内发展（1812年—20世纪初期），从一家州立小银行发展为全美最大的银行之一；二是战争扩张期——海外发展（20世纪初—1945年），两次世界大战加快了花旗银行的资本积累，伴随着对其他国家的资本掠夺和不公平贸易，如从1902年开始在中国设立分行起，花旗银行就凭借其在中国的盈利弥补了美国本土的巨额亏损，1939年花旗银行快速成长为世界第一大银行；三是全球化扩张期——海外银行业务全面扩张（1945年—20世纪80年代末），在美国本土进行了一系列合并收购后其海外分支机构也进一步扩张，到20世纪80年代花旗银行已在94个国家拥有1490余个分支机构，海外资产和收益占到全部资产和收益的60%；四是战略转型期I——从全球化银行向全球化全能化金融集团转变（20世纪90年代—2001年），连续完成两个意义非凡的合并：1998年与旅行者集团合并使“全能银行”概念风靡一时，1999年与日兴证券共组合营企业——日兴所罗门美邦，正式覆盖了金融业所有领域；五是战略转型期II——从全能金融集团转向以零售业务为中心的多能化金融集团（2002年至今），先后售出旅行者财险、寿险和年金公司以及几乎所有的国际保险业务，并剥离大量非零售金融业务部门，并购了一系列能够强化自身在消费金融和交易系统方面优势的专业化银行。

花旗银行的海外战略发展模式包含以下特征：

第一，主营业务不断创新发展。从1921年成立第一家专对个人服务的分行起，1928年成为首家提供个人贷款的商业银行；20世纪70年代成为美国VISA卡与MASTER卡的最主要发行者之一，率先大规模将ATM引入银行系统，实现“24小时服务”；1985年，将客户的私人计算机与花旗电脑系统相连；1998年，合并旅行者集团后成为资产规模最大、利润最高、客户最多、金融服务最全的全能化银行，但零售银行业务仍然是它发展的主线；其后，通过一系列有战略目的的“出售”与“收购”行为，再度提高了零售主营业务的比重。

第二，以设立海外分行为主的国际扩张战略。“不管你到世界上任何地方，你都可能找到一家花旗银行的机构。”花旗银行是唯一在西欧每个国家都建有分支机构的银行，如仅在德国就建立了303家分行；亚洲是花旗银行业务发展最快的地区，如在日本是所有外国银行中分支网络最多、产品种类最全的，在韩国是唯一拥有零售网络的外国银行，也是韩国最大的外国银行，等等。

第三，把新兴市场作为战略重点。近几年，花旗银行来自新兴市场业务的收入年均增长20%，新兴市场业务收益率明显高于发达国家市场业务的收益率。20世纪90年代初，花旗银行制定的“亚洲计划”是其新兴市场战略的一个典型：每个拥有最低10万美元存款的客户都有一名专门的银行职员为之服务，银行在豪华的私人办公室接待这些客户，并用精美的瓷器盛上茶或咖啡进行招待；以8种货币进行金融交易；不管这些客户到世界任何地方都能享受同样的服务。经过近20年的实践，“亚洲计划”被证明是成功的。

第四，强烈的花旗风格——建立全球统一品牌。花旗银行在信用卡、外汇交易、国际结算等业务及分行风格上十分注重产品的标准化和分行风格的一致性，以建立全球统一的品牌——Citybanking。它们笃信：全球性的消费者不管到哪里其消费行为都是相似的；在世界各地从花旗银行得到同样的服务，对顾客而言将更加方便和容易；统一的产品和分行风格使银行在新建分支机构时有一个标准格式，新建分行更容易且成本更低。

资料来源：王盛. 国际银行海外扩张的启示”[J]. 中国金融，2008(18).

金融品牌营销视野12　大象难变狮子

同一个银行中，风险偏好型的投资银行家和风险规避型的零售银行家很难和平共处，这就像不能将肉食性的狮子和草食性的大象放在一个笼子里一样。

值得推崇的金融模式是：一家非经营性金融控股公司下，有若干个独立的子公司或合资企业，在不同的领域独立开展业务。

亚洲金融改革的难题在于，大部分“草食性大象”都是国有金融机构。尽管多年来国家一直想把这些大象训练成狮子，尽管其规模做大了，但是亚洲至今没有培养出一家世界级的投资银行，并能与华尔街投行竞争。

这是为什么呢?

大多数研究金融业演化的观察家往往忘记了，目前这些上市的投行最早发源于伦敦一些合伙制商人银行。这是一些小型合伙制企业，他们从事公司金融、并购咨询、过桥融资以及现在被称作私募股权投资的业务。

这些合伙人之所以擅长撮合交易，是因为他们与许多公司都有充分的联系，也知道风险如何转移和化解。合伙制有效地控制了风险，这些老合伙人是制度传统、风险控制和公司伦理的捍卫者。他们培育了许多年轻的雇员，只有那些正直、富于判断力并善于控制风险的雇员才最终能够提升为合伙人。

高盛在早期合伙制时期的企业文化是“长期贪婪”，考虑长期的价值创造，并且置客户利益于企业利益之上。但是其上市以后，为了追求更多的年终奖金，高盛那些年轻的狮子们开始追求“短期贪婪”。

结果是金融业变得越来越复杂，需要更大的资本投入，然而，这些远非小型合伙制企业所能负担。美国式的跨国公司更需要激进的华尔街投行，他们不仅仅有商业上的敏感，还有较好的政治关系，而且还善于监管套利。

20世纪70年代，欲影响银行业的行为，英格兰银行行长只需使个眼色，或邀请银行家做一次平静的会谈。当时银行业是绅士的俱乐部，游戏规则是“三”：上午工作三个小时，午饭三个小时，然后在高尔夫球场花三个小时。而投资银行业则截然不同。

许多投资银行家一周工作7天，每天忙到晚11点，经常24小时在伦敦、纽约、中国香港不间断地开电话会议。这个行业的现状就是快点做交易，赚取快钱；毫无客户忠诚和银行忠诚，年终奖金一发，大量雇员立即跳槽，甚至投靠竞争对手门下。

到了20世纪80年代，英国式商人银行不得不把自己卖给外资银行。如今，只有罗森柴尔德和施罗德两家商人银行存活下来，其他的都被那些如恐龙般兼有大象和狮子的全能银行吞并了。

此后，美国主要的投资银行也放弃了合伙制。但是，变成上市公司后，支付巨额奖金，带来了新的道德风险。投资银行从事高风险活动，但风险并非由其经理或合伙人全部承担，而是由股东或国家来兜底。这就是雷曼崩溃的悲剧。

这些国际教训对亚洲国有银行有什么启发呢？

在国有银行体系中，把零售银行业务和投资银行业务隔离开来尤为重要。因为这两种业务的激励机制、风险类型完全不同。当自营交易量很大时，交易员的自身利益必须与交易活动紧密挂钩，而不能仅仅作为一个管理公共基金的雇员。

因此，在投资银行业务中，那些交易员应对交易的风险和收益承担较大的责任。

国有金融机构如何控制这些风险呢？关键就是掌控这些机构的公仆们（指出资人代表，而不是监管者）一定要对金融市场有透彻的理解。不要指望草食性大象最终能变成肉食性狮子。

资料来源：沈联涛. 大象难变狮子[J]. 财新新世纪，2010(9).

三、大客户还是小客户

在“金融脱媒”和“利率市场化”的背景下，银行的贷款客户结构正在发生转变，逐步由原来的追逐大企业转变为给更多中小企业提供细分服务。

中国人民银行发布的《2011年金融机构贷款投向统计报告》显示，2011年全年，金融机构人民币各项贷款累计增加7.47万亿元，其中，企业短期贷款及票据融资增多，中小企业贷款同比增长25.8%。

截至2011年末，民生银行小微企业贷款余额突破2300亿元，比年初新增700多亿元，全年累计投放超过2400亿元。目前，民生银行的小微企业客户超过45万户，其中贷款户接近15万户。广发银行在2012年确立的新的五年发展战略规划，更明确提出了“建设中国最高效中小企业银行”的战略愿景，在增量逐年提升的发展目标下，力争至2015年，全行中小企业贷款在对公贷款的占比中提升至60%。华夏银行上海分行小企业纯贷款增量占分行纯贷款增量的84.35%，2011年，该行坚持围绕打造“中小企业金融服务商”的战略目标。

究竟金融机构该如何选择适合自身的客户结构，从而实现有差异化的市场竞争定位，成为了眼下国内金融界的热门话题之一。

金融品牌营销视野13　民生银行：转型是系统工程

民生银行是中国银行业转型的较早实践者。从2006年开始，民生银行主动推进转型，作出全面进军小微企业金融服务蓝海的决策，并提出“做民营企业的银行、小微企业的银行、高端客户的银行”的客户定位。

民生银行董事长董文标认为，银行转型并不是在某个业务条线或者具体操作层面进行调整那么简单，而是一项庞大的系统工程，需要从管理模式、风险偏好、客户定位、经营策略等方面进行全方位的战略调整。

在管理模式上，民生银行从2007年9月开始全面启动公司业务事业部制改革，把地产、能源、交通和冶金等高风险的公司业务由支行—分行—总行“三级经营、三级管理”的体制变为事业部“一级经营、一级管理”的体制，通过专业化运营来提升风险管理、专业化服务和综合金融服务能力。

在风险偏好调整方面，民生银行把主要贷款对象从传统的“贷款安全港”客户群体向“中度风险”客户群体转变，变防范风险为管理风险。率先进入其他银行不愿进入的“中度风险”领域，通过有效的风险管理，在保持较低不良率的同时，极大地提高了贷款定价能力。

与风险偏好的调整相适应，民生银行也调整了目标客户定位，从大型国有企业向民营企业、小微企业和零售高端客户转变。到2011年末，民营企业贷款余额达到4842亿元，占对公贷款的比重达到60%；民营企业贷款客户数11353户，贷款客户数量占比达到84%。

调整了风险偏好、确定了目标客户之后，金融机构主要为哪些行业的客户提供服务，如何为客户提供产品和服务？在经营策略上，民生银行从主要开发支柱性行业向重点开发特色行业转变，2012年把服装、物流、水产、茶叶、石材等行业作为重点发力的特色行业；从“什么业务都做”的全能型服务向“有所为有所不为”的专业化服务转变。

资料来源：董文标. 转型是系统工程——民生银行转型样本[J]. 财经，2012(9).

附录：中国金融品牌“金象奖”获奖案例

2011中国金融品牌十大年度营销事件

广发银行：“更名换标整合传播推广”营销事件

选择合理的品牌元素及其组合

品牌元素是组成品牌最基本的要素，有时也称为品牌特征，是用以区分和识别品牌的商标设计的，主要包括品牌名称、标志、形象、口号等。恰当选择及组合品牌元素对强化品牌认知，形成强有力的品牌联想有重要作用。

而广发银行要在战略上实施转型，就必须要对新的品牌元素进行选择或对旧有品牌元素重新组合，以有效传播其战略升级的诉求点。这种转型的新诉求源于竞争环境的变化。

竞争环境促进广发转型

从1988年成立开始，广发银行便流淌着开拓者的血液，锐意改革，大胆革新。2011年，广发银行迎来了立行以来历史上最好的发展时期：广发银行已经连续4年实现盈利，2010年实现税后净利润61.89亿元，同比增长82.73%，超过前两年的利润总和；净利润增长速度在股份制同业中名列前茅。同时，截至2010年末，全行总资产8143.90亿元，总负债7715.08亿元，所有者权益428.82亿元，分别比年初增长22.19%、19.74%和93.25%。各项贷款余额4668.39亿元，同比增长22.57%；各项存款余额6288.58亿元，同比增长15.62%。与此同时，在各项业务加快发展的同时，广发银行资产质量和抗风险能力也在大幅提升，中间业务收入也有了大幅增长。而在服务区域上，广发银行的网点建设也从立行之初的华南一隅，开始“广发”于全国各地。截至2011年3月末，广发银行在全国共有29家直属分行和547个营业网点，网点遍布境内12个省（直辖市）、45个地级及地级以上城市和澳门特别行政区。①

因此，2011年，是广发银行至关重要和关键的一年，因为在这一年里，他们需要开启新的篇章。从广发银行发展的23年来，不乏广泛的合作，但也面临越来越激烈的市场竞争。随着银行业在中国的发展日趋成熟，竞争也越来越激烈，无论是国有银行还是股份制银行，都在进行自己的战略升级、业务升级和形象升级。在银行业纷纷加大对市场投资的同时，广东发展银行也在推荐投放费用和市场排名上出现了较大的差距。因此，广东发展银行也应顺应竞争发展趋势，作出调整以符合未来发展战略，也迫切需要一个更能体现发展特色、全国战略目标和国际化视野的新名称和新标志。

---

①广发银行更名换标迎来发展新天地．东方财富网．www.eastmoney.com.

广发银行董事长董建岳说，广发银行名称和标志的变更，并非简单的视觉形象化，而是对这家银行创新开拓精神的继承、发扬和突破，更展示了广发银行的全国战略和国际视野。“以前很多人一提到广东发展银行，多认为它是一家地方银行，客户对银行的认知存在问题。事实上，2006年重组后的广发银行已发生重大变化，但人们对它的看法依然停留在5年甚至10年前。变更名称和标志既可以给个人以全新认识，同时也是为了在全国更大范围内开展业务和更准确的定位。”

基于这种考虑，广发银行即决定以更名换标事件为契机，宣布广发银行致力于品牌建设，打造“一流商业银行”的雄心伟略，同时配合循序渐进的方式使广发的品牌内涵和外延深入人心，使其品牌焕发出新的活力。

目标

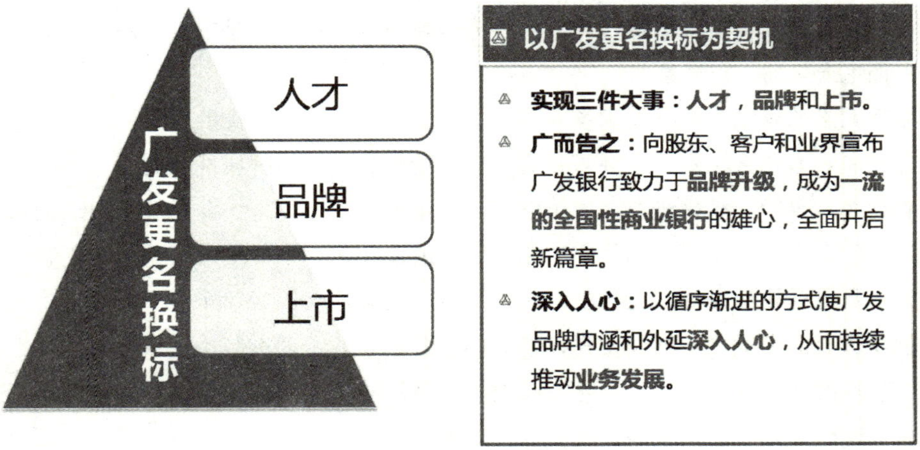

图1

基于生命周期管理的品牌更新

品牌也像动植物一样，也会经历一个出生、成长、成熟和衰退的过程。品牌的生命周期是品牌的市场寿命。从顾客心智的角度出发，一家企业的品牌形象大多数会遭遇“七年之痒”，这也是为什么如可口可乐、麦当劳之类的跨国巨头会不惜重金定期更新其品牌标志系统的原因。从1988年至今，已经度过第三个“七年之痒”的广发银行选择在2011年启动换标，实际上是顺应了品牌生命周期管理的内在规律，为企业品牌注入强大的新活力。

除了新名称的公布外，同时还包括广发银行的新标志。一般而言，选择品牌元素有6个标准，分别为可记忆性、有意义性、可爱性、可转换性、可适应性和可保护性。从营销管理的专业角度看，广发银行的新标志显然是可圈可点的。

品牌元素的可记忆性要求品牌元素本身要有可记忆、引起注意的特性，因而在购买和消费场合中容易被回忆或识别出来。这是创建品牌资产的必要条件，因为强势的品牌要有高度的品牌认知，可记忆的品牌元素有助于提高这种品牌认知。广发银行新标志的构图为正三角形，传达以磐石之基、锐意向上之精神，展现广发银行坚实稳固、励志进取的企业形象。与银行传统“外圆内方”Logo的设计理念不同，广发银行的新标志设计更具国际化和现代感等特点，标志以三条等边为基本元素，取“三”为数，蕴涵三生万物、孕育创新、生机无限、永恒发展之意。势如江河汇聚，三条曲线分别象征黄河、长江、珠江，三江奔腾、富沃神州，寓意广发银行汇聚人才、资金、技术之优势，广纳百川、发展共赢、泽惠天下。同时，三边上下相接、首尾成环，展示其突破边界、无缝联接的发展理念。而三边流线，刚柔相济，更是象征广发银行能够顺时而变，不断满足客户多样化、个性化的需求。而事实上，广发银行也是这样尝试的。

不仅如此，新标志以红色为基调，依层调色，既体现中国传统温暖而亲近的特色，亦富有国际化多元而有活力的现代质感，充分展现广发银行立足中国、面向世界、植根传统、拥抱未来的恢宏气象。

品牌元素的有意义性既要求该元素要在一定程度上反映品类的信息，如它属于哪一个细分领域、有什么深意，又要求传递消费者能够感知的品牌属性和利益，如能够带给消费者什么，等等。积极进取，勇于创新，汇聚英才，这既是广发银行新Logo的深层含义，也是广发银行与生俱来的优秀文化基因。成立20多年来，广发银行勇于创新，敢为天下先，在业务快速发展的过程中，创下了多项同业第一。2010年，广发人更将锐意改革、创新进取的企业文化继续发扬，建立健全各项经营管理机制，重点实施了人力资源和组织架构改革。广发人通过强化组织架构改革，推进银行流程建设，推进风险管理垂直体系等制度化革新，这样的一些改变伴随着广发银行更新标志，也使其发展和改变更具实际性。①

广发银行新标透视：

广发银行|CGB

·三生万物

标志以三条等边为基本元素取“三”为数，蕴涵三生万物、勃勃生机、培育创新、促成万事之意。

·广纳百川

汇聚四方智慧，三边相汇，三江聚首，汇碧入海，寓意广发行兴自南国、广纳百川、发展共赢、泽惠天下。

①广发银行更名换标迎来发展新天地. 东方财富网. www.eastmoney.com.

· 承磐石之基

稳定的三角型造型，传达以磐石之基、锐意向上的视觉感受，展现广发行稳健牢靠、励志进取的企业形象。

新规划，新发展

与新名称和标志相对应的，是新的五年战略规划和新的发展

广发银行董事长董建岳表示："没有战略的银行，就像大海里迷失方向的船，只能随波逐流，这是非常危险的。我们花了将近一年的时间，完成了五年的（2011—2015）发展规划。"广发银行五年战略规划以建设一流商业银行为目标，致力于成为中国最佳零售银行和最高效中小企业银行，并坚持创新、高效、主动经营风险、以客户为中心、IT领先、关爱员工的核心经营理念。广发人对自己的明天有了清晰的方向，并在新方向的指导下取得了一系列骄人的成绩。

用心服务，真诚以待，广发银行专注中小微企业融资领域

建设最高效中小企业银行：广发银行自立行以来，一直将中小企业业务作为各项业务发展的重心。在中小企业业务区域发展策略上，根据自身的机构布局、网点优势和客户基础，确立了突破珠三角，并逐步向长三角、环渤海及成渝拓展的思路，同时通过设立小企业金融服务专营机构，配置中小企业专项信贷额度等措施，推动全行中小微企业业务发展。

创新小企业金融服务模式：为了落实"建设中国最高效中小企业银行"这一核心战略，广发银行从构建专业中小企业业务营销组织架构、设立"小企业金融中心"、实行科学的客户分层管理机制等多个方面提升中小企业服务质量。

构建多层次、多元化中小企业产品体系：为了满足各种客户群体多元化的金融服务需求，广发银行面向中小型企业建立了差异化的产品体系，主要产品包括好融通、快融通、盈利贷、市场贷等，并针对小微企业主推出了生意红及自信一贷。

完善小企业风险管理体系：针对小微企业财务制度不规范、抗风险能力弱、运营稳定性差、资金监控难等问题，广发银行经过多年的小微企业金融服务实践积累和经验总结，创造出了一条有效控制贷款风险的方法，即通过建立信息互通机制和联席机制，成立专门的小企业风险控制体系，设立专业化风险管理团队等一系列措施进行风险管控。

高效审批机制与专项额度支持：针对小企业资金需求急的特点，广发银行积极推进小企业业务审批体系改革，设立了专门的"中小企业金融业务风险管理团队"，不断完善中小企业授信业务的制度、政策与流程。

广发信用卡创新不息，力推“个性化”服务

信用卡作为广发银行的优质产品，多年来一直以行业领先地位在快速发展。2011年，广发信用卡再度迎来发展高峰，2011年末信贷余额超过500亿元，新增不良率低于0.5%，降到历史新低水平；利润总额及卡均收益继续领先同业，为信用卡业务的可持续发展打下坚实基础。

自1995年第一张真正意义的信用卡从广发银行发出之后，中国信用卡行业已经发展了10多年，其中实现盈利的发卡行寥寥可数。广发银行位居千万量级的发卡行梯队，与动辄几千万张发卡量的“发卡巨头”相比，广发银行的信用卡量虽然不是最大的，却已经创造了连续8年盈利且领先同业的行业大奇迹。

创新是广发信用卡的灵魂，也是拓宽广发信用卡业务的利器。近年来，广发信用卡对外联盟合作实现飞跃，相继和银泰百货、携程旅行网、阿里巴巴集团、中经汇通公司等签订合作协议。强强联合给广发信用卡注入更活跃的创新因子：广发银泰联名卡具有“折上折”双重优惠功能，满足时尚人群的消费习惯；广发携程联名卡为商旅客群首创最划算的积分比例，首笔异地取现免手续费；广发淘宝信用卡具有最高返还4999元免还款签账额的超值优惠功能，被誉为“史上最给利”的信用卡；广发中经汇通卡具有刷卡加油消费金额2%的免还款签账额返还，以及特惠商户消费金额1%的免还款签账额返还，在同类联名卡中返还力度最大，全年无限次免费道路救援给私家车主一份安全保障。

无论是用创新理念推出的金融产品与服务，还是在变化的市场环境和发展机遇下实施新的五年规划，都需要一个契机，一个推陈出新的过程，而这个过程正是广发银行的这次企业标志更换的行动。然而，更换企业标志并不是一蹴而就的事情，它还需要很多后续的支持工作来保证变换前后的顺利衔接，以及支持品牌今后形象的构建。广发银行也面临着品牌传播的重重挑战。

如何使“简单的企业事件告知”成为“给客户、行业、公众带来全新的品牌体验”？

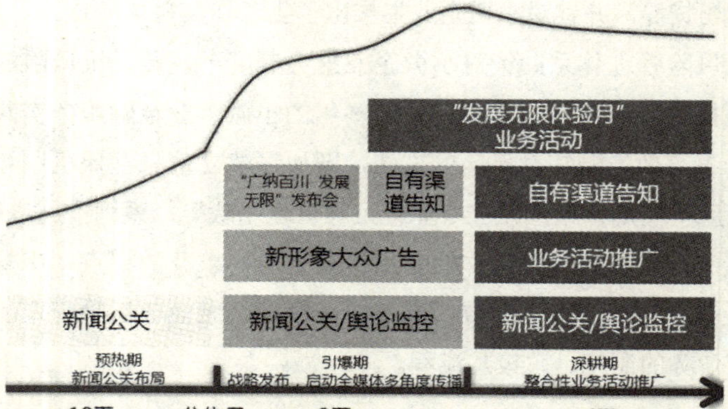

图2 广发银行更名换标传播活动

更名换标作为广发银行2011年最重要的事件，是标志广发银行发展的重要里程碑。广发制订了针对更名换标的详细传播计划，通过新闻传播、广告传播和营销活动等多层次多角度推进传播计划。策略是以形象起点带动全方位的焕然一新的体验之旅，由新客户辐射到行业、社会，层层释放传播影响力。特别地，在整体推广第三个阶段的无限体验月中，传播实现了新闻公关和大众传播的无缝连接，二次传播的效果显著：

新闻传播方面，广发规划出“预热期”、“引爆期”和“深耕期”三个不同的新闻传播阶段，通过媒体在预热期、发布会、持续传播期的全面报道，向政府、行业、媒体、客户全方位传递广发银行更名换标信息，提升以上群体对广发银行的关注度，提高广发银行品牌地位。

广告传播方面，同样按三个不同的阶段合理安排传播计划，层层推进，意在抢占换标期间的金融行业声量最高点，取得最大化的传播效益。整体的推广围绕着“媒介技术创新、话题营销及中心城市联动辐射”的策略进行广告传播推广。首先，公告广告及形象相继推出，有效地达到了告知广发更名和及时推出新形象的效果，另外，在互联网方面，新华网和和讯网的专题页面，在全国广泛覆盖的同时，为广发更名事件做了深入的报道。

营销活动方面，隆重举办更名换标公关发布会，体现出几个亮点和创意。在发布会前，广发银行的广州分行、南京分行和郑州分行，分别在珠江、长江、黄河取水，在发布会现场，三江之水缓缓流入，大屏幕推出新的Logo，象征着汇聚各方智慧，共创未来。这次生动展示的广发银行新标志，传达广发银行磐石之基、锐意向上的精神，展现广发银行坚实稳固、励志进取的企业形象，充分体现了广发的新品牌发展战略和品牌传播理念。而除了传统媒体与网络新媒体的广而告之外，广发银行还进行了多个广告活动的组合，将终端售点的宣传作用有机地融入公司的整体品牌宣传中。

最后，通过三个方面的整合安排，实现了品牌传播从“简单的广泛告知”到“给客户、行业、公众带来全新的品牌体验”的效果。

实现新闻公关与大众传播的无缝对接

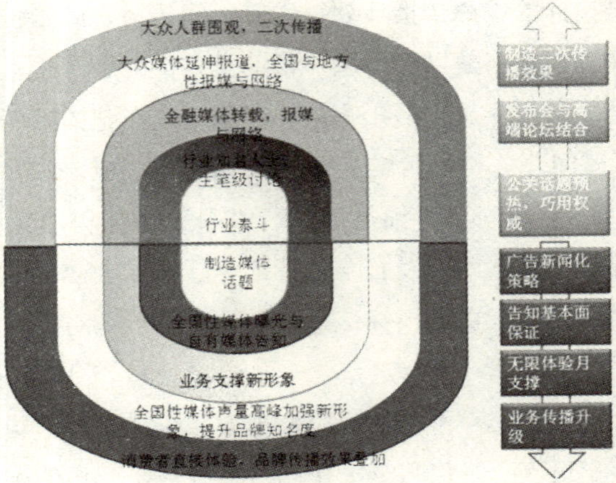

图3 广发银行“更名换标”的新闻公关与大众传播对接

亮点一：创意发布会，聚焦媒体关注

图4 广发银行“创意发布会”

通过网络的力量，将发布会引发的话题第一时间推向公众最大化

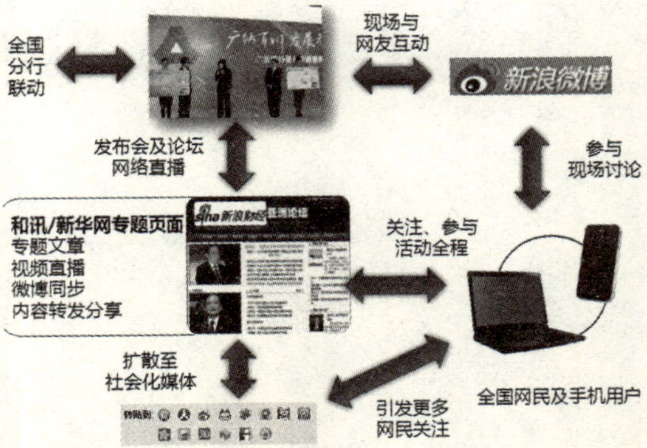

图5 广发银行创意发布会的网络传播

亮点二：媒介技术创新，创造话题，中心城市联动全国

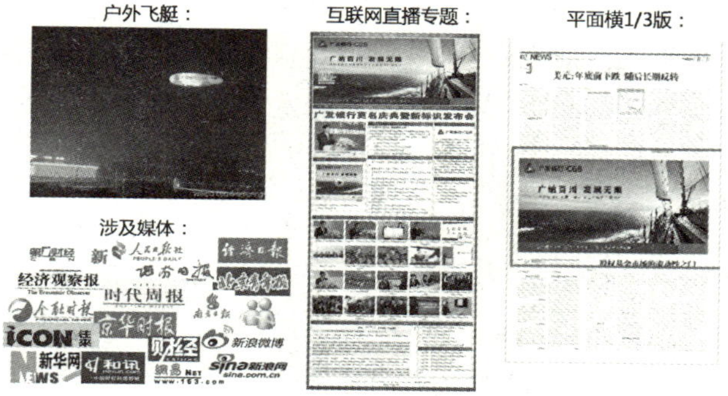

图6　广发银行“更名换标”的多媒介传播

亮点三：通过业务活动建立与消费者的联系

图7　广发银行业务活动与消费者建立联系

整套营销活动从创意发布开始，经过一系列的创新渠道覆盖与连贯的客户体验服务，过程阶段设置合理，安排紧凑。这既让广发银行换标一事得到了长效广泛的宣传，又让消费者能够有实际渠道接触新的服务，强化新的感受。如此一来，自然提高了人们对广发品牌新面貌的认知与好感，也为其取得后续营销效果打下了良好基础。

营销效果

营销事件效果最佳的评价标准之一，就是该活动在各媒体上的发稿量。在4月进行更名换标项目推广之后，广发银行“更名换标”事件的新闻传播成效显著。截止到2011年5月5日的报道总数为512篇，其中平面原创60篇，网络原创102篇，转载344篇，电视原创报道6条，1000字以上稿件达20篇，2000—3600字稿件达到10篇，报道的媒体包括主流大众媒体及财经类媒体，篇幅、数量及质量都大大超过预期。而在更名当天，广发银行使用的带有新Logo的飞艇在广州上空飞过，更是将各方的关注推向顶峰。

营销活动方面的效果，很好地向政府、行业、媒体、客户全方位传递了广发银行更名换标信息，提升以上群体对广发银行的关注度，提高广发银行的品牌地位。应邀参加发布会的媒体全面覆盖了大众媒体、专业报纸和杂志、财经报纸杂志、网络、电视媒体。应邀参加的重点电视媒体和财经媒体均对本次发布会进行相关的报道，很好地向公众解读了广发银行新标志的设计及其内涵。

品牌升级带动用户关注大幅提升

品牌升级，从学术的角度来说，是指按照公司以前的战略规划，在每个阶段来提升品牌的内涵，它是企业在建立和维护自身品牌资产时所使用的重要品牌战略和战术手段，其中就包括品牌形象或元素的改变。从广发银行更名换标的事件来看，它是在企业经营环境和消费者需求变化的大背景下产生的，由于市场竞争和需求在变化，品牌的内涵和表现形式也需要不断变化发展，以适应社会经济发展的需要。从品牌的发展路径来看，广发从广东发展银行更名而来，是一个培育和建设的过程。因此，在企业战略规划的大旗下，在不断变化和激烈的市场中，广发银行只有用一个更具有战略意味的举措来打破原来的区域印象与阻隔，在体现品牌个性与差异化的同时开拓全国视野。

而品牌升级的好处也是非常明显的。首先，品牌升级能够拓宽品牌的认知，使广东发展银行的客户重新认识广发的能力和梦想。其次，它能够改善品牌的形象，让其标志更加去区域化，显示其成为一流银行的雄心与专业睿智的形象。通过换标的方式改变品牌联想的强度、偏好性和独特性，以求获得更好的品牌响应和共鸣。最后，从市场业绩的角度来看，它有利于开拓新的客户，也能够深度挖掘现有客户的价值。

这一切优势都在广发银行成功地更换标志事件中得到了体现。正如图8所示，在新战略发布期所做的新闻公关投放，带来了大众对广发银行的高度关注。

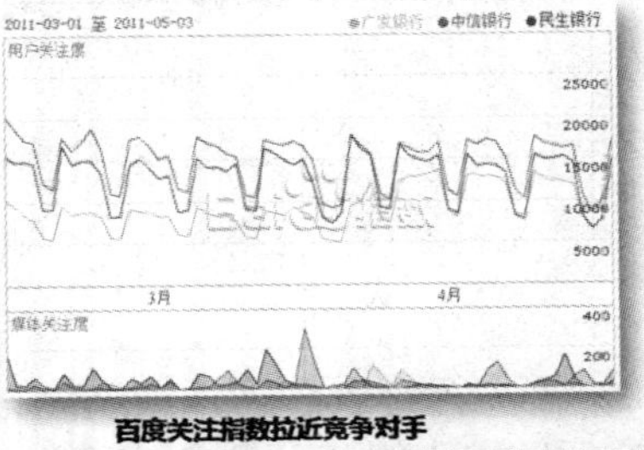

百度关注指数拉近竞争对手

与已上市的全国商业银行对比，广发银行月度平均用户关注指数在发布会传播项目启动后迅速与竞争对手拉近，并在3月底到4月初媒体关注度甚至领先于友行（考虑到其他参照对象为上市公司，报道多于广发行属正常现象）。

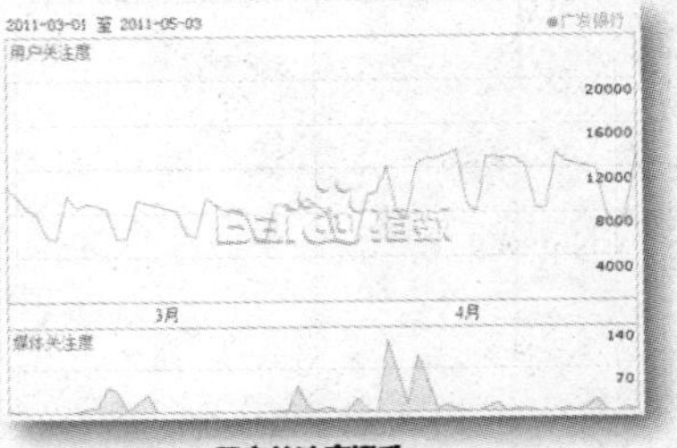

用户关注度提升

回顾广发行关注度，在发布会前期，对广发银行月度平均用户关注指数在8000点，在发布会项目启动一直到持续期，关注度达到12000点以上，提升高达50%；3月底—5月媒体关注度较此前有显著提升，升幅高达100%。

数据来源：百度指数

图8　广发银行“更名换标”系列活动传播效果

在广告传播的效果方面，通过百度指数（是用以反映关键词在过去30天内的网络曝光率及用户关注度的指数）监测，品牌在大众层面上、媒体层面的关注均获得较大幅度的提升（3月数据为10000，4月为15000，截至目前已经到达20000，实现翻倍，相当于覆盖5亿人群），尽管广发银行的竞争对手都是上市银行，但广发作为唯一一家未上市的银行，也大幅度地拉近了与竞争对手的差距。而在定量的表现上面，预估合共覆盖了5亿人次，实现了在预算的范围内最高的投资回报比。

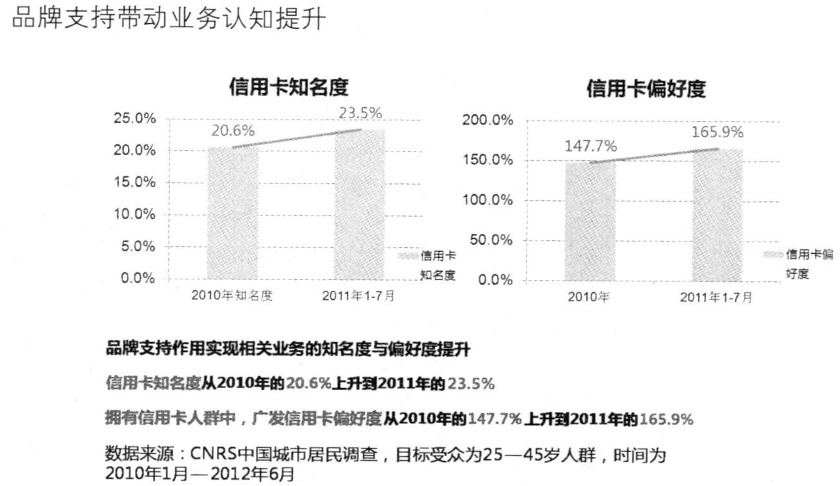

图9　广发银行“更名换标”后信用卡的品牌知名度和偏好度

品牌支持是品牌背书的一种，这种品牌支持是指某一品牌要素以某种方式出现在包装、标号或者产品外观上，但不直接作为品牌名称的一部分。正如可口可乐对果粒橙的强势担保一般，广发银行对其信用卡业务的暗示作用也体现了品牌与产品间的相互支持。

与品牌升级一样，广发在运用品牌支持的时候也考虑到了品牌支持的4大优势：

1．帮助企业快速切入目标市场

当企业经营思路转化，发展战略改变时，寻求新的市场机会，塑造新的品牌，诉求新的文化理念和品牌主张，需要快速切入新的目标市场。对于广发来说，利用集团品牌的信用和美誉度为其信用卡业务打开新的市场，就是在利用广发品牌的固有优势。这种基于品牌品质的支持极大地帮助了广发的其他业务快速进入市场。

2．更完整、突出地凸显独立产品的品牌个性

作为国内首张标准信用卡，广发银行信用卡有着其独特的个性和特征，也根据不同的目标消费者开发了不同种类和风格的卡种。但每一个卡种都有着广发银行的强势担保，这既给予了个性卡种足够的空间凸显自己的特色，又将广发高信誉、好品质的品牌承诺传递给了独立产品，是一种充分利用品牌资产与价值的杠杆操作。

3．全新产品的再保证

对于进入新的战略阶段的广发而言，新的业务和产品的持续推出，一定是今后相当

长一段时间内的重要主题，而良好的品牌升级，能够为广发推出的新产品找到更多的客户去尝试。如广发为客户提供其他业务服务，广发即可以借用原品牌与业务给予客户的信任，将其引导至新的产品试用上来。这种与消费者不再陌生的沟通，很好地帮助了广发进行纵向的客户开发，挖掘现有与潜在客户的无限价值。

4. 规避和降低企业经营风险

市场变化飞快，存在着机会也潜藏着风险，品牌支持既可以为新产品注入强心针，也可以分散新入市场的风险，避免满盘皆输。

而从广发银行更名换标事件的结果看来，其信用卡的知名度从2010年的20.6%上升至2011年的23.5%，有了较大幅度的提升；而在已持有信用卡客户的偏好度调查中，客户对广发银行信用卡的偏好程度也从147.7%上升到了165.9%，也在更名换标事件后有所提升，品牌修改总体上提高了客户对产品和服务的认知水平。

业绩大幅度攀升

广发银行营业收入增长32%

网上银行存量客户数增长62%

信用卡客户总数增长28%

个人银行VIP数增长23%

中小企业授信客户数增长9%

图10　广发银行2011年第二季度同比2010第二季度数据

除了关注度外，广发银行的各项业务也在新标志整体营销活动期间陆续推出，包括信用卡、新版网银服务、个人银行、智能化银行等，把换标和新形象全面铺开。同时，还举办通过抓拍企业新标志活动，让消费者获得更多优惠。这个活动吸引了18万名用户参与，而且在线申请的数量也达到了3万。

以更名换标为契机，广发银行以1000多万的整体推广费用实现了企业品牌的华丽转身，展示出全新的企业形象、发展战略和更优质的金融服务。更名换标全面体现出广发银行迈向全国性“一流商业银行”的品牌形象和定位，凸显广发银行管理层的国际化和高素质，展现广发银行坚实稳固、励志进取的企业精神，并计划逐步向中西部地区、东部地区拓展，实现服务网点的区域化覆盖。更名换标作为广发银行2011年最重要的事件，标志着广发银行的重要发展历程。

广发银行品牌简介

1988年9月，经国务院和中国人民银行批准，广东发展银行作为中国金融体制改革的试点银行在美丽的珠江之畔成立，是国内最早组建的股份制商业银行之一。2011年4月8日，经监管机构和相关政府部门批复同意，原注册名称“广东发展银行股份有限公司”更改为“广发银行股份有限公司”，简称“广发银行”。

广发银行在中国内地多个城市共设立了36家分行，5家直属支行另设有澳门分行和香港代表处，初步形成了城市化大商业银行的格局，业务范围为中华人民共和国《商业银行法》规定的所有银行业务。2010年末，全行总资产8143.90亿元（人民币，下同），比年初增加1479.03亿元，增幅22.19%；全行2010年累计实现净利润约61.89亿元，同比增加28.02亿元，增幅82.73%。在1993年11月8日，广发银行在澳门开设分行，并作为中国股份制商业银行在境外开设的首家银行，有一般的银行服务。根据英国《银行家》杂志对全球1000家大银行排定的位次，广东发展银行连续4年入选全球银行500强。

成立以来，广发银行坚持以改革促发展，以管理促效益，稳健经营，开拓进取，以崭新的体制和骄人的业绩蜚声遐迩。14年来，广东发展银行秉承“团结、进取、坚毅、求实”的企业精神，坚持“求稳健、重信誉、讲效率、优服务”的经营理念，走过了引人注目的发展历程，为探索中国股份制商业银行的发展道路作出了积极贡献。

2006年，广发银行成功完成改革重组工作，引入了花旗集团、IBM信贷等世界一流的国外企业和中国人寿、国家电网、中信信托等实力雄厚的国内知名企业，新引进的投资者团队获得广东发展银行的控股权和经营管理权。广东发展银行将以引进境内外投资者为契机，完善公司治理和内控机制，学习和借鉴先进的银行服务理念、管理经验以及产品研发和维护技术，切实提高创新能力和经营管理水平，为社会公众和中国经济发展提供优质金融服务，致力于打造成为具有强劲的创利能力、雄厚的资本实力、卓越的品牌形象、领先的科技、先进的内部控制，令股东、客户和员工满意的现代化商业银行。

广发银行致力于为社会公众和中国经济发展提供优质金融服务。成立18年来，始终坚持严格规范，开拓进取，坚定不移地走“特色经营”之路，严格按照现代商业银行的经营管理原则进行规范经营、稳健发展。面对中国银行业全面开放后的竞争与挑战，广东发展银行将继续发扬与时俱进、开拓创新的时代精神，推进各项业务稳健协调发展，努力建设成为管理先进、服务优良、信誉卓著、竞争有力的国内一流乃至国际先进的现代化商业银行。

广发银行|CGB 广纳百川 发展无限
用我的微笑，
守护你的微笑
我是广发银行的大堂经理，每天的工作从一个微笑开始，它表达着我为您服务的热忱，更希望能传递信心、温暖和希望，与您一起，笑赢财富未来。
广发银行大堂经理
客服热线：400-830-8003
www.cgbchina.com.cn

2011中国金融品牌十大年度营销事件
星展银行："带动亚洲思维——新亚洲的脉搏"系列广告

聚焦亚洲崛起的新机遇[①]

过去10年，日本除外的亚洲地区推翻了一个又一个的刻板印象。它从"世界的工厂"摇身一变成为"世界百万富翁的出产地"。亚洲的富有和拥有高资产值人士的数目正超越世界其他区域。

据波士顿资讯集团（Boston Consulting Group）的调查显示，中国百万富翁家庭数量（以美元计价）已突破百万大关。由于经济增长、储蓄及人民币升值等因素，中国百万富翁数量由2009年的85万户激增至2010年的111万户，同比增长了31%，位列世界第三，而2005年时仅41万户。这意味着，在2010年，中国每天有712户，或每小时有约30户成为新富。个人所有的企业及房产并未计算在这项调查报告内，而这正是中国内地富豪的主要经济资产所在。亚洲富裕人士的受管理资产额则在2011年8月增长了超过20亿元。在经历全球金融危机和传统投资市场波动等影响后，受管理资产额的良好增长意味着财富的增长在亚洲仍然相当强劲。

2010年，亚洲超越了美国成为全球经济增长的主要推动力，出现了更多的新需求。在20世纪七八十年代，亚洲曾经非常依赖出口带动经济增长。在接下来的年头，随着亚洲的经济模式继续从生产转移到消费，它在全球经济体系中将扮演更为举足轻重的角色。在庞大人口基数的支持下，消费增长、中产阶级的收入增加、基础建设开支及城市化过程将支持亚洲的经济增长。亚洲的表现预计将逐渐超越西方经济体成为增长的主要地区。

亚洲人如今的消费额比2008年经济危机爆发前增加了25%，成为推动区域内经济增长的重要动力。自金融危机以来，中国的经济增长了29%，印度增长了25%，新加坡增长了18%，印尼、菲律宾、中国香港、中国台湾、韩国和泰国等地区也有两位数的经济增长，而美国的国内生产总值却仍未回到危机前的水平。自全球金融危机以来，美国一直在苟延残喘，而欧洲和日本也收紧了开支。世界三大经济体（美国、欧洲与日本）的消费增长停滞不前，2008年9月至今的增长都不到1%。

亚洲正在从根本上进行经济转型，逐渐摆脱过去对外来需求和外资的依赖。由亚洲人的需求及消费带动经济增长的远景过去看似梦想，现在已有望实现。这对于金融业尤其是银行而言，是一个极大的机遇和挑战，只有主动出击善于出击的机构才能在这个大浪淘沙的阶段脱颖而出。

---

①星展银行．勾画亚洲2020．2011年10月．

寻找新亚洲定位

中国加入WTO以后，国内银行业逐渐开放和发展，竞争也越来越激烈，品牌已经成为银行业获取长期竞争优势的重要来源。银行的品牌是其金融服务个性化的体现，是一个金融企业所提供的服务区别于其他金融企业的重要标志。培育强势品牌已经成为银行保持战略性领先的关键。

建立品牌是个过程，首先要对市场定位，其次是品牌定位，再有目标人群定位。银行的市场定位注重于寻找新的市场空间，也就是目标人群的差异化，就可以获得较快的发展。

成立于1968年的星展银行，前身为新加坡发展银行，是政府属下的一家发展融资机构，为新加坡的工业化进程注入了动力。今天，新加坡发展银行已扩建成为一家具有国际规模的银行，同时也是新加坡，以及东南亚规模最大的银行。随着国际国内经济环境及金融生态运行系统质的进步，星展银行也有了本质上的变化，因此星展银行从2005年开始重新进行市场定位。

星展银行展开了前期的探索性调研。在这个过程中，星展银行发现今天的亚洲已摆脱过往落后穷困的局面，走向现代化、一片生气勃勃的新景象，是脱胎换骨的新亚洲。

在这个背景下，星展银行制定了“属于亚洲，立足亚洲，为了亚洲”的市场定位。生于亚洲，长于亚洲的星展银行，充分洞悉亚洲地区的人民和习俗。星展银行欲凭借对本地区独到深刻的理解，秉承对本地区文化的尊崇与欣赏，与客户建立起长期互惠伙伴关系，致力于为客户发掘和抓紧崛起的亚洲区所呈现的机会，成为新亚洲的首选亚洲银行。

星展：用亚洲方式经营银行[①]

2010年，星展银行确定战略变化，专攻亚洲，并把更多资源调动到亚洲，以便更有实力把握本区域的机会，同时选择从事有望胜出的“战役”。

举个例子，在中国和印度，在零售银行的领域里要与政策银行正面竞争的能力有限，因为星展没有庞大的网点网络。因此，星展选择了从事高端财富管理的业务，以便更有效和专注地面对竞争。星展银行集团总裁高博德认为，战略并非只是清楚你想做什么，明确你不想做什么同样重要；当你专注于你所要做的，放弃自己没有竞争力的方面时，其实可以使自己的效率提高。

作为领先的亚洲银行，星展银行致力于提供亚洲式的银行服务。大多数的西方银行被视为很难共患难的朋友。有个笑话，它们会在下雨时把伞给没收。这是因为西方银行在预见客人可能有问题时，往往会提前抽身自保。星展银行认为，亚洲银行应更重视与

①张在荣．金融危机是银行业洗牌的机会．凤凰网财经[2010-11-26].

客户建立长远关系，这样的理念也体现在其管理层的构造。大部分的西方银行是分产品线来管理，比如债券部和股票部是分开的，现金管理和信用卡业务也是独立的，而星展的管理层构造围绕着客户。打个比方，星展在中国的所有业务部都由中国区首席执行官负责，这样的构造方便其在必要时灵活作出调整。如果是一家西方银行，股票部主管说这笔交易规模不够大，不希望接这个案子，即使是银行的重要客人也会因此而被拒绝。星展银行的文化就不是这样，即使案子非常小，甚至无法从中获利，但如果这个客人很重要，还是会接。星展相信有得有失，但客户的关系要比产品规模来得重要。此外，团队精神也有差异。星展银行的大中华区处事灵活，主要因为市场间的合作非常紧密。相比之下，西方大行市场间的界限相当分明。

深根亚洲的星展银行也致力于利用在亚洲的网络和经验、创新的金融产品，协助中国企业走出去，助力其在国内和海外都取得更好的发展。具体来说，在中国设有中国台湾和新加坡组，专门服务来自中国台湾和新加坡的企业；在新加坡则设有中国组，服务来自中国的企业。这些专组不但能更贴切地服务企业在海内外市场的业务需求，也能成为它们跨境业务的桥梁。比如，企业融资，星展银行会协助企业以最优的结构把融资成本降至最低。

随着人民币国际化程度不断提高，星展凭借其大中华区域网络优势，建立跨外汇交易、债券、结构性产品及对冲解决方案的人民币业务。作为离岸人民币市场推动者之一，目前星展在境外人民币的银行间交易及存款市场方面具有一定规模，星展在新加坡、中国香港及中国台湾均为客户提供境外人民币产品和服务，抓住人民币国际化的机会。

打个比方，2011年11月，星展参与了宝钢集团发行36亿元离岸人民币计价债券的项目。这是中国内地非金融类企业首次赴香港直接发行债券，也是迄今为止规模最大的一宗由企业赴香港发行人民币计价债券的交易。星展是这个项目的联合账簿管理人及联合主承。

在产品创新方面，星展银行从客户的角度出发，精益求精，凭借在亚洲各地的经验，致力于为客户提供最贴切的服务。比如，了解到许多中小型企业因缺乏自有土地厂房和抵押物面对融资难题，而机械设备又是许多中小企业的主要资产和生产工具，也是其最大的固定成本，星展与国内外知名的70多家机械设备供应商合作，为中小企业提供灵活的机械设备融资产品及服务。星展是目前国内少数的提供机械设备融资的外资银行之一。

适合客户需求是星展中国开发理财产品的原则。星展银行的财富管理服务锁定中国高端人群，为其提供量身定制的财富管理产品及服务。为了提供匹配客户风险承担能力和投资收益预期的产品，星展银行今年新推出了由外汇专家、综合投资专家和保险专家组成的专属理财专家团队，根据客户的风险偏好和承受度，给出专业且全方位的投资策略组合。对于有个性化理财需求的高资产客户，星展银行会按客户的风险偏好和资金需求为其量身定制合适的产品。

旨在成为中国富裕人群的首选亚洲银行①

“在新加坡，无论是本地人，还是外来人，80%以上的人都在星展银行开了账户。”星展（中国）个人银行总经理朱亚明介绍称。

作为新加坡最大的银行，也是东南亚最大的银行，星展银行依托新加坡的本地优势和东南亚各国的网络优势，在东南亚华人的业务需求满足方面占据了优势。除了提供留学、旅游、投资、移民等基本服务外，还将海外服务更加深化和细化。

比如，星展中国的丰盛理财客户去星展银行所在任何一个国家或地区，都可以直接晋升为当地星展银行的丰盛理财客户，而无须重新办理。除此之外，还提供星展银行账户间跨区域跨国家汇款免手续费，银联ATM取款免手续费等。对于国内客户来说，这些无疑是扫清了他们走向海外的部分顾虑和障碍。

中国的财富人群在地域上、文化上、分布上的广度和多样性是其他国家所无法比拟的，每个地区的财富人群的特征和需求也非常不同。因此，深入了解客户需求，符合当地的文化，为客户提供最适合的产品和服务是星展银行财富管理的宗旨。

总体来说，东南亚华人，最大的财富管理需求在于资产的传承，这与欧美地区富豪是不同的。东南亚华人希望确保自己的财产安全并能够一代代地传承下去，如果没有处理传承，将来会出现财产纠纷及损失的问题。

目前，星展银行高端财富管理的业务布局是跟随中国财富人群的分布而布局和扩张的。星展个人业务将上海、北京作为业务布局的重点，并将同步发展包括杭州、广州、深圳在内的其他重点城市。在高端财富管理方面，星展银行的目标是成为中国富裕人群的首选亚洲银行。

差异化的中小企业贷款

如果我们将星展银行与其他外资银行进行对比，那么中小企业就是星展银行的优势。拓展中小企业业务一向是星展银行的强项，也是他们的战略重点和主要业务之一。星展银行的前身为新加坡发展银行，拥有很强的创业、创新精神，与新加坡傲然同步，共创卓越成就，因此对中小型企业艰难的成长过程感同身受，并且愿意与其风雨同舟。在大中华区，星展于2001年收购了道亨银行，而道亨银行比较关注于中小型企业业务，星展也学习了他们的经验，并且探索出新的模式。

星展银行（中国）于2003年在深圳开设分行服务中小型企业，是最早在珠江三角洲

①朱亚明．星展银行如何为华人富豪理财[N]．理财周报[2012-11-26]．

地区开始为中小企业提供金融服务的外资银行之一，更是最早在国内提供专业化的设备融资服务的外资银行之一。2010年1月，中国与东盟的自由贸易协议启动以后，广西进出口贸易将进入一个实质性爆发式增长阶段。东盟自由贸易区的建立极大地促进了中国西南部和越南之间的中小企业的贸易活动。2009年1月，星展中国在南宁开设了在中国西部第一家分行。星展中国是唯一一家在广西运营的全外资银行。

举个例子，星展银行（中国）南宁分行有一个主要经营3M光纤快速连接器等通信产品的企业客户广西讯联电子有限公司，该公司成立于2004年，其电子信息产品及电信工程承包服务主要供应给当地大型电信运营商。

不过，在业务发展过程中，该公司遇到了瓶颈。一方面，公司在成立多年后有了稳定的订单量和销售额需要快速扩张；另一方面，就像很多中小企业一样，也遇到了因为应收账款回收期太长而引发的资金链紧张的问题，再加上订单量的稳步增长，大量资源被占用，运营资金需求也随之提高。正在此时，该客户通过朋友介绍，联系到星展银行南宁分行。星展银行南宁分行于2009年入驻南宁，是首批获中国银监会批准在南宁开设的外资银行之一，能够为个人和企业银行客户提供全面的金融产品和服务。星展银行中小企业银行部客户经理在了解了该客户的实际情况后，考虑到该客户所属的电子信息行业是顺应经济发展模式转变的朝阳产业，也是国家七大战略性新兴产业之一，行业前景一片大好，而该客户的销售业绩逐年增长且有更迅猛的发展势头，因此决定给予客户所需的应收账款融资以帮助其盘活资金。

该客户表示，现金流是公司赖以生存的关键，在和星展银行接洽前曾经试图通过担保公司尝试盘活资金，但是担保公司的融资成本相对比较高，审批周期长，而且其自身没有符合银行要求的固定资产作为抵押物品。此外，该公司也曾尝试向当地的国有商业银行融资，但一些国有银行在当地只有适合大中型企业的产品，没有专门的团队和产品来服务于中小企业。因此，该客户在接洽星展银行之前并没有抱太大希望。而星展银行在了解公司实际情况后马上为其制订了周密的贷款计划，在客户递交申请报告的一个月内就发放贷款，工作效率之高，审批流程之快让他们印象深刻。在星展银行的帮助下，该客户的销售额取得了显著增长。

2012年下半年，星展银行的高层走访了该客户，了解到该客户的销售旺季即将到来，星展银行立刻决定临时调高对该客户的授信额度。公司没有了资金链的后顾之忧，其业绩自然可以屡创佳绩，勇攀高峰。2012年，其销售业绩更是有了质的飞跃，有望在年底比上一年取得跨越式增长。星展银行是唯一在广西开设分行的外资银行，客户非常感谢星展银行南宁分行的中小企业团队，实实在在地帮助了当地中小企业。

星展银行（中国）董事总经理及中小企业银行部主管钟孟廷表示，要想做好中小企业，首先要真正了解中小企业需求，对症下药；其次要认清中小企业是一个长远的发展，银行需要极大的耐心和抗压力。“例如欧美出现金融危机，银行会认为出口类企业会引发高风险，但是亚太区出口企业并未受此影响，银行不可以一刀切。”[①]

除此以外，星展银行是最早在国内提供专业化的设备融资服务的外资银行之一，并且在中国境内正式领取人民币业务经营牌照的外资银行中，成为设备融资领域的领头羊。星展从2003年开始把设备融资这一产品引进珠三角市场。

星展银行认识到，中小企业存在诸多问题，例如财务报表不透明、没有足够的不动产抵押物等等，很难通过面向大企业的信贷审批，但中小企业对融资的需求依然很迫切。因此，星展推出设备融资等配套融资产品。

钟孟廷认为，设备融资是众多中小型企业的开门点。“贸易类企业人数少，抗压能力强。相较之下，制造类企业压力更大，销售额度增加，但是厂房有限，进行融资的可抵押物有限，而这类制造业中小企业就成为星展银行主要服务对象。”

“星展银行首先提供企业设备方面的融资，再根据企业的后续发展需求，提供应收账款融资等一系列配套融资产品。企业在设备融资基础上，信用度得到提高，后续融资也会相对容易。”钟孟廷说。

定价方面，星展银行一直以来贯彻国家扶持中小企业的方针政策，在价格上努力做到让利于中小企业。今年起，监管层也一再强调要降低中小企业融资成本。与其他银行相比，星展的各类商业贷款、设备融资和贸易融资的收费和定价都具有优势。尤其在机械设备租赁领域，尽管租赁公司占据了很大一部分份额，但在价格上，租赁公司并不能真正地让中小企业受惠。而借助星展明星产品机灵通的贷款，中小企业还是能得到很多实惠。星展通过一系列举措落实了国家旨在促进中小企业发展的政策措施，在真正意义上做到了对中小企业尤其是小微企业的扶持。

2011年，星展中国中小企业银行的存款额增长达52%，贷款规模增长23%。星展中小企业银行鼓励交叉销售业务方式，为客户提供融资与资金管理的一站式全面服务，与客户建立深厚的关系，同时提升银行的盈利模式。2012年，尽管全球经济疲弱、市场环境不理想，但星展依然积极地服务及扶持中国中小型企业客户。

星展银行，带动亚洲思维——新亚洲的首选亚洲银行

从2007年至2009年期间，星展银行在做了区域性客户调查后，着重对外讲述星展银行的故事，重点推出第一组区域品牌宣传广告。经过上一轮金融危机以后，亚洲的增长故事更为突出。当西方世界在为复苏而挣扎时，有越来越多的中国企业到海外去拓展业务和进行投资，同时许多亚洲商人和企业也在中国和亚洲区寻找投资机会。为抢占亚洲崛起的先机，星展银行趁势加强品牌包装，体现新亚洲的展望与活力，推出主题为“这是亚洲的时代，这是我们的时代”的一系列跨区域的品牌推广宣传活动。“这是亚洲的

①冯雅男. 小微经验“他山之石”[N]. 中国经营报[2012-5-4].

时代，这是我们的时代”是星展银行于2006年推出的“星展银行带动亚洲思维”品牌宣传的延伸，并制作了影视、平面和户外广告。

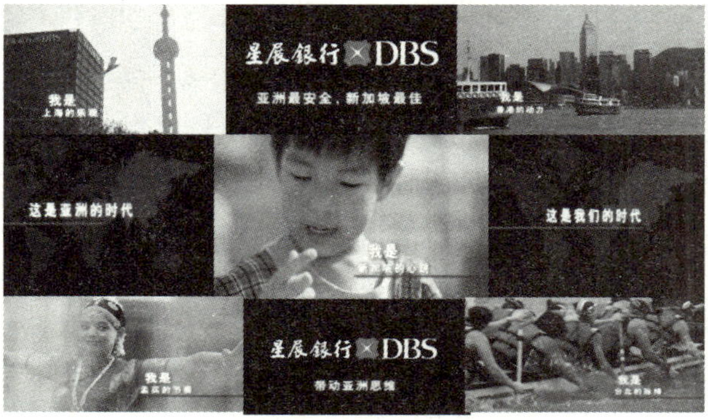

图11　星展银行部分影视广告画面

影视广告画面在星展银行所在的主要亚洲城市取景，诠释的是同一个主题：这是亚洲的时代，这是我们的时代，倾听亚洲的脉搏。广告片中亚洲各国欢腾祥和的景象表现出新亚洲的欣欣向荣，以及星展银行在各个亚洲市场的辉煌成就。贯穿整个广告片的是击鼓声，具有强烈的感染力，也反映了星展银行作为亚洲领先银行的气息和脉搏。

图12　星展银行平面和户外广告

平面和户外广告星展银行邀请了其企业客户协助拍摄广告，以旧客故事打动新客，构建星展银行亚洲首选银行形象，同时对外明确了目标人群定位。星展银行曾协助李宁和旺旺在新加坡上市，因此这次推广活动邀请到李宁首席财务官钟奕祺、旺旺集团副总裁蔡旺家，以及其他已合作10年以上的客户担任广告主角，并透过客户的成功故事，传递星展与客户一起成长、同步向前的信息。平面广告的文案以“我是……”为框架，凸显星展银行在与亚洲共同进步，作为亚洲领先银行的气息和脉搏。星展银行其中一个平面广告的图像取自影视广告片中的画面，有遥相呼应，加深印象的效果。

这一轮的广告运用了多种媒体途径，包含电视、平面、电影院、电台、网络、户外。在传统媒体之外，星展也通过facebook向大众展示了星展银行的行业专长和经验，并通过智能手机媒体这种比较新颖的传播方式锁定了一群忠实用户。

星展银行2010—2011跨区域品牌推广

要完成市场定位的工作，需要员工对星展银行这个品牌有归属感，而这需要文化与价值观的塑造。星展银行的品牌历程是个由内到外的推广行动。

为打造并推广企业文化和价值观，星展银行在新加坡打造了“星展银行带动亚洲思维”的品牌定位，并在这个基础上制定了一套市场推广流程和对外宣传与沟通制度，并通过一系列活动在亚洲各个网点进行内部沟通，以便统一星展银行上下的文化与价值观。

为抢占亚洲崛起的先机，星展银行趁势加强品牌包装，体现新亚洲的展望与活力。整个品牌推广自2010年12月至2011年5月，耗资1.5亿元人民币于亚洲6个主要市场，其中约四成投入大中华市场。

图13 星展银行的口号

生于亚洲、长于亚洲的星展银行，充分洞悉亚洲地区的人民和习俗，借由对本地区独到深刻的理解，秉承对本地区文化的尊崇与欣赏，与客户建立起长期互惠伙伴关系，致力于为客户发掘和抓紧崛起的亚洲区所呈现的机会，成为亚洲的首选银行。

银行塑造品牌的同时，需要不断地改善自己的服务，使客户获得满意的服务体验，同时要加强广告宣传力度，强化品牌认知和丰富品牌联想，最终形成与客户的品牌共鸣。

星展中国的RED客服标准

为了成为一家以客为尊的机构，星展银行从2010年起推出了一套独特的星展亚洲方式服务价值观，以指引星展银行全体人员的行动。星展中国承接新加坡总部所提倡的RED客服标准，R即Respectful，要求以客为尊；E代表Easy to deal with，指给客户提供往来便捷的服务；D即Dependable，要求他们做到信赖、可靠。星展银行在新加坡管理大学卓越服务研究所最近公布的最新顾客满意指数（Customer Satisfaction Index）调查中，在新加坡的多家银行中排名第一。

在进入中国的外资银行中，星展规模比较小，进入时间上也不长，那么星展凭什么去吸引本地客户呢？原因就在于星展银行长久以来积累的良好口碑。星展在亚太地区知名度很高，许多在新加坡、中国香港等地留过学的内地人士，在内地工作的新加坡人都很认同星展品牌。他们会介绍亲戚朋友到星展来办业务。在星展，客户经理就好像客户的朋友。客户到支行来不一定是办业务，可能是过来和客户经理聊聊天。聊的也不只是理财，对于其他如子女教育等问题，客户经理也会为客户提供建议。各家银行产品区别都不大，星展吸引客户就是靠服务质量。

为了更好、更贴近地满足客户的投资需求，星展银行2012年新推出了专属理财专家团队服务。根据客户的风险偏好和承受度，给出专业的投资策略组合。在“星展丰盛理财”财富管理中心，客户除了拥有帮助处理日常银行事务的一对一客户经理以外，还能获得“星展丰盛理财”安排的一支由投资顾问、财资市场专员和财务规划顾问组成的财富管理团队，包括外汇专家（TSM）、综合投资专家（IC）和保险专家（IS）组成的理财团队，根据客户的风险偏好和承受度，提供全方位的专业化的理财咨询，给出专业的投资策略组合。

对于有个性化理财需求的高资产客户，星展银行实行私人定制财富管理策略，“变被动为主动”，定期推出特定的投资产品，只要是丰盛理财客户，均可参与类似的高端产品，突显尊贵。星展银行从客户的角度出发，与客户共同筹划资产配置，按客户的风险偏好和资金需求规划设计产品，真正做到产品定制。星展银行的财富管理定制产品优势十分明显，包括：

• 满足客户的独特理财需求和风险偏好——客户可以选择自己偏好的海内外资产、预期回报率、产品起止时间、产品结构等。而星展银行以专业的市场分析和产品设计能力为客户提供定制产品。

• 灵活满足客户对资金流动性的要求——不仅满足了客户对投资产品的特定偏好，更能灵活安排产品的期限，满足客户对长短期资金流动性的要求。

• 高效率执行，及时捕捉市场机会——星展银行高端客户产品定制的执行周期通常只需一天，银行在与客户达成购买意向后的1个工作日就能完成产品的定制流程。

应智能型手机的风行，为满足客户随时随地取得投资理财讯息的需求，星展中国2012年9月推出全新行动理财移动应用（APP），其中除了利率、汇率查询、网上银行服务外，更领先同业提供专业的国内外市场投资评论与趋势展望，协助客户即时取得完整财经资讯，掌握市场脉动与投资先机，成为客户投资理财的最佳伙伴。

星展中国首度推出品牌宣传，加强本地知名度

• 星展是首家在华设立的独立法人银行，并且是唯一在大中华区拥有具规模业务的新加坡银行。

• 2010年2月星展银行大厦落户陆家嘴，星展银行中国总部正式迁入，意味其逐步登上亚洲乃至世界经济的舞台，星展在本地的品牌战略推广的重要性日益彰显。星展中国于2011年3—5月期间首次推出品牌宣传。

星展品牌推广效果评估

“星展银行，带动亚洲思维——这是亚洲的时代，这是我们的时代”广告获亚洲区域许多业内人士的好评，也获新加坡的*Marketing Magazine*、印度的*Business Standard*以及中国香港的*The Standard*等刊物的关注和报道。

值得一提的是，星展银行是首次在中国内地做品牌宣传。根据第三方调查公司，在中国看过星展银行影视和平面广告的人，有一半以上能准确辨认这是星展银行的广告。星展的客户经理反馈说，客户对星展银行的辨知度今年有所提高，出外谈生意比过去轻松多了。此外，不少媒体同人也指出，注意到星展银行在各个媒体，尤其是户外广告的创意。

2011亚洲最具成长性品牌，星展银行名列前十

Haymarket媒体集团亚太区Haymarket Intelligence机构评选出亚洲最具成长性的25个品牌，DBS星展银行名列前十，并且是唯一上前十名的金融机构。该研究分析了亚洲最有潜力参与未来全球竞争的品牌，并按照市场和行业进行评级。同时上榜的还包括优衣库、青岛啤酒、百度、华硕等。

客户经理反馈，2011年出外谈生意比过去轻松，客户对星展银行的辨知度有所提高。同时，国内媒体同人也关注到星展银行在各个媒体的活跃投放，尤其是户外广告的创意非常吸引眼球。

星展银行品牌小传记

星展银行（中国）有限公司是亚洲最大的金融服务集团之一——星展集团控股有限公司旗下企业。星展集团控股有限公司是新加坡交易所上市集团公司。星展银行是星展集团控股有限公司控股子公司，总部位于新加坡，业务遍及全球15个市场，拥有超过200家分支行营业网点。星展银行的前身为新加坡发展银行，拥有强稳的资本实力，所取得的AA-和Aa1级信贷评级属亚太地区最高之一，自2009年起至今，连续4年被《全球金融》（*Global Finance*）杂志评选为亚洲最安全银行。在当今风云变化的金融环境之下，作为亚洲最安全，新加坡最佳的银行，将让其全区域的客户感到更心安和有保障。

星展银行在亚洲提供全方位的个人银行、中小型企业银行和企业银行服务。作为一家生于亚洲，长于亚洲的银行，星展银行充分了解在这个区域最活跃的城市里做业务的细节。星展银行凭借对亚洲市场的独到深刻理解，以及广泛的区域网络，推动业务增长，逐步成为亚洲首选银行。星展银行深信，与客户建立持久的关系是亚洲银行服务的关键。

星展银行1993年进入中国，在北京设立第一个驻华办事处。自2007年5月，星展银行在华成立法人银行以来，星展中国的业务及网络获得迅速发展。在这5年里，星展中国客户数增长约八倍，员工人数翻番超过1600人。与此同时，星展中国扩大了其分支行网络，在天津、南宁、东莞、杭州及重庆新增5家分行，并在上海、北京、苏州、深圳及广州新增15家支行。

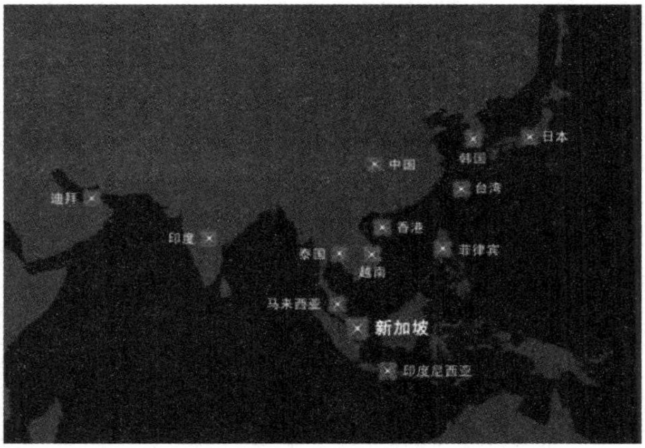

第二节 创建中国金融的全球强势品牌

一、中国金融“大而不强”

在未来的世界强者之林中，中国这条东方巨龙的崛起，少不了金融强势品牌这头“大象”的苏醒和跃动。2012年7月，《财富》杂志发布的全球500强企业排行榜中，中国企业多达79家，在数量上首次超过了日本，其中中资银行排名大幅上升，共有6家入围500强。而英国《银行家》杂志公布的2011年全球前1000家银行排名显示，中国有三家银行跻身全球十大银行之列，分别是工商银行、建设银行和中国银行。在上升速度最快的十大银行中，中国银行业占据五席。

然而，“大而不强”仍然是我国经济乃至金融行业的一个重要特点。中国社会科学院金融研究所出版的2011年金融蓝皮书《中国金融中心发展报告（2010—2011）》指出，经历改革开放30多年的发展，中国已发展成为一个经济大国，但还不是经济强国，更不是金融强国。2009年，中国金融服务业占GDP比重不到7%，与发达国家相比尚存在较大差距。比如中国香港这一指标为22%—25%，新加坡已达到26%。

蓝皮书认为，鉴于金融虚拟经济在经济运行中的主导地位，只要赢得金融交易的话语权和主导权，在某种程度上就拥有了掌控世界经济的主动权。在实体经济领域，中国事实上已经在一定程度上掌握了世界经济某些领域的主导地位。每当中国进口增长，则国际能源、原材料价格就上涨；反之出口增长，则全球通货膨胀水平就下降。

但与经济地位相比，我国的金融实力还不够强。目前，制约我国参与国际金融竞争的关键因素，已经不再是金融开放度的大小，而是金融综合实力的强弱。综观各国发展的实践，凡是经济贸易实力雄厚的国家或地区，其金融总量在国际或地区经济中都处于重要地位，比如英国、美国、日本等经济大国，都拥有全球性国际金融中心城市，控制着全球金融资源，掌握着全球金融话语权。目前，全世界虚拟资本平均每天交易量超过2万亿美元，约为世界平均每天实际贸易额的50倍。

金融品牌营销视野14 全球顶尖银行的格局变迁

英国《银行家》杂志（*The Banker*）2010年7月发布的全球1000家大银行排行榜显示，发达国家银行业的全球地位继续下降，新兴市场竞争实力提升。到2010年，英国《银行家》杂志推出全球大银行排名已经有40年，回顾40年来的排名，发达市场始终占据主导地位，美日欧轮流坐庄；新兴市场在最近10年开始迅速发展，特别是在本次全球金融风暴后，中国银行业的地位显著上升。

1970、1980、1990、2000、2010年世界银行排名情况

排名	1970	1980	1990	2000	2010
1	美洲银行（美）	农业信贷（法）	住友银行（日）	花旗集团（美）	美洲银行（美）
2	国民城市（美）	美洲银行（美）	第一劝业（日）	美洲银行（美）	摩根大夏（美）
3	大通曼哈顿（美）	花旗银行（美）	富士银行（日）	汇丰银行（美）	花旗集团（美）
4	巴克莱（英）	巴黎银行（法）	农业信贷（法）	东京三菱（日）	RBS（英）
5	汉诺威（美）	德意志银行（德）	三和银行（日）	大通曼哈顿（美）	汇丰控股（英）
6	威根大通（美）	里昂信贷（法）	三菱银行（日）	第一劝业（日）	富国银行（美）
7	国民威敏斯（英）	兴业银行（法）	巴克莱（英）	农业信贷（法）	工商银行（中）
8	西部银行（美）	德雷斯纳（德）	国民威敏斯（英）	樱花银行（日）	巴黎BNP（法）
9	国民拉沃洛（西）	马克莱（英）	德意志（德）	富士银行（日）	桑坦德（西）
10	纽约化学（美）	第一劝业（日）	工业银行（日）	工商银行（中）	巴克莱（英）
11	纽约信托（美）	国民威敏斯（英）	瑞士联合（瑞）	三和银行（日）	三菱日联（日）
12	加拿大皇家（加）	大通曼哈顿（美）	花旗银行（美）	住友银行（日）	劳埃德（英）
13	富士银行（日）	西德银行（德）	巴黎金融（法）	第一银行（美）	农业信贷（法）
14	西德银行（德）	富士银行（日）	东海银行（日）	巴黎BNP（法）	中国银行（中）
15	巴黎银行（法）	商业银行（德）	香港汇丰（港）	瑞士联合（瑞）	建设银行（中）
16	三菱银行（日）	住友银行（日）	中国银行（中）	ABN（荷）	高盛银行（美）
17	住友银行（日）	三菱银行（日）	长期信贷（日）	瑞士信贷（瑞）	联合信贷（意）
18	三和银行（日）	三和银行（日）	巴黎银行（法）	德意志（德）	BPCE（法）
19	加拿大商业（加）	农林中金（日）	瑞士银行（瑞）	日本工行（日）	兴业银行（法）
20	中部银行（美）	巴西银行（巴）	东京银行（日）	农业银行（日）	德意志（德）

在2010年英国《银行家》杂志（*The Banker*）揭晓的全球前1000家银行排名榜单中，来自新兴市场的银行持续增长强劲，资本排名第七的中国工商银行（ICBC）成为世界上最赢利的银行。中国共有84家银行跻身全球前1000家银行之列，它们的总资本占到这千家银行总资本的9%，而税前利润则高达这千家银行的25%。（《银行家》该项排名基于资本实力，这是衡量银行大规模借贷和承受冲击能力的重要指标。）

中国84家上榜2010年世界银行排名前1000家银行中的前25位

2010年世界银行排名	2009年世界银行排名	中文名称	英文名称
7	8	中国工商银行	Industrial Commercial Bank of China
14	11	中国银行	Bank of China
15	12	中国建设银行	China Construction Bank Corporation
28	24	中国农业银行	Agricultural Bank of China

（续上表）

2010年世界银行排名	2009年世界银行排名	中文名称	英文名称
49	49	交通银行	Bank of Communications
67	67	中信银行	China CITIC Bank
80	107	中国民生银行	China Minsheng Banking Corp.
81	87	招商银行	China Merchants Bank
97	117	中国兴业银行	Industrial Bank
108	137	上海浦东发展银行	Shanghai Pudong Development Bank
136	166	中国光大银行	China Everbright Bank
155	158	北京银行	Bank of Beijing
178	177	华夏银行	Huaxia Bank
218	241	广东发展银行	Guangdong Development Bank
226	256	上海银行	Bank of Shanghai
231	280	深圳发展银行	Shenzhen Development Bank
292	360	江苏银行	Bank of Jiangsu
299	430	平安银行	Ping An Bank
339	340	上海农村商业银行	Shanghai Rural Commercial Bank
349	366	南京银行	Bank of Nanjing
356	351	徽商银行	Huishang Bank
377	n/a	广州农村商业银行	Guangzhou Rural Commercial Bank
391	663	恒丰银行	Evergrowing Bank
395	634	杭州银行	Bank of Hangzhou
419	432	宁波银行	Bank of Ningbo

资料来源：王家强，彭继伟．全球银行业版图的历史变迁[J]．国际金融研究，2010.

二、打造全方位的品牌影响力

进一步地，我国金融机构在自主品牌的全球竞争力方面还处于劣势。中国品牌研究中心和21世纪经济报道联合发布的《2012中国自主品牌全球竞争力白皮书》认为，在国际化启蒙期（输出产品）和成长期（输出资本）的两个阶段后，目前中国企业正在经历国际化第三阶段——成熟期，这个阶段的本质就是向世界“输出品牌”和在全球“创建知名品牌”。

对应中国银行业国际化的历程，同样可以分为“业务走出去”、“机构走出去”和“影响力走出去”三个阶段：第一阶段，以开放的形式接受国际通行或主流游戏规则，即“业务走出去”；第二阶段，以进入海外市场的形式逐步融入当地社会，即“机构走出去”；第三阶段，以业务拓展的形式经营海外当地市场，并力争成为当地本土化银行，或当地领先银行，即“影响力走出去”。目前，中资商业银行已经历了“业务走出去”阶段，大部分处于“机构走出去”阶段，个别已迈进“影响力走出去”阶段。

中国金融机构打造国际知名品牌探索需要标杆的指引。

作为金融机构国际化的主力军，我国5家大型商业银行成为引领潮流的风向标。截至2007年7月末，中国银行、工商银行、建设银行、农业银行和交通银行境外资产分别为1.31万亿元、0.5万亿元、0.38万亿元、0.16万亿元和0.13万亿元，各自占比为52.9%、20.4%、15.2%、6.4%和5.1%。截至2007年9月底，中国银行境外机构数量为669个，占10家银行金融机构境外机构数量的93%，5家大型商业银行境外总资产余额为2.47万亿元。股份制银行则成为“走出去”的新兴力量。截至2007年11月底，招商银行、民生银行、中信银行等几家股份制银行在境外设立了4家分行。

而从全球知名品牌的真实内涵看，由于中国金融机构在全球知名与美誉度、全球市场占有率、全球资源整合与配置等指标上的缺位和缺失，使得中国金融自主品牌的全球竞争力仍显落后。

未来，中国金融要想成为“强势品牌”，需要全方位打造全球品牌竞争力，在创立与借力的“二元模式”中寻找适合自身的发展道路。

金融品牌营销视野15　中国金融品牌价值几何？

衡量中国金融品牌的价值，一是帮助我们了解中国金融品牌影响力的现状，二是为未来提高全球竞争力提供坐标和指引。然而，不同组织和机构对于中国金融品牌价值的评价，存在一定的争议性，有的认为尽管在体量和规模上已经实现超越和领先，但是在品牌价值方面仍然与顶尖金融品牌有较大差距，而有的则认为，中国部分大型商业银行已经成为强势金融品牌。

2010年2月21日，英国《银行家》杂志公布的“全球500强金融品牌”年度排行榜中，中资银行共有18家机构（不含港资）进入金融品牌500强。中资机构品牌总价值为559.64亿美元，占500强品牌总价值的7.8%，但是中资银行品牌价值与市值的比重偏低，在国际金融市场中尚不具有领先竞争力。

而“BrandZ 全球最具价值品牌100强”公布的2010年度榜单显示，中国银行的品牌价值已经处于领先地位，其中中国工商银行、中国银行和中国建设银行都超过美国银行。而中国工商银行更是在全球金融企业中处于首位，品牌价值为439.3亿美元，这已经是工商银行连续第二年位列该排行榜全球金融业品牌价值第一位，进一步巩固在全球金融业第一品牌的市场地位。

英国《银行家》“全球500强金融品牌”中外银行品牌市值和价值比较

银行	品牌价值（2008）单位：百万美元	品牌价值（2009）单位：百万美元	市值（2009）单位：百万美元	品牌价值／市值（2009）
汇丰银行	25364	28472	193794	15%
美国银行	21017	26047	11754	23%
西班牙国家银行	10840	25576	128087	20%
中国工商银行	10031	12083	225368	5%
中国建设银行	9024	12076	208117	6%
中国银行	7053	9615	149395	6%

“BrandZ 全球最具价值品牌100强”2010年金融机构排名前10

排名	品牌英文名	中文名	品牌价值（百万美元）
1	ICBC	中国工商银行	43927
2	Visa	维萨	24883
3	HSBC	汇丰银行	23408
4	Bank of China	中国银行	21960
5	China Construction Bank	中国建设银行	20929
6	Wells Fargo	富国银行	18746
7	Santander	西班牙国际银行	18012
8	RBC	加拿大皇家银行	16608
9	Bank of America	美国银行	16393
10	ICICI	印度工业信贷投资银行	14454

资料来源：（1）陈德胜．从全球500强金融品牌排名透析金融业核心竞争力［J］．银行家，2010（5）：62—65．（2）《银行家》

金融品牌营销视野16　姜建清的品牌观

尽管在2011年“BrandZ 全球最具价值品牌100强”的排行榜上，工商银行品牌价值为444.4亿美元，在全球金融企业中处于首位，连续第三年位列该排行榜全球金融业品牌价值第一位，然而被号称“全球最赚钱银行”的中国工商银行董事长姜建清对着金融品牌价值本身有清醒的认识。

回顾工商银行的成长史，姜建清认为，“中国工商银行25年来发展壮大的历程，是品牌内涵日益丰富、品牌形象不断强化、品牌价值大幅提升的过程。这是因为品牌是金融的软实力，已经成为一个现代金融企业最具竞争力的资产，是否拥有自己的强势品牌，是衡量一个企业是否拥有核心竞争力的基本标准。”

对于排行榜上工商银行的表现，尽管工商银行的市值、盈利和客户存款余额都是全球银行业第一，但在姜建清眼里，货币可以衡量品牌的价值，也未必能够全面反映品牌在过去竞争优势中的巨大作用，因此工商银行在品牌建设上依然任重道远。

“品牌建设本质上是一个与消费者心灵对话的过程，品牌的魅力在于它不仅凝聚了企业长期经营中所形成的文化内涵，而且代表了企业和消费者之间利益共识和情感交融。一个优秀品牌的建立，必将是一个长期积累的漫漫征途，必将是辛勤培育的结晶，其成功与否的最后判断，只能是消费者的心的选择。”姜建清说。

姜建清表示，进入一个新的市场，需要以品牌为先导。做大一个新的市场，更需要以品牌来推动。加快国际化和综合化经营，既要使商业银行特有的品牌形象转化为综合金融服务企业的品牌形象，又要使本土银行的品牌形象转变为区域的或全球化银行的品牌形象，这一方面需要不断丰富和拓展品牌的内涵，增强品牌跨市场的适应力和跨国度的文化包容力；另一方面，需要加强跨市场、跨国度的品牌营销，使新的客户群体认知、信赖和喜爱市场新加入者的品牌。

谈起工商银行建设国际一流金融品牌的目标，姜建清用三个“最”勾画了清晰的目标和路径。

一是建设最盈利的银行。这不仅指银行的利润总量持续在全球领先，而且包括资产回报、资本回报以及人均利润回报能够在全球同业中持续保持先进水平。

二是建设最优秀的银行。也就是要锻造更具客户忠诚度的品牌。品牌对客户选择金融服务的影响越来越大，客户的忠诚度是衡量银行优秀与否的最为客观的标准。银行是经营风险的企业，信誉是银行的生命，提高客户对企业品牌的忠诚度，首先要增强客户对银行的信任度，这就要求银行在品牌的锻造中始终贯彻对存款人、对投资人负责的理念，始终注重强化公司治理和风险管理这一银行整个品牌的基础。任何偏离或疏忽，都有可能使全部品牌的价值顷刻化为乌有。

三是建设最受尊重的银行。也就是要赢得更加广泛的品牌公信与美誉。股东利益、客户利益、员工利益，以及全社会的利益，是企业经营发展经常面对的基本利益关系，只有在忠实履行好企业经济责任的同时，认真履行好社会责任，顾及所有利益相关者的权益，才能使品牌得到各利益群体的认可，才能真正为企业发展营造一个和谐发展的环境。企业要履行社会责任，奉行高尚的商业道德，致力于成为维护良好经济秩序、金融秩序的典范。

资料来源：周晓华. 全球市值最大银行董事长姜建清的品牌观[J]. 中国名牌.

金融品牌营销视野17　打造全方位的自主品牌全球竞争力

《2012中国自主品牌全球竞争力白皮书》提出“自主品牌全球竞争力”的独特评价体系，它为中国企业创全球知名品牌提供了努力方向。

（1）品牌国际市场能见度

指的是品牌在国际市场顾客或公众面前的曝光度。通过产品终端渠道、广告、公关活动等，可以提高品牌曝光面与频率。

（2）品牌国际市场美誉度

指的是品牌在国际顾客或公众心目中的品质、技术创新与知识含量等“硬”质量方面的美誉度；也包括品牌在关注社区及环境、体贴顾客及员工等履行社会责任方面的“软”的社会声誉。

（3）全球性技术创新与知识创造能力

指的是公司在全球范围内的产品技术创新，其结果之一是国际技术专利拥有量。全球知名品牌应该在海外市场进行当地化创新并将各地的当地化创新集成，进而形成全球知识创造。

（4）全球性组织架构

指的是品牌在全球拥有的组织架构，重点体现在全球性的地区分支机构布局，地区总部设置，分支机构与地区和公司总部间的知识创新与知识分享。建立全球有机的研发、制造、渠道和采购网络，是全球知名品牌整合全球资源的组织保障。

（5）全球性人力资源

指品牌在人力资源方面的全球意识与视野，包括：外籍员工在公司员工中的比例，全球性的人力资源开发与培训体系，全球性薪酬激励体系，管理层选聘的全球化来源等；董事会成员中的国籍分布。

（6）公司治理国际化

指的是公司在资本结构（股东结构）的国际来源，以及高管的国际视野。包括：董事长或CEO国际经历（学习、工作、生活）、资本来源国际分布、国际资本代表在董事会中席位、董事长或CEO的国际愿景与战略。

（7）全球资源整合与价值创造

指的是公司在产业或业务上的全球链接，资源的全球整合，知识的全球分享，智慧的全球集成等。包括：能力中心的全球布局；研发与制造的全球协同；成熟市场与新兴市场（制造、研发、营销、人力、采购）之间协同等。其结果是公司创造价值的方式最优，创造的价值总量最大。

（8）全球范围内的业绩

指的是在全球市场范围内取得的市场业绩。碎片化组织的结果是品牌仅在某个国家（地区）或局部地区取得突出的市场业绩，全球化组织强调全球范围各地区之间的有机协调，包括：品牌在国际市场的销售覆盖面（国家与地区数）、品牌国际市场收入占全球销量比例、收入的地区和国家结构的优化等。

资料来源：中国品牌研究中心，21世纪经济报道. 2012中国自主品牌全球竞争力白皮书，2012年6月.

附录：2011中国金融品牌成长促进计划

THE "GOLDEN ELEPHANT AWARD
FOR FINANCIAL BRANDS IN CHINA"
中国金融品牌「金象奖」

一、活动背景

我们拥有全球市值最大的银行和保险公司；

我们拥有全球最大的IPO融资额和商品期货交易量；

我们拥有全球最多的金融从业人员和金融消费市场。

我们已经成为全球金融市场上不可忽视的一只“大象”，

但我们的“制造大国”和“金融小国”身份依然没有改变。

虽然我们已经具备了“硬实力”的基础，

但缺乏成为“金融大国”的“软实力”。

虽然我们在金融和资本市场上创造了许多全球第一，

但缺乏如“高盛”、“摩根士丹利”、“汇丰”、“花旗”这样一流的国际金融品牌。

推动这只“大象”能在世界舞台上翩翩起舞，并成为真正的金融大国，

是每一个中国金融机构和金融品牌管理者所肩负的历史使命。

“中国金融品牌成长促进计划”是由中国最具影响力的财富管理媒体《理财周报》携手扬特品牌同盟（The Brand Union）、威汉营销传播集团（WE Marketing Group），益普索（Ipsos）等全球领先的品牌策略机构及调研机构发起主办的大型公益活动，该项目旨在通过举办“中国金融品牌‘金象奖’”、“品牌管理者沙龙”、“品牌管理者年会”等多种活动，搭建起中国金融品牌管理者之间互动交流的平台，提升金融品牌管理者的管理水平。

二、关于2011中国金融品牌“金象奖”评选

“2011中国金融品牌‘金象奖’”评选是“中国金融品牌成长促进计划”的重要组成部分，旨在通过客观公正的评选活动对中国金融品牌年度建设行为进行有效的检阅，加冕那些对中国金融品牌建设作出突出贡献的优秀企业，寻找出中国金融品牌建设的路径与方法，进一步促进中国金融品牌的健康成长。

自活动启动以来，引起了中国金融界的广泛关注和积极参与。本次评选历时5个多月，共收集到来自银行、基金、证券、保险、期货、信托等不同领域的优秀金融品牌营销事件和广告近百个。本届评选活动广邀中国学术界、企业界和媒体界等20多名品牌权威专家和新闻媒体人士担任评委工作，对参评案例的“新鲜性、震撼性、效益性、策划性、触动性”等5个方面进行了综合考量，同时评委会还组织了中国金融品牌促进联盟成员和“金象奖”部分评审委员对部分参评案例进行“实地走访调研”，通过与参评企业的面对面交流，全面深入地了解参评案例本身及其背后的品牌背景。通过企业自主报名参与，专家评委初评打分、部分企业深入走访调研、现场复评答辩、专家评委签字确认等多个评选环节，最终，综合评选出了中国金融品牌年度十大营销事件、中国金融品牌年度十大广告、中国金融品牌年度优秀营销事件。

后记

《中国金融品牌营销创新》是中山大学中国品牌研究中心与《理财周报》的共同劳动结晶。中山大学中国品牌研究中心主任王海忠教授、理财周报主编夏日、理财周报执行董事总经理梅波、中山大学品牌研究中心高级研究员李骅熹担任本书主编团队。主编团队对“2011中国金融品牌‘金象奖’”获奖案例进行了剖析，以高屋建瓴的视野、深刻的理论洞察，确定了全书框架、主题、精选案例。

中山大学中国品牌研究中心高级研究员钟科、理财周报副总经理高山、中山大学中国品牌研究中心高级研究员黄硕、理财周报市场经理袁亚菲、中山大学中国品牌研究中心高级研究员田阳、理财周报市场主管林茂辉作为本书的参编人员，为本书提供了极为丰富的企业案例、行业数据和行业研究报告，使得本书十分贴合实际、生动活泼，并具有说服力。

具体章节分工方面，中山大学中国品牌研究中心高级研究员李骅熹负责本书第一章（大象的苏醒：中国金融业的新时代）和第四章（寻找中国金融品牌的价值主张），中山大学中国品牌研究中心研究员王子负责本书第二章（中国金融机构的品牌启蒙），中山大学品牌研究中心赖嘉圳、廖晓霞分别负责本书第三章（金融品牌的营销表现）的第一、二小节。他们专业踏实和细致入微的付出，使得本书的质量和细节都得到极大保障。在此对他们表达诚挚的谢意！

最后，要感谢南方日报出版社的编辑团队。他们看重这本白皮书对中国金融业的现实意义，执意要求尽早出版，以期更快和更大地发挥对中国金融机构的借鉴价值。

王海忠
中山大学管理学院品牌营销教授、博导
中国品牌研究中心主任、首席专家